Liderança no Fio da Navalha

Liderança no Fio da Navalha

RONALD A. HEIFETZ
MARTY LINSKY

Tradução
AFONSO CELSO DA CUNHA SERRA

ALTA BOOKS
EDITORA
Rio de Janeiro, 2017

Liderança no Fio da Navalha

Copyright © 2017 da Starlin Alta Editora e Consultoria Eireli. ISBN: 978-85-508-0124-7

Translated from original Leadership on the Line. Original Work Copyright © 2002 by Ronald A. Heifetz and Marty Linsky. ISBN 978-0-547-51765-0. This translation is published by arrangement with Harvard Business Review Press, the owner of all rights to publish and sell the same. Unauthorized duplication or distribution of this work constitutes copyright infringement. PORTUGUESE language edition published by Starlin Alta Editora e Consultoria Eireli, Copyright © 2017 by Starlin Alta Editora e Consultoria Eireli.

A editora não se responsabiliza pelo conteúdo da obra, formulada exclusivamente pelo(s) autor(es).

Marcas Registradas: Todos os termos mencionados e reconhecidos como Marca Registrada e/ou Comercial são de responsabilidade de seus proprietários. A editora informa não estar associada a nenhum produto e/ou fornecedor apresentado no livro.

Impresso no Brasil.

Obra disponível para venda corporativa e/ou personalizada. Para mais informações, fale com projetos@altabooks.com.br

Produção Editorial (1ª Edição) Elsevier Editora — CNPJ 42.546.531/0001-24	**Revisão (1ª Edição)** Edna Cavalcanti | Roberta Borges
Copidesque (1ª Edição) Soeli Araújo	**Diagramação (2ª Edição)** Lucia Quaresma
Editoração Eletrônica (1ª Edição) Estúdio Castellani	**Revisão Gramatical (2ª Edição)** Thais Garcez

Erratas e arquivos de apoio: No site da editora relatamos, com a devida correção, qualquer erro encontrado em nossos livros, bem como disponibilizamos arquivos de apoio se aplicáveis à obra em questão.

Acesse o site www.altabooks.com.br e procure pelo título do livro desejado para ter acesso às erratas, aos arquivos de apoio e/ou a outros conteúdos aplicáveis à obra.

Suporte Técnico: A obra é comercializada na forma em que está, sem direito a suporte técnico ou orientação pessoal/exclusiva ao leitor.

A editora não se responsabiliza pela manutenção, atualização e idioma dos sites referidos pelos autores nesta obra.

CIP-Brasil. Catalogação-na-fonte.
Sindicato Nacional dos Editores de Livros, RJ

H374L   Heifetz, Ronald A. (Ronald Abadian), 1951-
           Liderança no fio da navalha / Ronald A. Heifetz e Marty Linsky;
        tradução de Afonso Celso da Cunha Serra. — Rio de Janeiro:
        Alta Books, 2017.

           Tradução de: Leadership on the line
           ISBN: 978-85-508-0124-7

           1. Liderança. I. Linsky, Marty. II. Título.

                                               CDD – 303.34
02-1012   CDU – 316.46

02 03 04 05   5 4 3 2 1

Rua Viúva Cláudio, 291 — Bairro Industrial do Jacaré
CEP: 20.970-031 — Rio de Janeiro (RJ)
Tels.: (21) 3278-8069 / 3278-8419
www.altabooks.com.br — altabooks@altabooks.com.br
www.facebook.com/altabooks — www.instagram.com/altabooks

A David e Ariana (Anni) Abadian-Heifetz,
e Alison, Sam e Max Linsky, plenos de fé
em que vocês florescerão cheios de ânimo
e farão diferença para as pessoas.

Sumário

Prefácio		ix
Agradecimentos		xxi
Introdução		1
Parte Um: O Desafio		
1	As Entranhas do Perigo	9
2	As Faces do Perigo	31
Parte Dois: A Resposta		
3	Assista de Camarote	51
4	Pense Politicamente	75
5	Orquestre o Conflito	101
6	Redistribua o Trabalho	123
7	Mantenha-se Firme	141
Parte Três: Corpo e Alma		
8	Gerencie seus Anseios	163
9	Ancore-se	187
10	O que Está em Jogo?	207
11	Sagrado Coração	225
	Notas	237
	Índice	243
	Os Autores	251

Prefácio

A adaptabilidade tem sido um ingrediente essencial para a sobrevivência e prosperidade de todas as formas de vida, desde o início da vida no planeta.

Isso certamente tem sido verdadeiro para sistemas humanos que tentam enfrentar os complexos desafios e prosperar diante da incerteza e da mudança, para quaisquer formas que esse sistema assuma: redes mundiais, uma nação, uma tribo, uma cidade, uma empresa, uma família ou uma pessoa.

Assim, se sua comunidade, em qualquer escala que a definir, precisar se concentrar em aprimorar um conjunto de habilidades, uma capacidade, uma competência para ajudar a garantir que avance com sucesso, escolha a adaptabilidade. E o que se aplica para qualquer sistema humano que pensarmos se aplica a você como um indivíduo, também.

Agora mais do que nunca

Escrevemos este livro com três objetivos em mente: (1) mostrar que mudanças produtivas precisam ser adaptativas para serem sustentáveis; (2) oferecer ferramentas e estruturas que reduzam o risco de forma que as pessoas possam ver como conduzir e sobreviver aos perigos da mudança; e (3) incentivar pessoas a aproveitarem as oportunidades para exercer a liderança, que estão dentro do alcance cotidiano.

Embora a necessidade por adaptabilidade sempre tenha sido crucial, nunca seu significado foi tão central como hoje. Pessoas de todo o mundo estão tendo que descobrir como se adaptar aos vários e intimidantes desafios que o mundo enfrenta: terrorismo apátrida e patrocinado pelo Estado, guerras e refugiados; os efeitos das mudanças climáticas na violência das tempestades, nas inundações de cidades costeiras e na seca; o perigo de novas pandemias virais; crescimento populacional que excede a capacidade das famílias e das economias. A internet e suas mídias sociais mudaram a maneira como os seres humanos se comunicam uns com os outros, como a guerra é combatida, e como a política é feita. A grande recessão que começou em 2008 não só lançou os mercados de ações do mundo todo em queda livre, como também levou a uma recuperação desigual, alargando ainda mais as disparidades de renda.

Politicamente, os Estados Unidos elegeram o seu primeiro presidente negro, ainda assim movimentos polarizados surgiram no mundo, tanto de esquerda quanto de direita, muitas vezes invadindo e derrubando os processos eleitorais das correntes dominantes. As eleições em cenários democráticos na Ásia, Austrália, Europa, América do Sul e nos Estados Unidos têm sido vencidas, ou quase vencidas, por políticos com inclinações autoritárias e pelo apelo de promessas de respostas fáceis e restabelecimento da ordem, da previsibilidade e da tranquilidade. A palavra-chave do mantra da campanha presidencial de Trump em 2016, "Tornar a América Grande Novamente," era "Novamente". O desejo de restauração, de ter o país de volta, compartilhe você ou não desse anseio, é uma reação contra as dificuldades e atribulações da adaptação a novas realidades desconhecidas, muitas vezes ameaçadoras.

A constância, a complexidade e a profundidade da mudança desafia a todos nós. Por um lado, enfrentamos novas oportunidades extraordinárias para prosperar individual e coletivamente. Por outro lado, com mudanças profundas vem as perdas, pessoas deixadas para trás, questionamentos de valores consagrados, normas e práticas revogadas e a perda repentina da estabilidade dos empregos, da familiaridade e da previsibilidade.

Toda essa volatilidade tem trazido à tona desafios na ordem mundial e nas diferentes experiências entre as pessoas que surfaram as ondas versus aquelas que pensaram que estavam se afogando.

Tomando como exemplo o crescimento da população. Um consenso mundial sobre a importância da política populacional foi justificado, por razões que acreditamos ser apenas parcialmente válidas, pelo grande impacto sobre a pobreza, terrorismo, tráfico sexual, pandemias, migrações em massa e, naturalmente, as mudanças climáticas. Em muitos países em todo o mundo, famílias, sistemas de ensino e economias locais estão sobrecarregados pelo número de crianças, o que torna jovens rapazes vulneráveis aos terroristas e recrutadores do crime e jovens mulheres vulneráveis aos predadores e traficantes sexuais. As mudanças climáticas parecem incontroláveis não só porque, como consumidores, muitas pessoas se agarram a antigos trabalhos e velhos padrões de consumo de combustível e carne, mas também porque, particularmente na era digital, enormes populações de jovens pobres em todo o mundo anseia por consumir mais. As pessoas não encontram mais felicidade na subsistência e no isolamento. As pandemias, também são alimentadas pela alta densidade de pessoas vivendo muito próximas. Estes fatores se combinaram e criaram pressão nos ambientes de sustentação de todas nossas comunidades e sociedades, incluindo as do Ocidente, criando pontos de gatilho internos, como seca e inundações, e externos como migrações, epidemias e terrorismo. Na Síria, por exemplo, uma elevada taxa de crescimento rural combinada com um longo período de seca antes de 2011 levou a um deslocamento maciço das comunidades agrícolas para as cidades e criou o contexto perfeito para guerra civil, crescimento de movimentos islâmicos radicais, atividade terrorista e a migração em massa para o Ocidente.

Em termos de liderança, estas condições levaram inexoravelmente a um anseio por direcionamento, proteção e retorno da ordem vindos das figuras de autoridade. Assim como a história demonstra que as ditaduras geralmente surgem em períodos de crise, as condições dos nossos tempos criam um mercado político de certezas e respostas, quando, na verdade, as autoridades precisam se esforçar para compreender e acompanhar as novas realidades. Políticos como Donald Trump e Bernie Sanders nas prévias eleitorais de 2016 nos Estados Unidos ganharam força por oferecerem a seus apoiadores respostas simples e soluções indolores. As instituições foram pegas desprevenidas. Inevitavelmente, em meio a desafios adaptativos destas décadas, as pessoas sentiram que aqueles em posição de autoridade os decepcionaram, não atenderam às expectativas, não ouviram sua dor, falaram em vez de escutá-las. Sentindo-se traídas por promessas não cumpridas e cada vez mais inseguras, muitas pessoas se fecharam irritadas em grupos de identidade mais restritos. A pressão para a solidariedade na diversidade é palpável em todo o mundo.

A experiência humana atual é profundamente desorientadora e perturbadora, mas uma mudança profunda e dramática tem que começar em algum lugar, é mais incremental do que a mera experiência, e deve estar profundamente enraizada em valores, os valores individuais de cada ser humano e os valores compartilhados pelas comunidades.

O Dilema da Transformação

Há trinta e cinco anos, quando nós e nossos colegas começamos a desenvolver estas ideias sobre a prática da liderança, inicialmente com a parceria de Ron e Riley Sinder no primeiro livro *Leadership Without Easy Answers* (Liderança sem Respostas Fáceis, em tradução livre) e posteriormente neste livro, *Liderança no Fio da Navalha*, o termo comumente usado para capturar o almejado pensamento de liderança era "transformacional."

A transformação sozinha é problemática como cenário para liderança. Primeiro, porque estimula a grandiosidade autorreferencial — "Tenho uma visão transformacional e agora vou vendê-la a você." A liderança vista sob essa ótica se transforma rapidamente em "eu e minha visão" em vez de um trabalho coletivo a ser desenvolvido. Sabemos que historicamente os ditadores e demagogos surgem em tempos de crise, quando as pessoas estão tão irritadas com o passado ou desesperadas com o presente que se tornam vulneráveis aos charlatões com certezas e respostas fáceis. A mentalidade transformacional não começa com um foco de diagnóstico e um processo de pesquisa: o passo crucial de escutar para compreender a diferença entre os valores, capacidades e condições, antes de formular um caminho a ser seguido. Raramente isso incentiva a busca por propósitos comuns; muito frequentemente o autoproclamado "líder transformacional" começa com uma solução e depois apresenta pontos de vista de liderança como um discurso de vendas de inspiração e persuasão.

Segundo, por si só, a mentalidade transformacional tende a não ser histórica. Ela costuma começar com a ideia da mudança, talvez uma noção de "melhor prática", com pouca relação com o ambiente em que precisa fincar suas raízes. Mesmo que no papel seja uma excelente ideia, a importação da ideia carrega o risco de trazer consigo mais do que deveria, desorientando e desvalorizando as pessoas mais do que o necessário e no final muitas vezes gera uma reação imune cultural que rejeita ou distorce a ideia original, independentemente da boa intenção. A reação alérgica pode acontecer rapidamente (como ocorreu com o Egito, Iêmen, e com a Primavera Árabe), ou pode demorar quarenta anos (Revolução Chinesa) ou sessenta anos (a Revolução Russa).

Terceiro, enfatizar apenas as mudanças transformacionais incentiva os apaixonados e corajosos a procurarem mudanças grandes e sistêmicas, mas também traz o risco de encorajá-las a apressar sua aplicação em escala e desprezar o trabalho de liderança diário, incremental e transacional. O mundo de hoje precisa de adaptações em todos os níveis, desde a forma como as famílias criam seus filhos, suas interações como vizinhos, consumidores e cidadãos, até as formas que atuamos fora das fronteiras nacionais e dentro de estados-nações. Os desafios do século XXI não precisam de um único salvador, mas de liderança diária das pessoas que mobilizam a criatividade coletiva em relação a problemas complexos dentro de sua esfera de atuação de onde quer que vivam[*].

A Mudança Transformacional Sustentável é Adaptativa

Acreditamos que nossos tempos pedem uma mudança profunda e generalizada que transforme a capacidade das pessoas de enfrentarem os desafios de hoje e prosperarem de novas maneiras. Também acreditamos que uma mudança transformacional e sustentável é muito mais evolutiva do que revolucionária, conservando muito mais DNA cultural. Por exemplo, o mecanismo de busca da Google preservou e contou com uma infraestrutura econômica e tecnológica já existente — o sistema econômico dos Estados Unidos e o mercado em crescimento para produtos baseados na web; uma rica rede de indústrias de tecnologia; o ecossistema do Vale do Silício e muitas soluções de engenharia anteriores, incluindo os ensinamentos a partir dos sistemas de busca que o precederam. A tecnologia da Google transformou nossas capacidades humanas de uma forma sustentável porque estas mudanças profundas se enraizaram em competências, instituições e valores tecnológicos, econômicos e culturais já estabelecidos e evoluiu a partir deles. E embora o modelo de negócios da Google, baseado em receitas de publicidade e de novas técnicas de coleta de dados, tenha transformado o mercado online, grande parte dele foi inspirado

---

[*] Deborah L. Ancona, Thomas W. Malone, Wanda J. Orlikowski e Peter M. Senge, "In Praise Of The Incomplete Leaader", *Harvard Business Review*, Fevereiro de 2007, 92-100.

em ensinamentos essenciais e preservou as capacidades vitais que já haviam evoluído ao longo de gerações em termos de publicidade e marketing. Para dar um exemplo histórico, a Revolução Americana preservou grande parte do DNA cultural da Grã-Bretanha, sua linguagem, a arte, a ciência, a teoria política e o nascente sistema de livre mercado. Uma nação construída sobre valores e não em etnicidade, o que permitiu uma arquitetura de diversidade, não foi apenas transformacional, mas também adaptativa. Os fundadores conservaram mais do que mudaram.

Para que uma mudança transformacional seja sustentável, ela não só tem de se enraizar em sua própria cultura, mas também tem de envolver seu ambiente mutável. Portanto, a liderança precisa começar ouvindo e aprendendo, descobrindo onde estão as pessoas, valorizando o melhor naquilo que as pessoas já conhecem, valorizam e fazem e construir a partir daí. É perigoso liderar com apenas uma ideia em mente. É necessário tanto um respeito saudável pelos valores, competências e história das pessoas quanto ao ambiente mutável para construir a habilidade de responder às novas mudanças e aproveitar as novas oportunidades.

Adaptação Sistêmica: A Exemplo Colombiano

Mesmo uma grande mudança conduzida pelo governo é o acúmulo de incontáveis incrementos e transações diários. Ao longo das últimas décadas, Ron teve o privilégio de ensinar e aconselhar diversos presidentes e primeiros-ministros de todo o mundo, todos os quais com grandes aspirações para a realização de mudanças significativas em suas sociedades, e todos obtiveram êxitos e fracassos (dependendo da questão) com base, em parte, em suas habilidades de pensar em termos evolucionários e adaptativos sobre as exigências de mudanças sociais profundas e na preparação de seu povo de acordo.

O presidente Juan Manuel Santos da Colômbia começou a dar grandes passos incrementais rumo a um acordo de paz com as FARC mesmo antes de sua posse em agosto de 2010. Ele conhecia intimamente a guerra, tendo atuado como Ministro da Defesa. Começou por construir um ecossistema, um ambiente de sustentação para as negociações de paz. Ele nomeou como Ministro de Relações Exteriores o ex-embaixador na Venezuela, para que pudesse estabelecer uma relação de trabalho com o presidente venezuelano

Hugo Chavez, que havia oferecido refúgio para os guerrilheiros colombianos. Santos precisava persuadir Chavez a mudar de posição e a exercer pressão sobre a guerrilha para pôr fim à violência e passar à mesa de negociações. Santos também conseguiu obter o apoio de Cuba, apoiadores históricos dos guerrilheiros. Raúl Castro também mudou de posição, não apenas pressionando as FARC a negociarem, mas também se oferecendo para intermediar as negociações. E Santos angariou o apoio dos noruegueses, que haviam intermediado as negociações entre Palestinos e Israelenses e os Acordos de Oslo, para atuarem como intermediários neutros junto aos cubanos. Esses foram passos gigantescos, mas também incrementais.

O processo de negociação em si durou mais de cinco anos. O presidente Santos tinha uma equipe de negociação de primeira linha, mas ele também estabeleceu múltiplos canais de comunicação com as FARC para aumentar suas opções e manter o controle do processo. Diariamente, ele acompanhava o trabalho da equipe de negociação, os desafios e a oposição de seus colegas políticos, e os difíceis ajustes para atender aos diversos públicos, à medida que cada um deles foi sendo desafiado a enfrentar as complexas questões levadas à mesa de negociações e diante do país como um todo. Houve infinitas questões grandes e complexas, tão específicas como os mecanismos para o confisco das armas e tão amplas como lidar com a desigualdade social que originara a guerrilha cinquenta anos antes. Cada uma das questões exigiu análise específica e detalhada, criatividade e mudanças significativas nos corações e nas mentes de todos, desde os negociadores até o cidadão comum.

O fato de o presidente Santos ter sobrevivido à reeleição em 2014 e concluído o acordo de paz em 2016 é prova do trabalho perigoso, transacional, detalhado e diário de promoção da mudança social profunda.

Evidentemente, o júri ainda não deu o veredito. Santos perdeu o referendo sobre o acordo de paz em outubro de 2016, mas um acordo adaptado e revisado rapidamente ganhou a aprovação do Congresso. Em meados de 2018 é a próxima eleição presidencial, para a qual Santos vai querer corrigir seu principal erro, um erro comumente cometido. O presidente Santos concentrou a maior parte do seu tempo no cargo na negociação em si e pouco tempo engajado na construção de um clima de confiança com as comunidades em todo o país. Todos dentro do processo de negociação passaram por uma experiência de profunda mudança emocional ao longo de anos de intenso esforço. Eles foram muito bem apoiados por Santos em cada etapa. Mas o presidente não lidou tão bem com aqueles que teriam de suportar o peso da reconciliação — as famílias das vítimas sequestradas e assassinadas — e aqueles que teriam que arriscar sua posição econômica, política ou cultural na nova ordem política. A paz sustentável não é alcançada por um acordo; só é alcançada com mudanças adaptativas na vida das pessoas à medida que conseguem superar seus passados traumáticos, ganham uma nova política social e econômica e constroem novas relações políticas de trabalho. A paz permanecerá um trabalho em andamento por uma geração, com iniciativas e retrocessos que necessitarão de liderança altamente adaptativa não apenas de Santos e de seus sucessores, mas também das pessoas que exercem papéis de liderança na sociedade, com ou sem autoridade formal. O presidente Santos venceu o Prêmio Nobel da Paz de 2016, porque, com coragem, perseverança e maestria política e dotado de uma mentalidade evolucionária e de uma abordagem adaptativa, conseguiu algo extraordinário: deu uma oportunidade à paz e aumentou as chances de sua sustentabilidade.

Adaptação em Nível Pessoal: As Fases da Vida

Trabalho adaptativo em um nível sistêmico é tão difícil quanto o individual.

Estamos certos de que ao longo do caminho você já teve que lidar com novas realidades, imprevistas e indesejáveis, na sua vida pessoal ou profissional. A morte súbita de um ente querido. Um divórcio inesperado. Uma derrota eleitoral. A perda de um emprego. Um problema de saúde. Um fracasso nos negócios. Um romance para o qual você tinha grande esperança que de repente se desfez. Um amigo que traiu sua confiança.

Adicione seus próprios exemplos para esta lista.

Os desafios da adaptação em qualquer dessas situações equivalem àqueles enfrentados pelo presidente Santos e o povo da Colômbia. O que você preserva para o futuro? O que você supera e deixa para trás? Como você faz para suportar a perda? Que novos comportamentos, valores e crenças você adota e experimenta?

Para Marty, isso passou a ter uma ressonância especial depois que este livro foi publicado pela primeira vez. Mais especificamente, nos últimos anos, Marty vem enfrentando o desafio de se adaptar ao inexorável processo de envelhecimento. Os avanços nos cuidados de saúde, orientações nutricionais e a prática de estilos de vida saudáveis passaram a significar que todos têm a possibilidade de desfrutar de vidas mais longas e saudáveis do que a geração anterior. Existem duas opções fáceis e preguiçosas: (1) aposentar-se como a geração anterior fez, mudar para uma região de clima mais quente, jogar golfe e cartas, ler, viajar, passar tempo com seus filhos e netos, fazer trabalho voluntário, retribuir. Ou, (2) continuar fazendo o que estamos fazendo. Há uma enorme pressão do sistema para isso. Por que razão não apenas manter o curso, fazer o que já está fazendo, aquilo que valoriza, o que faz bem? O mundo aprecia isso (e o paga por isso), e isso faz com que se sinta competente e útil. Nada mal. Muitos amigos estão fazendo exatamente isso.

O desafio adaptativo, porém, é a oportunidade de encarar este período como um próximo capítulo, novo, não apenas mais do mesmo ou um glorioso esmorecimento para o derradeiro por de sol, mas um período totalmente novo da jornada, que necessita ser inventado, aquilo que Maria Catherine Bateson chama de "sabedoria ativa" em seu recente livro, *Composing a Further Life* (*Compondo uma Vida Além*, em tradução livre): o desafio de descobrir como pegar aquilo que acha ter aprendido e transmitir para um público mais amplo e diferente, ou de um modo diverso, do que expressou no passado.

No entanto, Marty diz que nada que ele tenha aprendido, observado, ouvido, ou experimentado o preparou para esta fase de sua vida. À medida que seu corpo se deteriora (e, infelizmente, a memória começa a enfraquecer), ele se depara constantemente com difíceis escolhas: ceder, lutar, se deixar levar ou tentar consertar. A última sempre foi a escolha preferencial; agora não necessariamente. Tentar evitar uma cirurgia de coluna desistindo de correr (um elemento central da sua autoidentidade), indo a fisioterapia e fazendo quarenta minutos de exercícios todos os dias? Aparelhos auditivos? Operações de catarata? Chega de viagens com voos longos? Nada de noites sucessivas de menos de sete horas de sono? Sonecas? Credo!

Do que desistir? Ao que se apegar? E, naturalmente, como fazer o melhor uso de qualquer tempo que lhe reste. Processos de priorização são emocionalmente dolorosos. Ao contrário do destino da humanidade como um todo, para Marty o final é conhecido. Como, quando e o que fazer até lá não está completamente sob seu controle, sem dúvida, mas manter a sensação de poder elaborando uma série de escolhas, uma por uma, todos os dias, *e* as avaliando através das lentes do que é essencial e do que é dispensável se tornou seu novo trabalho, quase em tempo integral.

Nossa própria evolução

Como professores e consultores, vimos que as reações às estruturas e ferramentas que apresentamos neste livro sofreram drásticas transformações após a grande recessão.

Antes disso, os desafios de adaptação pareciam para muitas pessoas como algo "agradável", não uma "necessidade". A partir de 2009, as perspectivas das pessoas mudaram. A capacidade de adaptação passou a ser vista como uma necessidade imediata e, para muitos indivíduos e organizações, um desafio difícil e traumático. Esta constatação levou à decisão pelos editores da Harvard Business Review Press a republicarem este livro e esse novo prefácio. A HBRP nos recomendou fortemente que não fizéssemos quaisquer alterações substanciais nesta edição. "O livro é irretocável", nos disseram. No entanto, eles também quiseram que refletíssemos o que aprendemos e sugeríssemos algumas reconceituações que possam ser consideradas ao explorar estas páginas.

As nossas ideias sobre pensar e agir politicamente (Capítulo 4) se transformaram à medida que leitores, alunos e clientes nos estimularam a sermos mais claros sobre como utilizar as ideias na prática. Algumas dessas discrepâncias que começamos a tratar em nosso livro seguinte *The Practice of Adaptative Leadership* (*A Prática da Liderança Adaptativa*, em tradução livre). Agir politicamente envolve muito mais do que ter parceiros, a tônica principal do capítulo. Agir politicamente significa intervenções personalizadas, adaptando o que você diz e o que você faz para recrutar toda a população alvo para a sua iniciativa. Isso significa saber que todas as pessoas se identificam profundamente em seus papéis profissionais e pessoais com outras pessoas, e portanto, representam melhor os outros. Pessoas representam pessoas. Respeitar essas lealdades profissionais e pessoais se torna a chave para descobrir opções de cooperação. Agir politicamente, então, exige profunda empatia, compreensão da história que as pessoas contam a si mesmas e para você, mesmo que pense que as histórias são insensatas, para que possa alcançá-las onde estão, em vez de onde você está. Operar desta maneira exige que você saiba o que está em jogo para as pessoas que representa, para seus "constituintes", e estar aberto para alianças com pessoas e partidos cuja motivação, interesses, valores e agendas possam ser muito diferentes e mesmo contrárias aos seus em alguns aspectos.

Aprendemos com nosso trabalho ao longo destes anos que orquestrar o conflito (Capítulo 5) é realmente um subconjunto de um espectro mais amplo para criar um ambiente de sustentação. Orquestrar o conflito requer um invólucro — vínculos que unam as pessoas contra as forças desagregadoras que as afastam. Esses vínculos são tanto verticais quanto horizontais — vínculos de confiança na autoridade e vínculos laterais de confiança chamados de capital social. Um excelente trabalho vem sendo feito por nossos colegas da política e da sociologia, da negociação e da diplomacia sobre a análise detalhada e cuidadosa das estruturas e dos processos que constroem esses ambientes de sustentação. Liderança requer não só estipular o ritmo e a sequência das questões a serem enfrentadas para impedir a discórdia, mas também o cuidado com o próprio ambiente de sustentação para fortalecer os vínculos de confiança e os interesses comuns que tornam as perdas provocadas pelo comprometimento e pela inovação dignas de serem sustentadas. Não se pode cozinhar sem uma panela, e a liderança envolve tanto reforçar a panela e controlar a temperatura quanto a escolha dos ingredientes. Muitas pessoas nos dizem que acham difícil e pessoalmente muito além de suas zonas de conforto aumentar ou diminuir a temperatura (especialmente aumentar), embora consigam perceber que isso pode ser essencial para fazer com que as pessoas abordem as questões mais difíceis. Existem muitas ferramentas aqui, algumas mais desafiadoras que outras, para aumentar a temperatura; mas reforçar o ambiente de sustentação oferece uma vantagem crucial.

Da mesma forma, intervenções hábeis (Capítulo 6) implicam na redistribuição do trabalho, não apenas do ponto de vista tático, mas também estratégico. Intervir para fazer progressos no trabalho adaptativo requer experimentação, questionamento e personalização. Esta é uma operação de varejo não de atacado. Mas você também tem de pensar estrategicamente sobre a capacidade e o contexto: tanto sobre a definição de prioridades e sobre o tempo quanto sobre o ritmo e a sequência das intervenções em uma curva de mudança ao longo do tempo.

Finalmente, dizemos nestas páginas (Capítulos 7, 8 e 9) que "autoconhecimento e autodisciplina formam a base para se manter vivo". Não é de surpreender, tendo em conta os riscos envolvidos, descobrirmos que as pessoas que tentam exercer a liderança estão profundamente interessadas em dar conselhos sobre sobrevivência. Mas descobrimos também que as pessoas muitas vezes minam a si próprias encarando as reações contrárias, as críticas e os ataques como pessoais. Autoconsciência e disciplina são relevantes para a tarefa de criar para si mesmo a liberdade de reagir de modo não defensivo quando o ataque é pessoal e com um conjunto amplo de opções quando não é. Para distinguir de modo eficaz o "papel" de "si mesmo", administre seus desejos, mantenha-se equilibrado, procure saber como identificar a configuração padrão dentro de si, que é moldada pelas lealdades internalizadas a partir de sua vida pessoal e profissional e por vezes de seus ancestrais; e procure então aprender a renegociar as lealdades pertinentes para criar a liberdade de ver e responder de forma mais criativa ao que está realmente diante de você.

Reler este livro atentamente, escrever este novo prefácio e fazer pequenas modificações de palavras aqui e ali foi um trabalho de amor para nós, uma oportunidade de refletir sobre a nossa própria experiência e as mudanças dramáticas no mundo desde que ele foi publicado pela primeira vez há quinze anos. Ficamos lisonjeados com o testemunho de tantas pessoas de que *Liderança no Fio da Navalha* continua a ser um instrumento útil na execução do significativo, mas difícil trabalho de liderar a mudança adaptativa. Para nós, esta experiência tem sido também uma oportunidade de nos reconectarmos e revigorarmos nossa colaboração profissional e amizade pessoal, ambas enfrentaram alguns solavancos ao longo desses anos. Desafios adaptativos *estão* conosco a cada dia. Ler, escrever, ensinar, oferecer palestras e consultoria sobre mudança adaptativa para tantas pessoas não necessariamente nos torna peritos em colocá-la em prática. Assim como as mudanças no mundo, a necessidade de aprender nunca têm fim.

Ron Heifetz
Marty Linsky
1º de dezembro de 2016

Agradecimentos

Este livro é produto de meio século de experiência conjunta em magistério e consultoria. Baseia-se na vivência e nos insights de alunos, clientes, amigos e colegas de profissão, a quem devemos agradecer por compartilhar conosco suas histórias e ensinamentos, embora não tenham qualquer responsabilidade pela maneira como utilizamos suas narrativas.

Contamos com a ajuda de uma equipe extremamente atenciosa e engenhosa, na Harvard Business School Press. Como grupo e cada um *per se*, todos desmentiram a noção de que o relacionamento colaborativo dos velhos tempos entre autores e editores é um fato do passado. A ideia deste livro foi acalentada, de início, anos atrás, por Linda Doyle e Carol Franco. A crença de nosso primeiro editor, Marjorie Williams, no projeto desempenhou papel crítico em todas as nossas decisões. O trabalho de editoração de Sarah Weaver esclareceu nossas mensagens, desanuviando a prosa e iluminando os meandros. Amanda Elkin, nossa editora do manuscrito, sempre foi uma força sustentadora e solidária. Mas nunca teríamos chegado à última linha sem a incitação habilidosa, as ideias brilhantes e o estímulo fomentador de Jeff Kehoe, nosso editor. Pai há relativamente pouco tempo, Jeff relacionou-se conosco com as habilidades sutis de um bom preceptor paternal, sabendo exatamente em que pontos puxar a linha ou dar espaço. Também queremos agradecer, mas infelizmente sem mencionar nomes, aos leitores anônimos selecionados pela editora, cujos comentários descomprometidos foram um alerta crucial em determinado momento crítico do processo.

xxii • Agradecimentos

Sete pessoas desempenharam papel decisivo ao ajudar na elaboração deste livro. Muitas das ideias aqui expostas foram articuladas de início por um colaborador de longa data de Ron, Riley Sinder, que abriu nossos olhos para a conexão metafórica entre liderança e música e que, cuidadosamente, reviu o manuscrito e pontilhou-o com comentários detalhados e reformulações textuais em todas as fases do processo. Embora as contribuições de Sousan Abadian, esposa de Ron, tenham sido muito numerosas, variadas e profundas para que sejam aqui incluídas, ambos não podemos deixar de agradecer-lhe por seu papel muito especial ao conduzir-nos ao longo do penúltimo manuscrito, linha a linha, e amorosamente nos haver empurrado até o topo. A esposa de Marty, Lynn Staley, lançou seus olhos de designer e sua argúcia de editora sobre importantes pontos de inflexão; também soube compreender a ausência e desatenção dele, à medida que o projeto se aproximava do final. Contratamos dois doutores em livros durante o percurso. Kelly Rappuchi forneceu-nos alguns esclarecimentos fundamentais sobre nossos objetivos primordiais e ajudou-nos a melhor aproveitar as experiências e histórias de Ron. Kent Lineback tornou-se parte de nossa equipe básica, participando de reuniões sem fim, forçando-nos a esclarecer e a refinar o enredo, escrevendo e reescrevendo sucessivas versões, incitando-nos a fazer melhor — enfim, atuando o tempo todo como incansável líder de torcida de nosso empreendimento. Também fomos abençoados com duas maravilhosas assistentes de ensino na Kennedy School, Sheila Blake e Kathleen Kaminski. Sheila e Kathleen ofereceram-nos extraordinário respaldo de pesquisa, protegeram nossa privacidade contra incursões diversionistas para que pudéssemos trabalhar juntos e deram o melhor de si para que o resto de nossas vidas não ficasse descontrolado, quando o projeto passou a absorver-nos em tempo integral.

Sem qualquer acanhamento, pedimos a muitos de nossos amigos e colegas que lessem o manuscrito, no todo ou em parte, em vários momentos de sua criação. Recebemos *feedback* extremamente minucioso e construtivo, página por página, de Tom Bennett, Charles Buki, Robyn Champion, Katherine Fulton, Milton Heifetz e Steven Rothstein. Também contamos com conselhos generosos e muito úteis de David Abadian-Heifetz, Steve Boyd, Ben Cheever, Brent Coffin, Phil Heymann, John Hubner, Barbara Kellerman, John Kotter, Steve Lakis, Larry Moses, Hugh O'Doherty, Sharon Parks, Richard Pascale, Bernie Steinberg, Bill Ury e Dean Williams.

Finalmente, esse empreendimento começou mais de uma década atrás, nos primeiros anos do Leadership Education Project, da Kennedy School. Derek Bok sugeriu que escrevêssemos algo prático sobre liderança, nos moldes de *Como Chegar ao Sim*, de Fisher e Ury, editado por Marty. Theresa Monroe, colega e educadora brilhante, que ajudou a dar à luz o projeto, dedicou-se de corpo, alma e mente a garantir o rumo certo de todo o nosso esforço. Jenny Gelber, talentosa consultora do projeto, manteve coesa, com muita habilidade e motivação, uma pequena equipe de estudantes de graduação imaginosos e desbravadores, que a toda hora geravam ideias impensáveis, e deu-nos alento para ir adiante. Jamais nos desviamos daquele primeiro intento.

RON HEIFETZ
MARTY LINSKY
Belmont, Massachusetts

Liderança no Fio da Navalha

Introdução

Todo dia deparamos com oportunidades para o exercício da liderança.

- Um pai se deixa levar pelos mesmos argumentos destrutivos, à mesa do jantar, mas certa vez rompe o padrão e pede a opinião da família.

- Um banqueiro de investimentos quase fecha uma aquisição de US$100 bilhões, mas, inesperadamente, confunde todos os presentes e põe em risco todo o negócio ao perguntar: "Será que a junção dessas duas empresas realmente criará sinergias com rapidez bastante para satisfazer às exigências dos investidores, em face da atual disponibilidade de talentos e da diversidade cultural em cada um dos negócios e entre os negócios?"

- Um político desafia seus constituintes a aceitar a responsabilidade pela construção de um presídio em sua comunidade, em vez de declamar os velhos slogans: "Não no meu quintal!"

- Um vizinho observa aquela jovem, que mora um pouco abaixo, na mesma rua, perder-se em sua conturbada adolescência após a morte da mãe, e promove reuniões semanais entre as famílias da comunidade, a fim de dar apoio ao pai dela na criação dos filhos.

- Durante uma reunião, você percebe que os presentes estão evitando os temas realmente importantes e se dispõe a abordá-los, apesar da resistência.

A cada dia surgem novas oportunidades para levantar questões importantes, invocar valores mais altos e trazer à tona conflitos pendentes. E a toda hora temos a chance de fazer diferença para as pessoas ao redor.

Todo dia você precisa decidir entre contribuir para algo ou ficar na sua, evitando perturbar os outros e a si próprio, deixando passar mais um dia como mero espectador. Você está certo em ser cauteloso. A prudência é uma virtude. Incomodamos as pessoas quando tomamos iniciativas impopulares na comunidade, lançamos novas ideias provocadoras na organização, questionamos o hiato entre os valores e o comportamento dos colegas e pedimos a amigos e parentes para enfrentar duras realidades. Nessas situações, corremos o risco de despertar a ira das pessoas e de nos tornar vulneráveis. O exercício da liderança por vezes é muito problemático.

Liderar é viver perigosamente, porque, quando a liderança realmente é relevante e conduz as pessoas em difíceis processos de mudança, ela desafia o que é mais valioso — os hábitos, as ferramentas, a lealdade e o modo de pensar — sem nada oferecer em troca, a não ser, talvez, uma possibilidade remota. Além disso, liderar muitas vezes significa superar os limites da própria autoridade para enfrentar o desafio pela frente. As pessoas recuam quando alguém perturba seu equilíbrio pessoal e institucional, resistindo por todos os meios possíveis e inimagináveis para tirá-lo do jogo, chutando-o para escanteio, minando as suas bases ou simplesmente destruindo-o.

Não admira que tantas vezes hesitemos ao sermos convocados pelas numerosas oportunidades para exercer a liderança. Qualquer pessoa que tenha assumido posições de risco, ao liderar, no todo ou em parte, organizações, comunidades ou famílias, conhece muito bem as vulnerabilidades pessoais e profissionais. Não importa o quão gentil seja o seu estilo, quão cuidadosa seja a sua estratégia, o quão certo você esteja quanto a estar no seu rumo, a liderança é um empreendimento arriscado.

Este livro versa sobre aproveitar oportunidades para o exercício da liderança, e manter-se vivo. Nele, formulamos as seguintes perguntas básicas: por que e como a liderança é perigosa? Como reagir a esses perigos? De que maneira preservar a motivação quando a jornada se torna muito árdua? Ao escrevê-lo, fomos ao mesmo tempo francos quanto aos riscos da liderança e idealistas quanto à importância de afrontar tais perigos. Muitos livros sobre liderança enfatizam a inspiração, mas menosprezam a transpiração. Respeitamos as dificuldades do empreendimento. Conhecemos muita gente com cicatrizes de batalha por suas iniciativas. Nós próprios temos nossas cicatrizes e não acalentamos ilusões.

Entretanto, acreditamos que a liderança, embora perigosa, justifica seus custos. Nossas organizações, comunidades e sociedades precisam de pessoas, de todos os lugares, dispostas a assumir desafios em seu âmbito de atuação, em vez de indivíduos que apenas se queixam da falta de liderança exercida pelo topo, que nada mais fazem que esperar a "convocação" para a ação ou que se limitam a justificar a inação com base em sua alegada insignificância. Isso sempre foi verdade, mas tornou-se ainda mais aplicável no mundo pós-11 de setembro de 2001, onde, como nunca, predomina a incerteza e a vulnerabilidade.

Enfrentar esses desafios, contudo, não significa necessariamente ser subjugado ou rechaçado, em termos pessoais ou profissionais. Parafraseando Johnny Cash*, acreditamos que você pode "andar na linha", dar um passo à frente, fazer diferença, aguentar o rojão e sobreviver, para saborear os frutos de seu trabalho.

A liderança justifica os riscos, pois seus objetivos vão bem além dos ganhos materiais e do avanço pessoal. Ao melhorar a vida das pessoas ao seu redor, a liderança dá sentido à vida. Cria propósito. Acreditamos que todos os seres humanos têm algo único e que a exploração desse dom, de modo a contribuir para a prosperidade da família, da comunidade ou da organização, amplia o senso de propósito. Essa característica pessoal pode ser o conhecimento, a experiência, os valores, a presença, o coração ou a sabedoria. Mas, por vezes, é apenas a curiosidade básica e a disposição para formular perguntas inquietantes.

Assim, em primeiro lugar e acima de tudo, este livro é sobre você, sobre como sobreviver e prosperar em meio aos perigos da liderança. Também aborda as maneiras de conseguir mais da vida, investindo mais na vida. Escrevemos este livro tanto para aqueles que jogam com segurança, pois não conseguem imaginar-se saindo da rotina ou falando com franqueza sem se queimar, quanto para os que assumem riscos, para quem sabe o que é ser

---

* Cantor americano de música country (1932), conhecido pela sinceridade de suas letras e pela profundidade de sua voz de baixo. Entre suas composições mais famosas, destaca-se "I walk the Line" (1956). (N.T.)

alvejado quando desafia as pessoas a mudar. Este livro tem a ver com colocar em risco a si próprio e as suas ideias, enfrentar os perigos com eficácia e sobreviver para comemorar os resultados de seus esforços.

Este livro também é sobre nossos tempos. Vivemos um período da história em que assumir os riscos da liderança nos respectivos contextos individuais é mais importante e mais complexo do que nunca. A globalização da economia, a necessária interação das culturas e o pronto acesso à informação e à comunicação por meio da Internet tornam palpável a interdependência. As estruturas hierárquicas, com papéis claramente definidos, estão cedendo espaço a organizações mais horizontais, com maior flexibilidade, com mais espaço para iniciativas e com o correspondente aumento da incerteza. A democratização se difunde por todas as organizações e por todos os países. Esse amplo conjunto de mudanças e inovações cria novas oportunidades para que você faça a diferença.

Este livro também diz respeito a nós, Ron e Marty. Somos colegas e amigos há quase vinte anos, trabalhando e lecionando juntos; compartilhando pesquisas e experiências; explorando, testando e refinando nossas ideias sobre as exigências de liderança na vida moderna. Quanto mais conversamos e trabalhamos juntos, mais encontramos sobreposições entre nossas experiências e ideias. Ron extrai inferências da música e da psiquiatria sobre o funcionamento do mundo, e Marty faz o mesmo em relação à mídia e à política. O que esses quatro campos tão diferentes têm a ver com liderança? Música diz respeito a pessoas, seu intuito é tanger cordas que ressoam profundamente no coração dos ouvintes, fornecendo meios de expressão sobre qualidades centrais, mas elusivas, como harmonia, resolução, ritmo, improvisação, criatividade e inspiração. A política ensina que sozinho jamais se realiza algo significativo; quanto mais desafiador o problema, mais as pessoas que arcarão com as consequências de seu desfecho devem assumir responsabilidade pela busca de soluções. A psiquiatria possibilita maior compreensão da maneira como os seres humanos enfrentam os desafios, enquanto indivíduos e quando reunidos em grupo; e a mídia conscientiza-nos de que a forma de transmissão da mensagem e a identidade do mensageiro muitas vezes parecem tão importantes quanto o próprio conteúdo da mensagem. Esperamos que a perspectiva e os ensinamentos dessas e outras disciplinas adicionem profundidade e cor a nosso trabalho.

Como consultores, prestamos assistência a clientes dos setores público e privado, assim como de organizações sem fins lucrativos. Como professores, trabalhamos em sala de aula e em outros ambientes com centenas de alunos da John F. Kennedy School of Government, da Harvard University, cujo corpo docente servimos há duas décadas. Com base nessas experiências, pudemos compreender que muita gente atua nas fronteiras da liderança em suas vidas pessoal, cívica e profissional. Muitas vezes fomos inspirados pelos que assumem responsabilidade pela mobilização de pessoas para aproveitar novas oportunidades e para lutar com problemas difíceis. A partir das histórias de nossos clientes e alunos em todo o mundo, captamos e destilamos lições que agora articulamos neste livro, não como ideias inéditas, mas como guias para ajudá-lo a nomear, organizar e interpretar suas experiências.

Muitas das ideias deste livro foram lançadas, de início, na obra anterior de Ron, *Leadership Without Easy Answers*, cuja última parte, "Mantendo-se Vivo", contém as sementes de vários dos temas aqui desenvolvidos. Em nossas posteriores atividades de ensino e consultoria, essas questões foram consideradas cativantes, exigindo muito mais atenção. A obra de Ron pretendia ser um referencial teórico para a compreensão da liderança e da autoridade no contexto da mudança adaptativa; este livro apresenta traços e características muito diferentes. Queríamos que esta segunda obra fosse mais focada, mais prática e mais pessoal que a anterior e esperamos que de fato seja acessível, eminentemente instrumental e altamente inspiradora para a sua vida e o seu trabalho.

Este livro baseia-se nos muitos anos em que ouvimos pessoas de vários países e de diversos status sociais: trabalhadores, gerentes e ativistas; presidentes de países e de corporações multinacionais; donas de casa e pais que trabalham fora; generais e almirantes, além de tenentes e cabos; professores e reitores; gestores de recursos e clérigos.

Nenhum desses indivíduos passou a vida nas laterais, dia após dia. Todos tinham orgulho de seus sucessos, mas a maioria trazia as cicatrizes dos tempos em que expressaram pontos de vista que perturbaram seus interlocutores. Todos queriam que sua vida e seu trabalho fizessem alguma diferença.

Na Parte Um do livro, analisamos por que a liderança é tão perigosa e como as pessoas são retiradas do jogo.

Na Parte Dois, oferecemos várias sugestões de ação, destinadas a reduzir o risco de ficar no banco dos reservas.

Na Parte Três, discutimos como se contribui para a própria queda. Também apresentamos algumas ideias sobre aspectos críticos, embora quase sempre negligenciados, sobre o exercício da liderança: como gerenciar suas vulnerabilidades pessoais, cuidar de si mesmo e manter a motivação.

As oportunidades de liderança acenam para nós todos os dias. Esperamos que esses ensinamentos o ajudem a assumir riscos e a manter-se vivo, não só no trabalho, mas também na família, na comunidade, em suas entranhas e em seu espírito.

PARTE UM

O Desafio

1

As Entranhas do Perigo

Maggie Brooke cresceu numa pequena reserva nativa americana, na qual quase todos com mais de doze anos de idade ingeriam bebidas alcoólicas. Ao atingir a casa dos vinte, já abstêmia, ela passou mais de uma década liderando seu povo em busca de saúde e bem-estar. Hoje, já avó, com seus quarenta anos, e uma das mais velhas da tribo, Maggie recebe em casa um fluxo contínuo de visitantes, que recorrem a ela como fonte de conselhos e orientação. Uma noite, ela conversou com um dos visitantes sobre Lois, a mulher que primeiro a inspirou a fazer alguma coisa quanto à dependência de seu povo em relação ao álcool.

"Vinte anos atrás, eu tomava conta dos filhos de Lois, que morava numa área vizinha, em nossa tribo. Uma vez por semana, eu percorria uns poucos quilômetros até a comunidade dela e lá ficava com as crianças, durante a sua ausência. Mas, uns dois meses depois, comecei a ficar curiosa com a situação: 'O que será que Lois faz toda as terças à noite? Não há muitos programas por aqui, nesses vilarejos.' Assim, uma noite, depois que Lois saiu para a tenda onde ocorriam as reuniões, arrumei as crianças e caminhamos até o local para ver o que era aquilo. Olhamos pela janela para o interior e vimos um grande círculo de cadeiras, todas exatamente em seu lugar, com Lois sentada numa delas, sozinha. Todas as demais cadeiras estavam vazias."

"Fiquei de fato curiosa com aquilo, sabe, e quando Lois chegou em casa, naquela noite, perguntei-lhe: 'Lois, o que você faz todas as terças à noite?'

E ela respondeu: 'Achei que lhe tivesse dito algumas semanas atrás, estou coordenando reuniões de AA (Alcoólatras Anônimos).' Não resisti à curiosidade e perguntei de novo: 'Como você está coordenando reuniões? Fui lá hoje à noite com as crianças e olhei pela janela. Vimos você naquele círculo de cadeiras, sozinha'."

"Depois de alguns instantes de silêncio, Lois respondeu: 'Não estava sozinha. Estava lá com os espíritos e os ancestrais; um dia, nosso povo virá.'"

Lois nunca desistiu. "Todas as semanas, arrumava aquelas cadeiras num círculo quase perfeito e, durante duas horas, ficava sentada lá", lembra-se Maggie. "Durante muito tempo, ninguém comparecia àquelas reuniões e, mesmo depois de três anos, havia apenas umas poucas pessoas na sala. Mas, dez anos mais tarde, a sala estava cheia. A comunidade começou a dar a virada. As pessoas passaram a livrar-se do álcool. Senti-me muito inspirada por Lois e não conseguia ficar quieta, vendo nosso povo envenenar-se."

Lois e depois Maggie empenharam-se, de início, em tornarem-se abstêmias e, em seguida, desafiaram os familiares, amigos e vizinhos a também mudar e renovar suas vidas. A liderança dessas comunidades exigiu extraordinária autoanálise, perseverança e coragem. Na história daquele povo não faltavam personagens, alguns bem-intencionados, que haviam induzido as tribos a deixar de lado os costumes tradicionais e confiáveis. Agora, novamente se pedia à comunidade que mudasse outra vez, sem nenhum fato novo a fomentar a esperança de que agora as coisas ficariam melhores. Lois e Maggie pediam às pessoas que encarassem a opção entre o consolo estupefaciente do álcool e o trabalho árduo de renovar suas vidas. Não haveria progresso enquanto não deixassem para trás o vício da bebida. Mas todos achavam extremamente difícil abrir mão daquela fuga da realidade, sobretudo em prol de uma ideia intangível quanto ao futuro. Já haviam lutado no passado, quando outras pessoas tentaram mudar seus hábitos, e agora também se voltavam contra Lois e Maggie.

As duas mulheres viraram objetos de escárnio e ficaram marginalizadas. Durante muitos anos, sentiram-se como que excluídas de sua própria comunidade, malvistas em festas e eventos em que o álcool era abundante, tão no ostracismo que até mesmo as férias e feriados eram acontecimentos solitários, sem a companhia de ninguém. Realmente, durante longos períodos, elas passavam os fins de semana fora da reserva, para encontrar pessoas com quem conversar. Ambas haviam posto a si próprias em situação de risco, assim como os principais relacionamentos com vizinhos, amigos e família. Por fim, venceram e sobreviveram. Mas, durante muito tempo, a incerteza era grande. Podiam perder tudo.[1]

A Liderança é Perigosa

No início da década de 1990, Yitzhak Rabin, então primeiro-ministro de Israel, vinha transformando o país no sentido de aceitar um acordo com os palestinos. Lentamente, mas com segurança, Rabin trazia para o seu lado a maioria dos israelenses. Mas também contrariava profundamente as facções direitistas de Israel, sobretudo a direita religiosa, em face de seus êxitos em induzir a comunidade a enfrentar as difíceis e dolorosas opções de troca entre paz duradoura e preservação das conquistas territoriais. As alas de direita recusavam-se a encarar a realidade de que teriam de abrir mão de terras que consideravam sagradas, caso pretendessem viabilizar algum acordo. De início, tentaram debater a questão; mas, como perdiam as discussões, tentaram converter o próprio Rabin em tema dos debates, no lugar de suas políticas. O resultado foi o assassinato de Rabin, não só uma tragédia, mas também um sério retrocesso para as suas iniciativas. Seu sucessor, Benyamin Netanyahu, recuou, relutante em empurrar o povo de Israel a enfrentar os custos da paz. Com efeito, o período que antecedeu a morte de Rabin foi um ponto alto na disposição dos israelenses para decidir, entre valores profundamente arraigados, quais eram os mais preciosos e quais poderiam ser deixados para trás.

Assassinatos são exemplos extremos do que se faz para silenciar os porta-vozes da realidade. Pedir a toda uma comunidade que mude seus métodos, como no caso do êxito de Lois e Maggie e do sacrifício de Yitzhak Rabin, é empreitada perigosa. Se liderança fosse apenas dar boas notícias, o trabalho seria fácil. Se Lois estivesse promovendo reuniões semanais para distribuir dinheiro ou cantar louvores, as cadeiras não teriam ficado vazias por tanto tempo. Se Rabin houvesse prometido paz sem perda de terras, ele talvez tivesse sobrevivido. Não se resiste à mudança em si, mas às perdas resultantes da mudança.

Os líderes parecem perigosos quando questionam valores, crenças ou hábitos de toda uma vida. É arriscado dizer às pessoas o que precisam ouvir em vez do que preferem ouvir. Ainda que o líder vislumbre com clareza e paixão um futuro promissor de progresso e ganho, o povo vê com igual arrebatamento as perdas iminentes a serem infligidas no processo.

Pense nas vezes em que você tinha algo importante a dizer, mas foi reprimido; ou nas ocasiões em que foi bem-sucedido, mas saiu muito magoado. Ou quando observou as tentativas e vitórias de outras pessoas. A essência da liderança consiste na capacidade de transmitir notícias inquietantes e de formular perguntas difíceis, de forma a serem absorvidas pelos liderados, instigando-os a receber a mensagem em vez de ignorá-la ou de matar o mensageiro.

Como médico, Ron enfrentava esses desafios diariamente. Todos os pacientes recorrem aos médicos em busca de tratamentos indolores; e a toda hora os médicos dizem aos pacientes que sua saúde exige que suportem as dores da mudança — abrindo mão de suas comidas favoritas, arranjando tempo em dias já cheios de compromisso para praticar exercícios físicos, tomando remédios com efeitos colaterais, ou superando vícios como fumo, álcool ou trabalho. Ron convivia com alguns médicos que eram verdadeiros artistas no exercício da profissão, além de notáveis especialistas. Eles dominavam a arte de engajar os pacientes e as famílias com a reformulação de seus valores, atitudes e hábitos tradicionais. Mas o processo era rigoroso e arriscado. O convencimento pode sair pela culatra se os médicos parecerem insensíveis ou rudes; e os clientes irados dispõem de vários recursos para prejudicar a reputação dos profissionais. Ron descobriu que muito mais médicos apenas alardeiam o aspecto persuasivo de seu trabalho, sem nada fazer de prático, ao mesmo tempo em que se queixam da *rebeldia dos pacientes* — jargão profissional que descreve a resistência das pessoas a tomar remédios e a seguir as orientações. Frustrados, dizem a si mesmos: "Por que será que as pessoas não encaram a realidade e não seguem minhas orientações?" Mas, em resposta, optam pelo caminho mais fácil e pelo jogo seguro, cedendo ao impulso de buscar soluções rigorosamente técnicas e evitar conversas difíceis, em vez de sacudir os pacientes na tentativa de mudar seus estilos de vida.

Lois, Maggie e Rabin tiveram de convencer as pessoas a enfrentar duras realidades. Da mesma maneira como os pacientes esperam receber dos médicos curas rápidas e indolores, alguns nativos americanos talvez concentrem todas as suas esperanças num novo cassino ou procurem uma explicação técnica para suas dificuldades (quem sabe alguma predisposição genética ao alcoolismo). E, sem dúvida, a maioria dos israelenses preferiria desfrutar da paz sem abrir mão de sua velha terra natal. Em cada caso — os pacientes, a comunidade de nativos americanos, o povo israelense — é preciso enfrentar o desafio de adaptar-se a situações difíceis, processo que demanda renúncias a valores importantes ou a hábitos arraigados. Nesses casos, a liderança torna--se perigosa, pois exige que o líder proponha perdas aos liderados. Rabin, Lois e Maggie, a exemplo dos melhores médicos, mobilizaram a mudança, desafiando as pessoas a responder a uma pergunta básica, mas dolorosa: de tudo que valorizamos, o que é realmente mais precioso e o que é dispensável?

Os Perigos da Mudança Adaptativa

A liderança seria um empreendimento seguro se as organizações e as comunidades apenas enfrentassem problemas para os quais já conhecem as soluções. Todo dia, deparamos com dificuldades que demandam conhecimentos e procedimentos já disponíveis. Esses são os problemas técnicos. Mas também enfrentamos uma vasta gama de problemas não suscetíveis à *expertise* oficial ou aos procedimentos operacionais padronizados, não sendo possível solucioná-los por meio de alguém que forneça respostas do alto. Chamamos essas situações de desafios adaptativos, pois exigem experimentos, descobertas e ajustes, em vários pontos da organização ou da comunidade. Sem aprender novas maneiras de agir — mudanças de atitudes, de valores e de comportamentos — não é possível empreender os saltos adaptativos necessários para prosperar no novo ambiente. A sustentabilidade da mudança depende de conseguir que as partes envolvidas no problema internalizem a própria mudança.

No início do processo adaptativo, não se consegue discernir que a nova situação será melhor do que a vigente. O que se percebe com clareza é o potencial de perda. Em geral, evitam-se ajustes dolorosos no estilo de vida, caso seja possível adiá-los, transferir o ônus para outrem ou pedir socorro a alguém. Quando os medos e as paixões são grandes, as pessoas às vezes se desesperam ao recorrer às autoridades em busca de respostas. Essa dinâmica produz contextos adaptativos intrinsecamente perigosos.

Nas situações em que se solicita das autoridades respostas fáceis para os desafios adaptativos, as próprias autoridades acabam sofrendo disfunções, pois são alvo de muitas expectativas e, sob o peso de tanta responsabilidade, são forçadas a forjar situações ou a desapontar as pessoas. Às vezes, o líder tradicional é ejetado do sistema, na crença de que um novo "líder" solucionará o problema. Com efeito, constata-se uma correlação direta entre mudança adaptativa e grau de risco: quanto mais profunda a mudança e quanto mais volumoso o novo aprendizado, mais intensa será a resistência e, assim, maior o perigo para os que exercem a liderança. Por esse motivo, geralmente tenta-se evitar os riscos, de maneira consciente ou inconsciente, enfrentando-se os desafios adaptativos como se fossem questões técnicas. Eis por que, em nossa sociedade, vemos muito mais gestão da rotina do que exercício da liderança.

O quadro "Diferenciação entre os Desafios Técnicos e Adaptativos" mostra a diferença entre o trabalho técnico da gestão da rotina e o trabalho adaptativo do exercício da liderança.

De fato, segundo nossas pesquisas, a causa isolada mais comum do fracasso da liderança — em política, na vida comunitária, em negócios ou em organizações sem fins lucrativos — é o fato de as pessoas, especialmente as que se encontram em posição de autoridade, tratarem os desafios adaptativos como problemas técnicos.

Em tempos de dificuldade, quando todos recorrem ao líder em busca de direção, proteção e ordem, esse é um erro de diagnóstico fácil de cometer. Sob o fogo cruzado das pressões adaptativas, ninguém quer perguntas; todos exigem respostas; ninguém quer saber que terá de sofrer perdas; ao contrário, anseiam pela certeza de que serão protegidos contra as dores da mudança. E, evidentemente, o líder se empenha para corresponder às necessidades e expectativas, em vez de aguentar a pancada da frustração e da raiva, decorrentes das más notícias.

Diferenciação entre os Desafios Técnicos e Adaptativos

	Qual é o trabalho?	Quem faz o trabalho?
Técnico	Aplica o know-how vigente	Autoridades
Adaptativo	Aprende novas maneiras	As pessoas com o problema

Ao mobilizar o trabalho adaptativo, é preciso comprometer as pessoas com o ajuste de suas expectativas irrealistas, em vez de tentar satisfazê-las, como se a situação se prestasse basicamente a soluções técnicas. Assim, deve-se combater a dependência exagerada e promover o talento de cada indivíduo. Esse processo exige extraordinário nível de presença, disponibilidade e comunicação habilidosa, mas talvez também demande mais tempo e confiança do que se possui.

Esse foi o quadro com que se deparou o presidente do Equador, Jamil Mahuad, no início de janeiro de 2000, ao enfrentar a iminência de demonstrações de massa, com a mobilização de centenas de equatorianos para derrubá-lo do poder. Sua popularidade caíra de 70% para 15% em menos de um ano. Com o país em meio a um colapso econômico vertiginoso e catastrófico, às vésperas de movimentos populares de consequências imprevisíveis, Mahuad declarou que se sentia numa armadilha. "Perdi minhas ligações com o povo."

Um ano antes, ele era considerado herói e pacificador. Em seus primeiros meses no cargo, pôs fim à guerra com o Peru, que se prolongava por mais de duzentos anos, assinando um tratado de paz num ambiente de vibração. Mas suas realizações heróicas seriam levadas de roldão em menos de quatro meses pelos efeitos de alguns desastres naturais e econômicos: tempestades provocadas pelo El Niño, que devastaram 16% do produto interno bruto do país; a crise financeira que varreu o Leste Asiático e depois a América Latina; a alta inflação; a dívida externa esmagadora; a falência de bancos; o desabamento dos preços do petróleo, que desceram ao nível mais baixo desde que o país passou a exportar essa *commodity*; e uma cultura política que depusera quatro presidentes em oito anos. Em 21 de janeiro de 2000, uma coalizão de militares e manifestantes indígenas tirou Mahuad da presidência, outra baixa do contínuo estado de crise do país.

Mahuad descreveu o contraste entre ser prefeito de Quito e presidente de todo o país. Como prefeito, o povo o recebia de braços abertos em suas caminhadas diárias pelas ruas da cidade. Durante essas andanças, conseguia muitas vezes que as comunidades cooperassem para a solução de seus próprios problemas e ainda aplicava alguma pressão e recursos para acelerar as soluções. Naquele tempo, desfrutava da vantagem de o povo buscar soluções locais para problemas locais e trabalhar ao lado dele pelos objetivos comuns. O entrosamento entre o prefeito e o povo era uma via de mão dupla de respaldo recíproco.

Contudo, ao tornar-se presidente e assumir responsabilidade pela crise econômica nacional, a situação mudou, pois o povo queria soluções cujo custo fosse pago por outras regiões e localidades, mas não estava disposto a ouvir pregações sobre a necessidade de mudança. Na época, Mahuad fez várias viagens ao exterior para implorar ajuda ao Fundo Monetário Internacional, ao Banco Mundial e ao Departamento do Tesouro dos Estados Unidos. Também consultou muitos economistas de renome no país, na América Latina, nos Estados Unidos e na Europa. E concluiu que qualquer solução prática exigiria que cada região do país e setor da sociedade sofresse grandes dores, pelo menos em curto prazo.

"Sentia-me como um médico numa enfermaria de emergência, em pleno sábado à noite", comentou Mahuad, tempos depois. "Entra um paciente com a perna em péssimo estado, já com sintomas de gangrena. Com base em minha experiência, tenho de amputar a perna para salvar a vida do paciente. A família reage: 'Você não precisa amputar.' Insisto na amputação para que o paciente não morra, mas perdi a confiança da família, que me responsabiliza pelos problemas do paciente."

Como presidente, ele afastou-se cada vez mais de seus vários públicos, à medida que enfrentava hostilidade crescente e concentrava boa parte de sua atenção na busca da política econômica correta para combater a recessão. Contudo, suas viagens a Washington não redundaram em qualquer tipo de assistência. Conversas sem fim com especialistas em política econômica ofereceram ampla variedade de prescrições, mas nenhuma saída segura do atoleiro. Enquanto isso, os habitantes pobres dos vilarejos enfrentavam preços de alimentação cada vez mais altos, acima de seu poder aquisitivo. Muitos migraram como rebanhos para as cidades, vendendo suas bugigangas nas ruas. À medida que subia a inflação, os sindicatos mostravam-se cada vez mais furiosos com as perdas salariais. As empresas e pessoas de negócios perderam a fé no governo, enviando seu dinheiro para o Norte, rumo aos Estados Unidos, e acelerando a insolvência dos bancos.

Mahuad tomou iniciativas ousadas em resposta à crise. O país reduziu os salários dos funcionários públicos, diminuiu o recrutamento para as forças armadas, cancelou pedidos de compra de equipamentos militares, declarou moratória da dívida pública, congelou os depósitos bancários para estancar a corrida aos bancos e o escoamento das reservas cambiais e, finalmente, dolarizou a economia.

Contudo, o desafio adaptativo era colossal. Mesmo no cenário mais cor-de-rosa, o aumento do desemprego, o agravamento da inflação e o recrudescimento da incerteza eram inevitáveis, antes que o povo sentisse os benefícios da recuperação econômica. Até a mais brilhante das soluções, mesmo com a hipotética elevação nos preços do petróleo, não teria impedido os efeitos traumáticos resultantes da abertura da economia para um mundo mais competitivo.

Embora Mahuad tenha sido incansável em seu empenho para deter a queda da atividade econômica, o público, ironicamente, teve a impressão de que o presidente se afastara da realidade. Sob certo aspecto, estavam certos: ele se dissociara do povo. Usando a metáfora de Mahuad, o presidente executou a amputação, pois aquela era a melhor opção disponível, mas não preparou a família para as dificuldades que teriam pela frente. Muitos cirurgiões poderiam ter feito a operação, mas apenas Mahuad, como presidente, estava em condições de ajudar a família a encarar a situação. Ao passar boa parte de seu tempo trabalhando nas muitas questões e opções com os especialistas e recorrendo a todos os meios disponíveis para convencer os credores externos a conceder algum tipo de assistência, Mahuad dedicou menos atenção a seus colegas políticos e ao povo nas ruas e nos vilarejos. Em retrospecto, teria sido melhor que tivesse instruído seus especialistas nos ministérios a focarem exclusivamente os aspectos técnicos, criando condições para que o presidente se concentrasse intensamente no trabalho político e adaptativo. Em vez disso, revendo sua agenda semanal, Mahuad deu-se conta de que passara mais de 65% de seu tempo buscando soluções para problemas técnicos, dedicando apenas pouco mais de um terço de suas horas úteis a atividades com políticos e com representantes comunitários com interesse direto na situação. Em vez de explorar ao máximo todas as oportunidades para ser um paladino ostensivo de seu povo — gerando expectativas positivas, explicando o processo de inserção do país na economia globalizada e atenuando as dores daí decorrentes — ele consumiu quase dois terços de seu tempo em busca da solução econômica certa, para em seguida tentar convencer o povo a ser razoável na aceitação das medidas técnicas necessárias. Embora tenha reconhecido os desafios adaptativos, ele esperava encontrar algum remédio de efeito imediato e provisório, que lhe desse tempo para lidar com os aspectos mais complexos.[2]

Obviamente, as vantagens se acumulavam contra ele. Mas, ao focarem principalmente os aspectos técnicos dos desafios complexos, os líderes optam realmente por recompensas em curto prazo. Às vezes, ao agirem assim, ganham estrategicamente algum tempo para tratar dos elementos adaptativos. Mas também é possível que gastem tempo demais com os aspectos técnicos e no fim constatem, como Mahuad, que, seja como for, não mais dispõem de tempo. Em crises muito menos dramáticas, talvez se consiga deixar as pessoas felizes durante um breve intervalo, mas, com o tempo, arrisca-se a própria credibilidade e, talvez, o emprego. Nessas condições, corre-se o risco de ser atropelado pela realidade, quando as pessoas descobrem que estão despreparadas para o mundo atual. Embora devessem culpar-se a si próprias por terem enterrado a cabeça na areia e pressionado o líder para sancionar seu comportamento, é muito mais provável que acabem culpando o líder.

Além disso, quando estamos em posição de autoridade, também são fortes as pressões internas para que nos concentremos nos aspectos técnicos dos problemas. Quase todos nos orgulhamos de nossa capacidade de responder às perguntas difíceis com que nos deparamos a toda hora e nos sentimos recompensados por mitigar a incerteza das pessoas e por sermos vistos como heróis competentes. Gostamos do sentimento de subir ao pódio e ser aclamado pelas multidões. Porém, levantar questões que constituem o próprio cerne dos usos, costumes e hábitos arraigados não gera recompensas, pelo menos de imediato. Provoca vaias, em vez de palmas. Na verdade, é possível que se passe muito tempo antes que se ouçam os aplausos — se algum dia chegarem a irromper. A plateia talvez atire tomates. E não são raros os casos em que disparam armas de fogo. A liderança exige estômago para resistir às hostilidades, de modo a manter-se conectado com as pessoas, pois, ao desvincular-se do público, o líder exacerba o perigo.

Não há nada de trivial na solução de problemas técnicos. Os profissionais de medicina salvam vidas todos os dias nas salas de emergência, com base em sua experiência e conhecimentos técnicos, ao adotarem os procedimentos certos, com presteza e exatidão. Por meio de nosso *know-how* gerencial, produzimos uma economia rica em produtos e serviços, muitos deles fundamentais para nossa vida cotidiana. O que caracteriza o problema técnico não é a trivialidade; mas simplesmente o fato de sua solução já constar do repertório da organização. Em contraste, as pressões adaptativas forçam a organização a mudar, sob pena de entrar em decadência.

No século XXI, as pessoas e as organizações enfrentam pressões adaptativas todos os dias, em sua vida pessoal e em todos os níveis da sociedade; e cada oportunidade de liderança para responder a esses desafios também traz consigo riscos concomitantes. Por exemplo, quando seu carro quebra, você procura um mecânico. Na maioria dos casos, o mecânico consegue consertá-lo. Porém, se o problema tiver sido provocado pela maneira de dirigir de um de seus familiares, é muito provável que o carro volte a apresentar o mesmo ou outro defeito. O mecânico, mais uma vez, restabelecerá as condições de uso do automóvel. Mas se continuar lidando com o problema como questão puramente técnica, a ser resolvida por um mecânico, a família talvez acabe não cuidando de aspectos subjacentes que exigem trabalho adaptativo, como descobrir maneiras de convencer a mãe a parar de dirigir alcoolizada ou de persuadir o avô a não mais sair com o carro em certos percursos e horários ou de dissuadir o filho adolescente a participar de pegas com o automóvel. Sem dúvida, qualquer membro da família considerará difícil e arriscado dar um passo à frente e iniciar uma conversa espinhosa com a mãe, com o avô ou com o filho adolescente.

O ato terrorista de 11 de setembro de 2001 deixou claro para os Estados Unidos um desafio adaptativo que vinha supurando havia muito tempo. Depois da inimaginável destruição do World Trade Center, os americanos foram dominados por um sentimento de vulnerabilidade sem precedentes. Em resposta, a tendência inicial do governo americano foi reduzir a questão do terrorismo a mero problema técnico de sistemas de segurança, de operações militares e policiais, e de justiça criminal. Mas o terrorismo representa, na verdade, um desafio adaptativo para nossas liberdades civis, para nossa atitude mental de invencibilidade e para nossa capacidade de estreitar o abismo que hoje divide o Ocidente cristão e o Oriente muçulmano, que surgiu com as cruzadas, mil anos atrás. Será que devemos confiar às autoridades do governo informações consideradas sigilosas, no interesse de nossa segurança coletiva? Não seria melhor nos conformarmos com a realidade irrefutável de que vivemos num mundo interdependente, no qual a segurança decorre sobretudo da qualidade de nosso relacionamento com culturas muito diferentes? Será que conseguiremos reformular a arrogância religiosa que iguala a fé em Deus com a crença insólita em que se detém o monopólio da verdade divina e se está incumbido da missão de dominar o mercado de salvação da alma humana? Quase todos nos Estados Unidos têm a oportunidade de exercer a liderança nesse contexto adaptativo. Contudo, quem se dispuser a fazê-lo enfrentará perigos pessoais, ao levantar questões extremamente difíceis, algumas das quais, como o triunfalismo religioso, atingem o âmago dos dogmas de fé.

Indo Além da Autoridade

Raramente se elege ou se contrata alguém para transtornar a vida pessoal dos eleitores ou para dificultar o trabalho das organizações contratantes. Espera-se que os políticos e os gerentes usem sua autoridade para dar respostas e apresentar soluções, não para levantar questões perturbadoras ou propor opções árduas. Eis por que o desafio inicial e o risco primordial do exercício da liderança são ir além da própria autoridade — colocar a própria credibilidade e posição em jogo, a fim de induzir as pessoas a enfrentar os problemas em curso. Sem a firme disposição de questionar as expectativas das pessoas em relação à própria liderança, o líder não conseguirá superar os sistemas sociais e seus limites intrínsecos.

Em geral, as pessoas não permitem que ninguém as obrigue a encarar situações que preferem deixar de lado. Ao contrário, contrata-se alguém para proporcionar proteção e garantir a estabilidade, por meio de soluções que provoquem um mínimo de rupturas. Mas o trabalho adaptativo cria riscos, conflitos e instabilidade, pois a abordagem das questões subjacentes aos problemas adaptativos envolve a reformulação de normas profundas e arraigadas. Assim, a liderança exige que se mexa com os liderados — mas de maneira compatível com sua capacidade de absorção.

Em geral, a empresa sofre pressões adaptativas quando novas condições de mercado ameaçam seus negócios. Por exemplo, na última década do século XX, os inovadores da IBM tentaram despertar a empresa para as ameaças reais decorrentes da formação de uma rede composta de computadores pessoais, que em breve veio a chamar-se "Internet". Esses mesmos revolucionários várias vezes se viram na posição de Lois, ao procurar induzir sua comunidade a enfrentar os problemas do alcoolismo. Os esforços desses protagonistas ilustram a perseverança que deve caracterizar a liderança, até que se consiga promover e consolidar com êxito a indispensável mutação adaptativa.[*]

Como tradicional gigante corporativo, a IBM de 1994 dominava a solução de problemas técnicos. A empresa era um símbolo de eficiência em tecnologia e foi a patrocinadora tecnológica oficial das Olimpíadas de Inverno daquele ano. Nessas condições, monitorou todo o evento, em termos de atuação dos competidores, áreas de competição, horários e localidades, tudo espalhado por ampla área da Noruega.[3]

A IBM, compreensivelmente, pretendia proteger sua posição nas áreas técnicas em que seus gerentes eram excelentes. Quando a televisão exibia a classificação dos atletas, os telespectadores viam o logotipo da IBM em seus televisores. Tudo aquilo era uma demonstração de inteligência na solução de problemas, nos campos de atividade que os gerentes da IBM conheciam bem: esportes, televisão e marketing. Os compradores corporativos dos sistemas mainframe da IBM que assistiram às Olimpíadas pela televisão provavelmente gostaram de ver a marca de seu fornecedor com tanto destaque.

Mas os mercados estavam em franca mutação e os negócios migravam para a Internet. As empresas que não se adaptassem com suficiente rapidez enfrentariam sérios problemas. Algumas nuvens escuras pairavam sobre o sucesso tecnológico da IBM nas Olimpíadas. A corporação sofrera prejuízos de US$15 bilhões nos últimos três anos, refletindo problemas em muitas de suas linhas de produtos. As dificuldades financeiras contribuíram para que os empregados da IBM se tornassem vulneráveis e ainda mais avessos ao risco do que o normal em outras organizações. Além disso, não estavam preparados para dar o grande salto rumo ao mundo da Internet.[4] A estrutura de valores básicos da empresa como um todo era caracterizada por um paroquialismo complacente, associado a certa resistência a entradas precoces em novos mercados. Para que a empresa fosse bem-sucedida no ambiente de Internet, era preciso mudar nada menos que sua cultura organizacional e seus valores corporativos subjacentes.

Assistindo às Olimpíadas em casa, perto de seu local de trabalho, no Theory Center da Cornell University, um jovem engenheiro da IBM Corporation, David Grossman, descobriu que o site de uma empresa intercep-

---

[*] Para mais informações sobre a virada da IBM na década de 1990, ver Gary Hamel, Liderando a Revolução (Rio de Janeiro: Editora Campus, 2000), pp. 154-167, Gary Hamel, "Waking Up IBM: How a Gang of Unlikely transformed Big Blue", Harvard Business Review, julho-agosto de 2000. (N.T.)

tara a alimentação de dados da IBM para as redes de televisão, desviara as informações para a Internet e estava exibindo as tabulações da Big Blue sob o logotipo da Sun Microsystems, Inc.. Grossman ficou chocado. "E a IBM não tinha a menor ideia daquilo...", recorda-se.

Assim que descoberto, o problema, como muitos outros de difícil solução, continha elementos técnicos e adaptativos. Depois da insistência de Grossman em fazer com que os gerentes compreendessem o lado técnico do problema, os advogados da IBM enviaram uma carta à Sun Microsystems, exigindo que parasse de exibir os dados da IBM em seu site. A iniciativa de proteger o produto do trabalho da IBM baseou-se na *expertise* técnica e legal da organização na época.

Ao mesmo tempo, à medida que pressionava os gerentes da IBM para que encarassem a realidade de que a Internet continuaria a arrancar fatias cada vez maiores de seus negócios, Grossman também trouxe à tona valores e hábitos organizacionais profundos, irrealistas e disfuncionais, sobretudo na era da Internet. Essas crenças sobre o funcionamento do mundo dos negócios impediam que a IBM lidasse com a realidade dos novos desafios dos mercados. A Internet era, ao mesmo tempo, um canal inteiramente novo para a comercialização de produtos e um veículo absolutamente inédito para o desenvolvimento de enorme quantidade de produtos e serviços, como consultoria aos atuais clientes sobre aplicativos de Internet e novos softwares amigáveis específicos para a Internet. A velocidade da mudança superava tudo já visto pelos gerentes seniores em suas longas carreiras. Era como se a IBM dependesse da continuidade da venda de chicotes de luxo, embora o automóvel já estivesse virando a esquina. A empresa estava tão atrasada em relação às novas tendências que Grossman nem conseguia descobrir uma maneira de usar seu primitivo sistema de e-mails para enviar ao pessoal de marketing instantâneos de telas extraídos do site da Sun, enquanto assistia à pirataria, durante os Jogos de Inverno.

Felizmente, alguns gerentes da IBM absorveram doses suficientes de realidade para pedirem ajuda a Grossman, quando ele expôs seus argumentos. John Patrick, em especial, que fora gerente de marketing do notebook ThinkPad da IBM, empenhou-se em garantir que Grossman e outros inovadores contassem com a atenção necessária para mudar os valores e hábitos obsoletos da cultura organizacional da empresa.

Grossman e Patrick lideraram uma luta dentro da IBM que se prolongou durante os cinco anos seguintes. Entretanto, pouco antes da virada do milênio, os gerentes da IBM renasceram como uma equipe coesa, imbuída de novos valores, de crenças mais flexíveis e de novos padrões de comportamento, disposta a transformar a empresa em força proativa no mundo da Internet.

A mudança foi profunda e intensa. Antes disso, a IBM tinha a reputação de ser um dinossauro burocrático. Porém, em 1999, Lou Gerstner, CEO da empresa, estava em condições de gabar-se para os investidores de Wall Street de números irretorquíveis a respeito da reestruturação da empresa nos últimos cinco anos. Sua apresentação deixou claro que a IBM era uma empresa de Internet altamente rentável, cujas operações internas, os processos de negócios e o atendimento aos clientes comparavam-se favoravelmente com as características das emergentes mais inovadoras. Agora, aproximadamente um quarto de sua receita de US$82 bilhões tinha a ver com Internet.[5] Aquela demonstração de mudança de cultura na IBM foi tão convincente que as ações da empresa deram um pulo de nada menos que vinte pontos.[6]

Em vez de apresentar a Internet como desafio técnico para os especialistas da IBM, Grossman e Patrick enfatizaram a necessidade de restabelecer a cultura e os valores que a IBM deixara de lado, ao desmembrar-se em unidades menores e mais gerenciáveis. O CEO Gerstner assim descreveu o trabalho: "Descobrimos os problemas de toda grande empresa. Quando se traz o negócio para a Web, expõem-se todas as ineficiências que caracterizam as organizações descentralizadas."[7]

Como gerentes de nível médio, Grossman e Patrick tinham autoridade para dirigir apenas seus poucos subordinados diretos. E mesmo assim não podiam determinar que os empregados agissem contra as normas vigentes. Além disso, os dois também tinham seus chefes. Mas tanto Grossman quanto Patrick iam além da autoridade formal, quando assim o exigiam as necessidades do progresso. "Se você às vezes não ultrapassar a autoridade formal, não estará forçando a barra",[8] disse Patrick.

Como simples engenheiro, Grossman contornou a cadeia de comando, correndo o risco de incorrer na antipatia geral e enfrentando o perigo de cair no ridículo. Um dia, ele irrompeu na sede corporativa da IBM, em Armonk, NY, sozinho, levando apenas um computador UNIX debaixo do braço, para apresentar a Internet ao executivo sênior de marketing, Abby Kohnstamm. Do mesmo modo, Patrick percebeu numa das primeiras feiras comerciais de Internet como fazia diferença ter o maior estande da exposição. Em consequência, não hesitou em assumir em nome da IBM o compromisso de adquirir antecipadamente o maior espaço disponível no evento do ano seguinte, embora não tivesse poderes para tomar tal decisão sozinho. Contudo, se tivesse esperado que a burocracia da IBM aprovasse a iniciativa e lhe desse dinheiro para o negócio, não teria tido tempo de participar do leilão de espaço e teria perdido aquela oportunidade.

Agir fora dos limites rígidos da descrição de cargos para empreender importantes avanços situa-se próximo ao âmago da liderança e é um de seus principais riscos. Mas as iniciativas de romper as fronteiras da própria autoridade podem ser proveitosas para a organização ou para a comunidade. Ao longo do percurso, contudo, antes de desfrutar os benefícios da visão retrospectiva, enfrentam-se resistências diversas e por vezes sofre-se a dor de ações disciplinares ou de reprimendas da cadeia de comando por inobservância das normas. E o infrator provavelmente será considerado deslocado, impróprio e talvez pretensioso demais.

Os problemas difíceis com que se deparam os grupos e comunidades tornam-se intratáveis exatamente porque ninguém está autorizado a exercer pressões para que seus membros, como indivíduos e como coletividade, enfrentem tais situações. Ao contrário, as regras, a cultura, as práticas organizacionais, os procedimentos operacionais e os incentivos financeiros quase sempre desestimulam as pessoas a encarar as questões de frente e a exercer as opções espinhosas.

Na década de 1990, quando o prefeito da cidade de Nova York, Rudolf Giuliani, e seu chefe de polícia, William Bratton, enfrentaram vigorosamente o problema da criminalidade em sua jurisdição, nada mais fizeram que atender às expectativas de muita gente na comunidade, agindo estritamente dentro dos limites de sua autoridade implícita. Nesse sentido, deviam ser implacáveis no combate ao crime, sem forçar a comunidade a aceitar as opções das forças policiais, em termos de níveis de brutalidade e de observância da liberdade civil. Como em muitas comunidades, a maioria dos habitantes de Nova York queria que se resolvessem os problemas da comunidade, sem fazer concessões quanto a outros valores. Correspondendo à expectativa pública — fonte de sua autoridade informal — Giuliani e Bratton derrubaram os índices de criminalidade. Giuliani foi recompensado, quando um público satisfeito o reelegeu em 1997, com ampla margem de diferença.

Contudo, pouco antes da reeleição, na noite de 9 de abril de 1997, alguns policiais seviciaram Abner Louima com um desentupidor de privada. O incidente veio à luz com grande rapidez e a controvérsia daí resultante convergiu o foco da comunidade mais ampla para algumas opções que até aquela altura ainda não haviam sido feitas. O tema da identificação dos perfis raciais pela polícia já se infiltrara pela comunidade, como sinal de que a erosão da liberdade civil era o preço a pagar pela redução da criminalidade. Então, um ano e meio depois, um jovem imigrante da África Ocidental, desarmado, Amadou Diallo, foi baleado quarenta e uma vezes por quatro policiais brancos, no que se revelou um terrível engano na caçada policial contra um suspeito de estupro. Embora os quatro policiais que participaram do incidente tenham sido absolvidos, o evento levantou novas questões sobre os custos sociais e humanos de um programa de combate ao crime que, sob outros aspectos, fora um enorme sucesso.

Liderança não é o mesmo que autoridade. A situação se caracterizaria mais como exercício de liderança do que como manifestação de autoridade, se Giuliani tivesse vindo a público com a pergunta: "Quão rigorosa deve ser a polícia, mesmo que a expensas da liberdade individual e do aumento da brutalidade?" Se o povo e o departamento de polícia de Bratton tivessem sido forçados a enfrentar opções, Giuliani decerto teria sido atacado pela imprensa, pelo povo e pelo departamento de polícia. Contudo, essa atitude talvez tivesse induzido o público a assumir responsabilidade por suas escolhas como cidadãos. Além disso, o debate provavelmente teria estimulado o pensamento criativo e novas opções — soluções que, na mesma época, estavam sendo desenvolvidas por outros departamentos de polícia em todo o território americano, acarretando reduções drásticas na criminalidade, a custos menos elevados.[9] Giuliani e Bratton não tinham autoridade para submeter a questão a seus constituintes, aos quais em última instância competiria resolver as opções implícitas.

Evidentemente, ir além da própria autoridade não é, em si, liderança. Ainda que se tenha coragem e visão, essas qualidades talvez pouco contribuam para induzir as pessoas a enfrentar as duras realidades. Por exemplo, o coronel Oliver North superou os limites de sua autoridade no incidente Irã-Contra. A transferência de dinheiro oriundo da venda de armas ao Irã para os guerrilheiros Contra, da Nicarágua, que se opunham ao governo sandinista de esquerda, pode até ter sido aprovada pela Casa Branca, mas decerto exorbitava os poderes que lhe foram conferidos pelo Congresso. Porém, em vez de conseguir que as autoridades competentes dos Estados Unidos tratassem dos problemas referentes aos relacionamentos com os dois países, ele tentou engendrar soluções secretas, por baixo da mesa. Nesse sentido, North não agiu como líder, pois não criou oportunidades para que o Congresso e a Casa Branca assumissem responsabilidade legítima pela questão e ainda exerceu opções impopulares.

Rosa Parks, uma senhora negra já idosa, também superou os limites, quando se recusou a transferir-se para a parte de trás de um ônibus, em Montgomery, Alabama, em 1955. O que a distingue de North, contudo, e converteu seu comportamento em ato de liderança é que ela e outros líderes dos direitos civis exploraram o incidente para *focar* a atenção e a responsabilidade pública na questão dos direitos civis, em vez de evitá-la. A atitude dela desencadeou uma onda de protestos que, por sua vez, impulsionou o movimento dos direitos civis da década de 1960. O Congresso, a Casa Branca e o povo americano foram convocados a engajar-se naquelas questões cruciais, a questionar lealdades profundamente arraigadas e a exercer novas opções.

As Perdas são as Entranhas do Perigo

Muitas vezes, os indivíduos que pretendem atuar como líderes se surpreendem com a resistência de suas organizações e comunidades. Por que cargas d'água as pessoas se oporiam a quem quer ajudá-las a mudar hábitos, atitudes e valores que apenas retardam o seu progresso, ou seja, a quem apenas tenciona fazer algo positivo para elas?

Ron se lembra de quando trabalhava como médico na sala de emergências do Hospital Municipal de King, no Brooklyn, Nova York. Entre seus pacientes encontravam-se mulheres que haviam sofrido violências dos namorados e maridos. Em várias oportunidades, chegou a perguntar: "Por que você não deixa esse cara? Sem dúvida a vida será melhor sem ele." E as respostas, em vários tons, geralmente giravam em torno do seguinte: "É que meu namorado fica assim às vezes, quando está bêbado; mas, quando está sóbrio, ele me ama muito. Nunca ninguém me amou com tanto carinho quanto ele, a não ser quando está fora de si. O que eu faria sozinha?"

Convencer certas pessoas a abrir mão do único amor que conhecem por um tipo de amor que jamais experimentaram na vida significa convencê-las a dar um salto de fé e confiança em si próprias. É preciso que se disponham a perder um relacionamento que, embora problemático, ainda lhes oferece satisfação e intimidade, submetendo-se ao desconforto da incerteza quanto ao que substituirá a situação vigente. Além disso, ao romper com o passado, enfrentam-se perdas históricas, sobretudo o sentimento de infidelidade em relação às fontes dos valores que preservavam o relacionamento. Por exemplo, o reconhecimento dos danos infligidos por pais que cometem abusos contra os filhos nos primeiros anos de vida também significa enfrentar a sensação de deslealdade filial. É difícil peneirar o passado, retendo apenas as experiências valiosas e deixando a escória para trás. Mesmo quando a triagem é bem-sucedida, experimenta-se uma sensação de infidelidade em relação àqueles relacionamentos primordiais. Ademais, a mudança desafia o senso de competência. A mulher maltratada talvez tenha um certo orgulho por conseguir enfrentar as dificuldades do ambiente familiar; começar de novo significa atravessar um período mais ou menos prolongado de perda do senso de competência, à medida que reconstrói sua vida.

Os hábitos, valores e comportamentos, até mesmo os disfuncionais, são parte da própria identidade. Mudar a maneira como as pessoas veem e fazem as coisas é questionar o próprio modo como definem a si mesmas.

Marty passou por essa experiência ao divorciar-se. Ele tinha dois filhos pequenos e sempre manifestara a si próprio seu profundo comprometimento com o bem-estar das crianças e com sua própria autorrealização. Mas, então, foi obrigado a optar entre os dois objetivos; nessas condições, não mais podia dizer de verdade que estava igualmente comprometido com os dois valores. Sua autoidentidade já não era a mesma.

A maneira como as pessoas definem-se a si próprias geralmente envolve papéis e prioridades que, para outrem, talvez pareçam autodestrutivos ou deem a impressão de constituírem barreiras ao progresso. Para alguns jovens, ser mulher é ficar grávida na adolescência; ser homem é ingerir drogas e engravidar a namorada. Para outros, honrar a família é ser terrorista.

Para certos ricos, ser alguém é pertencer a um clube exclusivo. Para alguns políticos, o importante é contribuir para a satisfação dos eleitores, embora o que realmente precisem é serem sacudidos de sua complacência. Abrir mão desses conceitos sobre o eu talvez desperte fortes sentimentos de perda.

É difícil renunciar aos hábitos, uma vez que, por serem previsíveis, transmitem uma sensação de estabilidade. Quando se passa pelas dores da mudança adaptativa, não se tem certeza de que o resultado melhorará a situação vigente. Os fumantes compreendem esse tipo de dilema. De um lado, conhecem os riscos de contrair câncer, mas sabem que é algo incerto; de outro, estão cientes de que, com certeza, perderão uma enorme fonte de relaxamento e satisfação, se largarem o cigarro.

Entretanto, a influência mais profunda talvez seja o fato de que os hábitos, valores e atitudes têm alguma origem no passado, e abandoná-los significa ser desleal com essa fonte. Com efeito, as lealdades profundas são os pilares da estrutura de nossa identidade, mas, ao mesmo tempo, funcionam como faca de dois gumes. De um lado, representam vínculos de amor — com a família, com a equipe, com a comunidade, com a organização, com a religião — e a firmeza na preservação desses vínculos é uma grande virtude. De outro, essas mesmas lealdades e vínculos também atuam como escravidão e limitações. Intuitivamente, optamos pela segurança, em vez de colocar em risco o amor, a estima e a aprovação das pessoas e instituições que para nós são importantes. A experiência de deslealdade em relação a nossos vínculos mais profundos é geralmente tão dolorosa que a evitamos de forma expressa ou recorremos a algum tipo de representação. Basta ver o tumulto dos adolescentes no esforço de se tornarem adultos e decidir o que levar de casa e o que deixar para trás.

A reformulação das lealdades é uma das coisas mais difíceis da vida. Talvez um dos desafios mais árduos com que se defrontou o movimento dos direitos civis dos Estados Unidos na década de 1960 foi a exigência de que muita gente boa abandonasse atitudes, hábitos e valores que lhes foram transmitidos por seus amados pais e avós. Renunciar a isso era como renegar a própria família.

Preservamos as ideias como forma de nos mantermos leais às pessoas com quem as aprendemos no passado. Uma mulher afro-americana, conhecida nossa, um dia nos falou de sua dificuldade em respeitar suas amigas que se consideravam em situação de inferioridade por viverem numa sociedade em que os principais valores culturais eram brancos e machistas. Ela disse que seu falecido pai sempre insistira em que ela não era inferior a ninguém — ela nunca, jamais, devia pensar a respeito de si própria dessa maneira. Se o fizesse agora, disse ela, estaria execrando a memória de seu amado pai.

Outra amiga nos disse que sua mãe sempre a aconselhara no sentido de que "se pegam moscas com açúcar, não com vinagre". Hoje, ela acha que durante boa parte de sua vida profissional preservou essa atitude — para seu prejuízo e apesar de muitas provas em contrário — por uma questão de lealdade às origens.

Alguns de nossos valores e princípios mais profundos nos foram transmitidos por pessoas que amamos — um parente, um professor, um mentor. Descartar alguns desses ensinamentos talvez desperte o sentimento de que estamos desprezando aquele velho relacionamento. No entanto, a primeira de nossas duas amigas talvez tenha concluído que seu pai considerava apenas duas opções — sacrificar o próprio autorrespeito e fazer concessões ou jamais ceder a ninguém — por ter analisado sem muita profundidade aquela fonte de sabedoria. Com um pouco mais de reflexão e alguma ajuda, ela talvez descobrisse uma terceira opção: é possível manter o próprio orgulho e valor quando se assume o papel dos subordinados em relacionamentos hierárquicos; além disso, talvez haja várias maneiras de questionar com respeito as autoridades e perseguir com eficácia os objetivos, ainda que se esteja em posições subalternas.

Nossa ex-aluna Sylvia hoje compreende muito bem essa questão de deslealdade. Ela participou do grupo que lançou o primeiro anúncio em televisão promovendo o uso de camisinhas como proteção contra a AIDS e doenças venéreas. A campanha deflagrou um fogo cerrado de protestos de indivíduos que a interpretaram como defesa do sexo livre e irresponsável, sobretudo entre os jovens. Sylvia chegou a receber ameaças de morte. Mas a ira dos manifestantes também lhe despertou outro sentimento. Na época, seus filhos eram adolescentes. Os valores dos manifestantes não divergiam dos que lhe haviam sido transmitidos e dos que ela, por sua vez, incutira nos filhos. Sua educação fora toda norteada pela crença no sexo responsável, na santidade das relações sexuais, na honra da fidelidade entre as pessoas. E ela sabia que a distribuição de camisinhas era, sob certo aspecto, um paliativo técnico provisório para um problema adaptativo muito maior, envolvendo relacionamentos afetivos entre homens e mulheres, usos e costumes sexuais, e responsabilidade individual. Ao levar avante o protesto contra a campanha das camisinhas, os manifestantes a forçaram a experimentar o sentimento de deslealdade em relação a seus próprios valores. Ao ver os anúncios na televisão, a mãe de Sylvia sentiu-se pouco à vontade e seus filhos ficaram confusos. Assim, nossa amiga teve de envolver-se numa série de conversas tensas e desconfortáveis, para esclarecer suas prioridades e para reconstruir parte das expectativas e da compreensão que pautavam seus relacionamentos com a mãe e com os filhos. Ela tomara algumas decisões sobre os valores que eram mais importantes para ela, mas a travessia até o ponto de sentir-se desleal em relação a seus seres amados foi um processo doloroso, até que, mediante um esforço deliberado, conseguiu maior integração em relação a si própria.

• • •

Os perigos do exercício da liderança decorrem da natureza dos problemas para os quais se pretende encontrar solução. A mudança adaptativa suscita resistência, pois questiona os hábitos, crenças e valores das pessoas, impondo--lhes que assumam perdas, que experimentem a incerteza e até que manifestem deslealdade em relação a pessoas e culturas. Como a mudança adaptativa força os liderados a questionar e talvez a redefinir aspectos fundamentais de sua identidade, também coloca em dúvida seu senso de competência. Perda, deslealdade e sentimento de incompetência: é pedir muito. Não admira que desperte oposição.

Como o objetivo da resistência consiste exatamente em fazer com que o líder recue, nem sempre é fácil reconhecer suas várias manifestações. Por vezes, não se percebe a armadilha, a não ser quando já é muito tarde. Assim, o reconhecimento desses perigos reveste-se de importância transcendental.

2

As Faces do Perigo

Os perigos da liderança assumem muitas faces. Embora cada organização e cada cultura desenvolvam seus meios preferidos de restaurar o equilíbrio, quando rompido por alguém ou algo, constatamos a existência de quatro ameaças básicas, com inúmeras variações engenhosas. Ao exercer a liderança, corre-se o risco de ser vítima de marginalização, diversionismo, ataque ou sedução. Qualquer que seja a forma, contudo, a essência de todas essas manobras é a mesma. Quando os liderados resistem ao trabalho adaptativo, seu objetivo é inibir a atuação dos líderes, a fim de preservar a ordem vigente.

As organizações agem com inteligência nessas manobras. Cada uma delas tem suas próprias sutilezas. O que as torna eficazes é não serem óbvias. Assim, muitas vezes, quando menos esperam, as pessoas que tentam exercer a liderança são chutadas para escanteio. Por exemplo, a traição geralmente é praticada nos lugares e pelos indivíduos mais inesperados. É bem possível que algumas dessas pessoas nem se deem conta de que estão sendo usadas para trair o líder. Com base em nossa experiência pessoal, sabemos que, quando somos apanhados em ação, promovendo alguma causa, às vezes é difícil identificar padrões de ameaça. Não foram poucas as histórias que ouvimos de pessoas no exercício da liderança que nunca perceberam o perigo iminente, até que fosse tarde demais para qualquer reação.

Marginalização

Algumas formas de marginalização correspondem literalmente ao termo. Na década de 1970, no antigo Departamento de Saúde, Educação e Bem-Estar (Health, Education and Welfare — HEW) dos Estados Unidos, Marty conheceu um funcionário de alto nível, antigo e respeitado, Seth, que começou a questionar de maneira agressiva um novo plano destinado a mudar fundamentalmente a maneira como o HEW prestava serviços sociais. A reforma era criação intelectual e importante iniciativa do chefe de Seth, o secretário do HEW. Os argumentos de Seth eram sinceros, mas ele os apresentava de forma polêmica e insistente, levantando dúvidas sobre coisas muito próximas ao coração do chefe. Assim, ninguém dava ouvidos às suas dúvidas.

Um dia, Seth, ao chegar ao trabalho, encontrou sua mesa no corredor. Seus colegas seniores haviam redistribuído boa parte de suas atribuições entre outros funcionários. Como acreditava em seus questionamentos e contestações, aquele martírio, de início, serviu como fator de motivação, mas não por muito tempo. Em breve, ele deixava a repartição e ninguém mais ouviu sua arenga oposicionista.

Na maioria das ocasiões, porém, as organizações marginalizam os dissidentes de maneira menos direta. Um afro-americano nos falou da discriminação de que fora vítima, na época em que participava de uma equipe gerencial, ao constatar que suas colocações só eram levadas em conta com seriedade quando versavam sobre assuntos raciais. Uma mulher que havia sido promovida para uma posição gerencial sênior pelas facções civis de certa organização dominada por militares observou que seus colegas acatavam suas opiniões apenas quando o tema em discussão era tecnologia da informação, sua área de *expertise*. Ao contrário do que ocorria com os demais gerentes seniores — todos homens —, suas opiniões não eram levadas a sério quando ela se aventurava além de seu campo de competência oficial.

Muitas mulheres nos disseram que, em organizações sob domínio masculino, elas eram induzidas a promover questões referentes a gênero em toda a entidade e que até receavam terem sido contratadas apenas com esse intuito. Mas não tardaram a descobrir, para seu desespero, que o papel de "símbolo" de alguma causa, além de árduo e ingrato, raramente é exercido com eficácia. Quando um indivíduo ou pequeno grupo incorpora algum tema e o carrega consigo organização afora, como sua própria personificação, a entidade como um todo pode deixar de lado a questão, como preocupação exclusiva de seu representante. Esse artifício simula as virtudes da diversidade, mas evita os desafios reais decorrentes da variedade de opiniões quanto às alternativas de negócios. Assim, as mulheres não eram capazes de realmente incutir a causa no cerne da organização. Além disso, sempre que levantavam uma perspectiva diferente sobre qualquer atividade em debate, os demais interlocutores se entreolhavam e diziam para si mesmos: "Lá vem ela de novo." Ademais, a repetição da cantilena logo dava um pretexto para que os outros membros do grupo não as ouvissem sobre qualquer outro assunto.

Um bom exemplo é o de um programa de promoção da diversidade do New England Aquarium,[1] de meados da década de 1990. O Aquário foi inaugurado em 1969, no apogeu da revitalização da zona portuária de Boston. Sucesso imediato, a iniciativa em breve atraía cerca de um milhão de visitantes por ano, bem acima da capacidade de 600.000 pessoas prevista pelos projetistas. Mas, a partir de meados da década de 1980, os conselheiros e os gerentes seniores da entidade começaram a ficar preocupados com a baixa participação de membros das comunidades minoritárias de Boston entre seus visitantes, empregados e voluntários. Nos anos seguintes, várias iniciativas voltadas para as minorias raciais não surtiram qualquer efeito perceptível. Em 1992, o comitê de diversidade cultural dos agentes do conselho da entidade concebeu uma estratégia para recrutar jovens representantes das comunidades minoritárias, que, como voluntários, passaram a integrar o grupo de contratação de novos empregados. No mesmo ano, certos acréscimos à declaração de missão da entidade refletiam a nova ênfase dispensada à ampliação da diversidade no quadro de pessoal e no perfil de visitantes.

A iniciativa mais visível para a consecução desse novo objetivo foi um programa de estágios de verão, voltado especificamente para as minorias, no departamento de educação da entidade. Ao contrário dos demais estagiários, os oriundos de comunidades minoritárias seriam remunerados. Para tanto, os recursos financeiros eram provenientes basicamente de fontes externas que ofereciam trabalhos de verão a estudantes cujas famílias se encaixavam nos critérios federais de definição de pobreza.

Como geralmente é o caso, essa situação envolvia tanto aspectos técnicos ("Como trazer mais membros de comunidades minoritárias para o Aquário?") quanto aspectos adaptativos ("Quais dos nossos valores estão afastando de nossas portas os membros de comunidades minoritárias e até que ponto estamos dispostos a mudar esses valores?"). A natureza e as características do programa já eram fortes indícios de que os conselheiros pretendiam atacar apenas os aspectos técnicos.

As atividades a serem exercidas pelos sete estudantes de nível médio que se inscreveram no novo programa de estágios no verão de 1992 não foram planejadas com antecedência. Avaliado como sucesso apenas moderado, o programa foi ampliado para trinta estagiários no verão seguinte. Mas, no segundo ano, as coisas ficaram um pouco mais difíceis. A reduzida disponibilidade de espaço para abrigar tantos estagiários gerou tensões com outros voluntários, sobretudo com outros estagiários de nível médio e de nível superior, que se ressentiam de seus colegas provenientes de comunidades minoritárias serem remunerados para fazer o mesmo trabalho que, no caso dos demais, era gratuito. Além disso, os membros das comunidades minoritárias haviam sido selecionados pelas agências financiadoras, sem terem manifestado qualquer interesse especial pelo Aquário ou por suas atividades. Na verdade, o pessoal regular da entidade tinha queixas quanto ao comportamento, à assiduidade, às atitudes e mesmo aos trajes dos jovens. Embora tais problemas não fossem exclusivos dos representantes das minorias, o fato de serem diferentes tornava-os mais visíveis.

No fim do verão de 1993, o Aquário contratou o afro-americano Glenn Williams para assumir a liderança dos programas que envolviam jovens da *inner city* (áreas centrais decadentes) da cidade. Williams era mais velho do que os outros dois educadores da unidade, o único afro-americano, e, ao contrário da maioria de seus colegas, sem formação acadêmica em disciplinas correlatas. Entretanto, já em fins de 1994, Williams conseguira levantar dinheiro suficiente para desenvolver dois outros programas destinados a jovens da *inner city*, como complemento do programa de estágios de verão. À medida que se expandiam as iniciativas de Williams, também aumentava a tensão dele com o resto do pessoal do Aquário, sobretudo no departamento de educação e em outras unidades cuja cooperação era imprescindível para a integração dos novos programas na instituição. A mensagem era clara: desde que ele mantivesse suas iniciativas dentro de limites razoáveis e não interferisse com outras atividades, tudo bem.

Nem muros de concreto teriam sido mais eficazes para a marginalização da diversidade no Aquário. Os estagiários oriundos de comunidades minoritárias nunca se encaixaram no ambiente e o programa terminou em fracasso. Embora os conselheiros realmente almejassem compartilhar a visão de uma grande instituição em que preponderasse a diversidade racial, eles não pareciam muito interessados em mudar a entidade em si — suas operações, sua cultura e sua forma de fazer negócios — para atrair representantes das minorias. Williams, frustrado, acabou indo embora. De seu nicho na ponta mais baixa da hierarquia, não conseguiu reformular em profundidade as atitudes da instituição quanto à diversidade. Ele bem que tentou, mas suas ideias encontraram pouca receptividade. A instituição, de alto a baixo, realmente não queria enfrentar as implicações das mudanças profundas que deveriam ser empreendidas em todo o Aquário, para torná-lo acessível, sob todos os aspectos, às comunidades mais pobres e às minorias raciais. Williams não percebera o problema antes, pois acreditava na autenticidade dos propósitos quanto à diversidade, confiava nas palavras animadoras e bem-intencionadas dos gestores e estava comprometido com os jovens participantes dos programas de estágio e de outros programas. As iniciativas em si eram boas, mas sua situação na organização total apenas servia para marginalizar a questão, em vez de encontrar soluções.

Às vezes, entramos em conluio involuntário com nossos próprios segregadores. Uma sinagoga tradicional, com mais de trinta e cinco anos no local, nomeou um jovem rabino para a posição de principal sacerdote da instituição. O rabino em vias de aposentadoria liderara a congregação durante trinta e dois daqueles trinta e cinco anos.

De início, tudo pareceu perfeito para o jovem. Seu predecessor lhe passara todas as dicas certas, tanto em público como pessoalmente. E prometeu afastar-se de vez da instituição. Garantiu a todos que apoiava as muitas mudanças modernizantes a que o novo rabino se referira durante as muitas entrevistas seletivas para o cargo. Mas o jovem começou a perceber alguns indícios inquietantes. Sempre que jantava na casa de um paroquiano, lá estava também seu colega sênior, geralmente sentado a seu lado à mesa. Frequentemente, o velho rabino também era convidado a cocelebrar cerimônias religiosas, como casamentos, funerais, bar e bat mitzvahs, e outras. Mais importante, quando pedia orientação ao predecessor sobre mudanças específicas que pretendia introduzir na liturgia e nos rituais, sentia que as reações eram educadas, mas muito pouco entusiásticas, do mesmo modo como o que ouvia dos membros mais idosos da congregação, o que o levava a uma atitude de retraimento.

Apesar de tudo, continuou a tratar o velho rabino com muito respeito, sempre cedendo, concordando com as atividades conjuntas, adiando as mudanças e, em geral, sob seu ponto de vista, sempre demonstrando a disposição de esperar, até que o caminho pela frente ficasse mais nítido. Assim, chegou ao ponto de transferir-lhe convites para palestras que chegavam à sinagoga. Sob o ponto de vista dele, aquela transição prolongada era consequência da compreensível sensibilidade do velho rabino.

Depois de algum tempo, contudo, o jovem sacerdote percebeu que tinha cooperado involuntariamente com um amplo esforço para afastar o futuro incerto e preservar o passado mais familiar e confortável, representado pelo sacerdote que liderara a congregação durante todo aquele tempo. O velho rabino e a congregação queriam evitar durante tanto tempo quanto possível o trabalho árduo de enfrentar a mudança e os desafios que inevitavelmente se seguiriam à aposentadoria do antigo sacerdote e ao advento de um novo líder espiritual. Inadvertidamente, o jovem rabino compactuou com o resto da comunidade na postergação das dores da transição.

Por fim, o novo sacerdote percebeu a dinâmica da situação e seu papel naquele contexto. Mas, àquela altura, a congregação já solapara de tal forma sua autoridade e credibilidade, que ele não via como se sair bem no empreendimento. Os membros da facção que se empenharam pela sua vinda estavam decepcionados com sua abordagem vagarosa e os mais resistentes à mudança sentiam-se revigorados pelo sucesso em preservar o *status quo*. Desesperado, o jovem rabino renunciou.

Na maioria das situações, a marginalização ocorre de forma mais sedutora. Por exemplo, às vezes se manifesta a pretexto de enaltecer o líder como alguém especial, *sui generis*, a única pessoa capaz de promover alguma ideia importante e altamente valorizada, com o propósito de manter o líder e a ideia em terreno confinado. Primeiro, o papel de "pessoa especial" evita que o líder exerça qualquer função significativa em outros contextos, ao dificultar sua atuação como generalista. Segundo, em breve, o líder está desmoralizado em seu próprio meio, em consequência de interessar-se obsessivamente por uns poucos temas. Terceiro, como em outras formas de marginalização, do tipo "personificação" ou "simbolismo", é possível exaltar as qualidades de recém-chegados notáveis, sem promover a integração de seu trabalho com a missão central da organização. Se apenas aquela pessoa especial é capaz de realizar tarefa tão espinhosa, a organização não precisa desenvolver nem institucionalizar suas iniciativas especiais.

Em vários desses exemplos, os líderes marginalizados não ocupavam posições de alto nível na organização. Entretanto, todos os líderes reais ou potenciais estão sujeitos à marginalização, inclusive o pessoal do topo. Assim, nada impede que as autoridades sejam chutadas para escanteio, sobretudo quando se deixam identificar de tal forma com um tema que passam a confundir-se com o próprio tema.

O presidente Lyndon Johnson encarou a guerra do Vietnã como assunto pessoal. Evidentemente, ele não queria ser o primeiro presidente americano a ser derrotado numa guerra. Também não queria que seu secretário de Defesa, Robert McNamara, aguentasse sozinho o rojão, pois, em 1966, os manifestantes pacifistas já se referiam ao conflito como "guerra de McNamara". Assim, Johnson pegou o touro pelos chifres e em breve o refrão mudara para "Hey, Ho, LBJ must go". E esse era, sem dúvida, o slogan mais educado. Ingenuamente, os manifestantes adotaram o objetivo de derrotar Johnson como substituto de um problema muito mais árduo, ou seja, conseguir que o Congresso e o povo americano optassem entre retirar as tropas americanas do Vietnã, de um lado, ou empreender enorme sacrifício em recursos materiais e humanos para alcançar a vitória, de outro. De início, Johnson não percebeu o perigo de assumir sozinho tamanha responsabilidade pela escalada da guerra, sem envolver o Congresso e o povo americano nessas duras escolhas. Na verdade, a partir de certo ponto, a guerra para ele era um assunto tão pessoal quanto para os pacifistas. Porém, um dia, ele acabou percebendo que a personificação da guerra não só tolhia o debate sobre o assunto, mas também comprometia a realização de sua extraordinária agenda doméstica. Ao juntar-se à orquestra, deixou cair a batuta. Em seu favor, Johnson conta com o fato de ter desistido da presidência, em vez de tentar a reeleição em 1968.[2]

A personificação tende à marginalização. A incorporação de um tema talvez seja uma estratégia necessária, embora arriscada, sobretudo para quem lidera sem autoridade formal. Entretanto, para os ocupantes de posições investidas de autoridade, a personificação pode ser ainda mais perigosa. Em geral, as autoridades representam vários constituintes e raramente podem dar-se ao luxo de incorporar um único tema. É preciso deixar as mãos livres para orquestrar os conflitos, em vez de tornar-se objeto de conflitos. E, como veremos mais tarde, a incorporação de um tema por quem exerce funções de autoridade vincula ao tema não só o sucesso, mas a própria sobrevivência, e essa é uma plataforma perigosa.

Diversionismo

Outra forma consagrada pelo tempo para afastar as pessoas incômodas é desviá-las para outros rumos. Muitas são as maneiras pelas quais as comunidades e organizações, de maneira consciente ou subconsciente, tentam fazer com que o líder perca o foco. Às vezes, apenas ampliam sua agenda; outras vezes, sobrecarregam-na; sempre com um motivo aparentemente lógico, mas que, no fundo, destina-se a confundir seu plano de jogo.

Os opositores à guerra do Vietnã induziram Martin Luther King Jr. a expandir sua agenda, para nela incluir também a luta contra o conflito no Sudeste Asiático. Obviamente, eles tinham seus motivos para agir assim. A manobra era atraente não só para as convicções morais de King, mas também para a sua autoestima e senso de realização, que, com justiça, já pairavam nas alturas, em face das enormes conquistas do movimento dos direitos civis. Porém, por mais dura que tenha sido a luta pelos direitos civis no Sul dos Estados Unidos, algumas das questões mais difíceis — como combater a intolerância racial no Norte — ainda não haviam sido abordadas. Desviar a atenção de King para a guerra do Vietnã exercia o duplo efeito de, por um lado, aumentar ainda mais a solidariedade com os liberais do Norte, dominados pelo sentimento de indignação moral antibelicista, e, por outro, não os desafiar frontalmente em relação aos direitos civis. As relações entre os dois movimentos — pelos direitos civis e contra a guerra — talvez tivessem ficado tensas se King pregasse suas ideias nas comunidades, escolas, escritórios de advocacia e corporações dos nortistas. Suas vidas sofreriam rupturas, seus valores seriam questionados e seus comportamentos e práticas estariam sujeitos a escrutínios. Eles iriam para a televisão defender ou denunciar seu estilo de vida, em frente de seus amigos e vizinhos.

Ao concentrar-se na oposição à guerra do Vietnã, King colheu frutos muito amargos. Seus principais constituintes, os negros do Sul, não o apoiaram nessa iniciativa, pois estavam conscientes de que ainda restava muito a fazer tanto no Sul quanto no Norte em relação à sua causa. Assim, não só suas investidas contra a guerra do Vietnã foram muito pouco eficazes, como também, ao perder o foco, King passou a ter menos tempo para liderar o movimento dos direitos civis, a não ser por meio da pregação de princípios básicos, como o voto universal. Ao se defrontar com questões complexas nas cidades e guetos do Norte, sua principal plataforma perdeu o rumo.

Algumas pessoas são promovidas ou recebem novas atribuições glamourosas como forma de dispersar suas agendas. Ao ser promovido inesperadamente ou ao ser incumbido de tarefas importantes ou interessantes, pergunte a si mesmo: será que represento alguma questão inquietante, que organização está evitando e da qual pretende afastar-me? Conhecemos uma jornalista impertinente que de uma hora para outra foi promovida a editora, não por suas habilidades, mas como artifício para silenciar suas colunas agressivas. Também conhecemos uma diretora de escola primária, na comunidade mais pobre de seu distrito escolar, em Missouri, cujo extraordinário sucesso com alunos e pais gerou tanta intranquilidade entre alguns professores (que ela tratava com muita energia) a ponto de seu superintendente promovê-la para a sede do distrito, onde atuaria como consultora. Na época, a autoridade distrital enalteceu a própria engenhosidade, ao descobrir uma maneira de afastar a diretora de um estabelecimento de ensino a cujo aprimoramento ela dedicara os últimos vinte anos, com o objetivo "maior" de restaurar a ordem e a calma em seu sistema escolar. Os gerentes de empresas por vezes amainam as águas ao promover ativistas sindicais para funções burocráticas, na expectativa de que a próxima leva de líderes trabalhistas seja mais cooperativa.

As pessoas que ocupam altas posições hierárquicas perdem o rumo com facilidade, ao serem atraídas pelas demandas e programas alheios. Nossa amiga Elizabeth estava na iminência de realizar a velha ambição de tornar-se chefe da agência estadual de saúde e assistência social, com um orçamento de muitos bilhões de dólares e milhares de empregados, na qual desfrutaria ao menos da inebriante sensação de poder que bafeja os responsáveis pela segurança e bem-estar de centenas de milhares de pessoas. Ela ansiava pelo cargo porque, como observadora da agência havia muitos anos, desenvolvera uma longa lista de iniciativas e reformas que, em sua opinião, fariam muita diferença. Também estava consciente de que seria motivo de transtorno para muita gente atrelada à situação vigente; contudo, imbuída de altas doses de coragem e energia, sentia-se confiante em sua capacidade de levar avante aquela missão. Entretanto, nessa avaliação, ela não considerou duas importantes dinâmicas.

Primeiro, ela sabia que as várias facções de constituintes, dentro e fora da agência, discordavam intensamente entre si, quanto à porte, ao escopo e a prestação dos serviços de saúde e bem-estar. Porém, não percebeu que estavam de acordo quanto a um aspecto, a saber, que Elizabeth deveria concentrar-se no conjunto de temas dos diferentes grupos de interesse, quaisquer que fossem, não nos dela próprios ou de qualquer outra pessoa fora do sistema. E, segundo, ela tampouco compreendeu que eles seriam capazes de aniquilar sua agenda com mais facilidade, caso a assoberbassem com exigências e detalhes, do que se optassem por atacá-la de frente.

Pouco antes de Elizabeth assumir o cargo, Marty sugeriu que voltassem a encontrar-se depois de seis meses, para analisarem como ela estava progredindo em sua lista de objetivos. Logo depois, ela entrou na briga. Por fim, chegou o dia do almoço. Nossa amiga parecia frustrada.

"O que aconteceu?" perguntou Marty. "Nunca vi nada igual", respondeu ela. "Jamais trabalhei tanto em minha vida. Minha agenda está cheia e todas as reuniões são importantes. Muitas são contenciosas. Nunca enfrentei jornadas tão longas. No fim do dia, mal consigo andar de tão cansada. Levo trabalho para casa nos fins de semana. No entanto, mal comecei a trabalhar em meu programa de objetivos. Finalmente, percebi que desde que estou no cargo só vi umas cem pessoas. Até parece que elas se juntaram, quaisquer que sejam suas diferenças, a fim de me manter tão ocupada com suas próprias listas a ponto de não me sobrar tempo para cuidar de minha própria lista!"

Conhecida como viciada em trabalho, Elizabeth é extremamente conscienciosa. Ela se orgulha de atender as chamadas telefônicas e manter-se em contato com seus constituintes, mesmo com os que discordam dela, e aprecia debates políticos intensos, como em breve ficaria muito claro para o pessoal da agência.

Elizabeth estava certa. Eles de fato se mancomunaram, embora não no sentido literal. Warren Bennis chama isso de *Conspiração Inconsciente* para afastar alguém de seu plano de jogo.[3] O diversionismo por meio do atulhamento da caixa de entrada desviou a atenção de Elizabeth da bola, mantendo-a imersa nas perspectivas, problemas e querelas que infernizaram durante anos a vida de seus antecessores. A tática funcionou; na verdade, foi muito mais eficaz do que se seus opositores tivessem tentado enfrentá-la ostensivamente em cada tema.

Ataque

O ataque pessoal é outro método testado e comprovado para a neutralização dos agentes de mudança. Não importa qual a forma do ataque. Se os atacantes forem capazes de desviar o objeto das conversas do assunto que se pretende promover para o caráter ou o estilo do líder, ou mesmo para o próprio ataque, conseguirão abafar o tema em si. Desperdiça-se, nesse caso, a atenção, ou seja, a própria moeda da liderança. Se o líder não lograr atrair a atenção dos liderados para as questões realmente importantes, de que maneira será capaz de orientá-los na direção correta ou impulsionar qualquer progresso?

Você provavelmente já foi atacado de uma forma ou de outra. Talvez até já tenha sido criticado por seu estilo de comunicação: muito agressivo ou muito suave; muito contundente ou muito discreto; muito conflituoso ou muito conciliatório; muito frio ou muito entusiasmado. Seja como for, duvidamos que alguém já tenha criticado o seu caráter ou o seu estilo quando você lhes está dando boas notícias ou distribuindo cheques polpudos. Quase sempre o principal alvo de críticas é o mensageiro de más notícias. Em vez de concentrar--se no conteúdo das mensagens, avaliando seus méritos, os destinatários quase sempre acham que é mais eficaz desacreditar o mensageiro.

A forma mais óbvia de ataque diversionista é física. Decerto muita gente ainda se lembra dos protestos contra a assembleia da Organização Mundial do Comércio — OMC, em Seattle, Washington, no terceiro trimestre de 1999. Os manifestantes estavam interessados em levantar assuntos referentes às políticas da OMC e seus impactos sobre os países pobres, sobre o nível de emprego nos Estados Unidos e sobre o ambiente. As autoridades policiais, por seu turno, estavam empenhadas em promover a segurança dos delegados e em garantir a realização das reuniões. Os delegados da OMC, por sua vez, estavam decididos a manter o foco da reunião nos seus próprios temas, em vez de nas questões suscitadas pelos opositores. Intencionalmente ou não, os choques físicos entre policiais e manifestantes surtiram o efeito de deslocar a atenção da opinião pública do objeto dos protestos para o tumulto em si, tirando dos noticiários os temas em confronto.

Os ataques físicos facilmente dispersam a atenção. Sua intensa carga dramática repele algumas pessoas, mas também arrebata muitas outras, de uma maneira macabra. Qualquer que seja a reação, o espetáculo de violência é um meio eficaz de defletir o foco dos temas básicos, ainda que profundamente problemáticos. Por exemplo, numa discussão familiar acalorada, que de repente descamba para as vias de fato, a violência física imediatamente substitui o tema em debate como questão prioritária. A pessoa que praticou a violência perde legitimidade na defesa de suas perspectivas e involuntariamente alia-se às partes ofendidas, na sabotagem de suas próprias visões.

Nas eleições presidenciais de 2000, nos Estados Unidos, um ataque pessoal não planejado criou notícias diversionistas. Numa conversa paralela com Dick Cheney, George W. Bush usou uma expressão vulgar ao referir-se a Adam Clymer, velho jornalista político do *New York Times*. Bush não percebera que os microfones estavam ligados e ficou numa situação delicada, depois que suas observações foram entreouvidas pelos presentes. A imprensa atacou Bush, usando o incidente para levantar questões sobre seu caráter. Ninguém se importou em analisar se Bush tinha alguma razão, se os artigos de Clymer eram justos e responsáveis ou se favoreciam o candidato democrata. E Bush, ao resvalar para o pessoal, ainda que sem intenção, contribuiu para a dispersão e comprometeu sua capacidade de criticar a questão dos vieses da imprensa.

Assassinatos, como os de Yitzhak Rabin e Anwar Sadat, são os exemplos mais extremos de ataques silenciadores, como meio de emudecer os porta-vozes das realidades difíceis. Ambos os assassinatos representaram retrocessos para a causa da paz no Oriente Médio, retardando o dia em que a perda de territórios e a deslealdade aos ancestrais serão concessões imprescindíveis para a convivência pacífica num mundo interdependente.

Felizmente, é muito mais provável que os adversários do líder, as pessoas mais transtornadas por sua mensagem, partam para ataques verbais, em vez de físicos. As investidas talvez sejam contra seu caráter, competência ou família, ou talvez apenas distorçam ou não representem com exatidão suas perspectivas. A forma desses ataques será a que for considerada mais eficaz ou conveniente pelos adversários. Por meio de tentativas e erros, eles acabam descobrindo o calcanhar de aquiles do líder e não hesitarão em alvejá-lo nos pontos mais vulneráveis.

Em política, geralmente apontam-se falhas de caráter para deslocar a atenção dos temas realmente relevantes. Durante boa parte dos oito anos de Bill Clinton na Casa Branca, seus oponentes ideológicos o perseguiram não quanto aos temas em si, mas em função de seu caráter. Nesse campo de batalha, descobriram uma fragilidade óbvia em Clinton, para cuja exploração contaram com munição farta fornecida pelo próprio presidente. Os ataques pessoais contra ele lograram o êxito de desviá-lo de sua própria agenda política. Muito interessante é o fato de os conservadores não terem sido ameaçados por seu programa de governo. Ao contrário, Clinton deixou os adversários em situação de risco justamente porque alguns itens de sua agenda confundiam-se com os deles. O presidente estava roubando os temas dos conservadores, como a reforma da previdência social e o orçamento equilibrado, e, se fosse bem-sucedido, sua capacidade de promover os aspectos mais detestáveis de seu programa de governo, aos olhos dos oponentes, seria substancialmente maior.

Os objetivos dos ataques ao caráter de Clinton não eram muito diferentes do propósito das investidas pessoais contra Clarence Thomas, durante as audiências referentes à sua confirmação para a Suprema Corte americana. Os oponentes o perseguiram com base em traços de sua personalidade porque tinham muita dificuldade em combatê-lo quanto aos temas em debate. Thomas, como indicado ao mais alto posto no Poder Judiciário americano, não se encaixava nos moldes de oponente vulnerável. Era um afro-americano que não deixou atrás de si um rastro muito visível que patenteasse sua filosofia jurídica e sua ideologia política. Não era alvo fácil, como G. Harrold Carswell, o conservador sulista que em nada se distinguia sob os pontos de vista intelectual, profissional e judicial, indicado por Richard Nixon para a Suprema Corte em 1970. Não era nem mesmo tão vulnerável quanto Robert Bork, proposto sem êxito por Ronald Reagan, em 1987, cujas perspectivas notórias, de amplo conhecimento público, por tudo que escrevera e por suas declarações à imprensa, eram verdadeiros anátemas para muitos membros do Senado americano. Mas, como Clinton, Thomas ficara vulnerável aos ataques ao seu caráter, principalmente às acusações de Anita Hill e de outras por assédio sexual.

Por vezes os ataques assumem a forma de imagens falsas. No início de seu mandato, o presidente Bill Clinton indicou Lani Guinier para o cargo de procurador geral assistente na área de direitos civis. Ela desfrutava de sólida reputação como professora universitária brilhante, pensadora fecunda e criativa, e amiga de confiança de Bill e Hillary Clinton. Acreditava convictamente na ação governamental para garantir os direitos individuais e provavelmente teria convertido a Divisão de Direitos Civis em agência ativista visível e agressiva. Contudo, seus oponentes, ao vasculharem seus escritos, encontraram um artigo de sua autoria, numa publicação jurídica, em que ela analisava o tema da representação política.[4] Com efeito, suas ideias a respeito da representação proporcional não eram inéditas nem insanas. Em teoria política, seus argumentos eram respeitáveis e tradicionais, semelhantes àqueles sobre os princípios que servem de base para o delineamento dos distritos eleitorais. Ademais, a ideia específica que se converteu em alvo dos ataques era apenas um dos vários pensamentos de um artigo fértil e criativo, dentre os muitos que já publicara em diversos periódicos. Entretanto, o foco agudo apenas naquele ponto forneceu uma oportunidade para que seus oponentes a rotulassem de "Quota Queen".

Aquela imagem falsa deixou Clinton numa posição difícil. Ele poderia ter chamado a si a difícil tarefa de tentar explicar que aquele rótulo inteligente, memorável e politicamente inaceitável de "Quota Queen" era uma distorção da realidade, e, em seguida, voltar a atenção para os verdadeiros temas em debate — os desafios árduos que ela de fato enfrentaria como ativista dos direitos civis. Ou poderia até aceitar a falsa imagem e partir para a defesa ou ejeção de sua indicada. Clinton optou pela alternativa mais fácil e desvencilhou-se dela. Seus adversários tinham bons motivos para prever sua decisão, pois ele já recuara na defesa de outras indicações e de outros temas, quando o fogo cruzado dos ataques tornou-se muito incômodo. Contudo, ao criar um padrão de comportamento, ele deu aos adversários mais razões para acreditar que a estratégia das imagens falsas e dos ataques ao caráter era a mais indicada para os seus propósitos.

É difícil resistir à tentação de reagir às imagens falsas e aos ataques pessoais. Não pretendemos menosprezar a dificuldade de manter a compostura quando se é alvo de uma saraivada de invectivas. Essas situações são muito dolorosas e danosas. Quem já passou por essa experiência bem conhece a intensidade do desconforto. Contudo, o exercício da liderança implica o risco de ficar marcado por essas cicatrizes.

Mais adiante, na Parte Dois deste livro, analisamos várias maneiras de reagir à falsa imagem e aos ataques pessoais. Mas primeiro é importante reconhecer que toda tentativa de contra-ataque tem como objetivo desviar a atenção de um tema mais problemático. Basicamente, a dinâmica não é diferente no contexto familiar ou no cenário nacional. Quando o filho adolescente, num ataque de fúria, investe aos palavrões contra os pais, estes, em seu melhor momento, talvez se controlem e pensem: "O que de fato está por trás disso?" É bem possível que o jovem não mais aguente depender dos pais para levá-lo aos lugares. Ou quem sabe esteja apenas verificando se os pais se importam com ele o suficiente para manter o cerco, apesar de toda a resistência. Provavelmente será muito mais produtivo, ainda que difícil, negociar com o filho sobre os temas de responsabilidade e dependência, do que se envolver em outro combate pessoal. Mas não é fácil.

Quando o *Union Leader*, de Manchester, New Hampshire, atacou a esposa do senador Edmund Muskie, durante a campanha presidencial de 1972, descrevendo-a em termos negativos e depreciativos, ele recebeu a investida como uma afronta pessoal e respondeu no mesmo tom, inclusive derramando lágrimas em sua defesa e cometendo outros erros de diagnóstico. Seus adversários apenas tentavam descarrilar sua campanha e solapar o poder de suas posições sobre os temas em debate. Não estavam interessados diretamente em nada que dissesse respeito à sua mulher. Depois que Muskie retirou-se da campanha, ela retornou à irrelevância anterior. Ao reagir pessoalmente à imagem falsa, Muskie mancomunou-se com os atacantes no objetivo de desviar a opinião pública do que é realmente relevante.

Sedução

Muitas formas de derrubar os líderes apresentam uma dimensão sedutora. Utilizamos o termo *sedução*, carregado de conotações políticas, para nomear o processo pelo qual se perde totalmente o senso de propósito e, portanto, se é afastado da ação por uma iniciativa com alta probabilidade de êxito, pela força de seus apelos. Em geral, as pessoas são mais suscetíveis à sedução quando baixam a guarda, quando seus mecanismos de defesa foram enfraquecidos pela natureza da abordagem.

Não estamos falando apenas de necessidades neuróticas. As pessoas são atraídas pelas iniciativas que atendem aos interesses humanos normais. Uma das formas mais comuns de sedução, por exemplo, é o desejo de aprovação pela própria facção, pelo próprio grupo de apoio.

Um velho aforismo atribuído ao falecido presidente da Câmara dos Deputados dos Estados Unidos, Tip O'Neill, aconselha: "Sempre dance com quem lhe trouxe ao baile." Trata-se de lealdade à própria equipe. Mas esse conselho, embora sedutor, envolve um grande risco.

Quando se tenta promover alguma mudança significativa, os próprios membros de sua facção na comunidade terão de fazer concessões ao longo do caminho. Em geral, a parte mais árdua da tarefa é gerenciar as expectativas frustradas *deles*. É bem possível que apoiem as mudanças, mas também querem garantir que elas ocorram com o mínimo de perda para eles. Ta-citamente, ou talvez explicitamente, a própria equipe do líder o instruirá a desincumbir-se da tarefa, forçando os indivíduos das outras facções a fazer os acordos mais difíceis.

Desapontar os principais membros da equipe, os aliados mais fiéis, é sempre fonte certa de dificuldades para o próprio líder e para seus principais parceiros. Entretanto, o líder fica vulnerável quando sempre cede ao desejo compreensível de merecer a aprovação contínua de sua equipe, poupando--a de frustrações e decepções. Muitas foram as vezes em que observamos a atuação de líderes que, de início, assumiram temas difíceis, mas que logo foram desviados do rumo pelo próprio staff e levados para um limbo muito distante do destino original, perdendo o apoio da comunidade mais ampla.

Vários anos antes da assinatura do acordo de paz da Sexta-Feira Santa, na Irlanda, Marty atuou como facilitador de uma reunião entre representantes de todos os partidos e grupos políticos da Irlanda do Norte, com exceção dos mais militantes. A experimentação e a ansiedade encheram a sala. Muitos dos representantes jamais estiveram juntos no mesmo espaço com seus adversários mais odiados. Alguns deles recusavam-se a falar com os demais e não concordaram em participar de uma fotografia com todo o grupo.

A reunião começou com a discussão de um caso de solução de conflitos, em lugar e época muito diferentes. De início, a conversa foi lenta, com muito cuidado e cautela. A certa altura, passaram para a questão de como o protagonista do caso gerenciara seus próprios empregados e enfrentara a dificuldade de congregá-los em torno de um interesse comum. De repente, a conversa ficou mais intensa. Os antagonistas da Irlanda do Norte passaram a dirigir-se uns aos outros sem a intervenção de Marty. Eles haviam encontrado algo do interesse de todos os participantes, que era a dificuldade de coordenar e controlar seu pessoal.

Por fim os participantes se deram conta de que enfrentavam um mesmo dilema. Compreenderam que o caminho para a paz envolvia abrir mão de alguma coisa, mas todas as facções queriam ser representadas por alguém que assumisse o compromisso de não ceder em nada. Se os representantes tentassem educar seu próprio pessoal quanto à necessidade de suportar algumas perdas, seriam afrontados por algum sucessor potencial, que prometeria manter a linha dura. Além desse desafio tático à sua autoridade, eles desejavam e buscavam a aprovação e o apoio de seu próprio pessoal, ao participarem de negociações difíceis com seus oponentes. Os aplausos das respectivas facções transmitiam-lhes coragem, faziam com que se sentissem importantes e valorizados, além de reforçar-lhes a confiança em que os riscos valiam a pena. Entretanto, a necessidade de serem aplaudidos e de manterem o ribombar das palmas em seus ouvidos comprometia sua capacidade de raciocinar com objetividade quanto à mudança mais ampla.

Os especialistas em negociações descrevem uma dinâmica semelhante, chamada "o problema dos constituintes". Todo negociador trabalhista a conhece bem: trata-se da experiência de ser empurrado de volta para posições anteriores já superadas, por trabalhadores que não participaram do mesmo processo de concessões e de aprendizado entre as partes, que se desenvolve na mesa de negociações, ao longo de algumas noites a fio. Despreparados para abrir mão de quaisquer de suas reivindicações, eles vaiam e apupam os vira-casacas, acusando-os de desleais à causa.

Marty passou por essa experiência em 1992, ao ingressar na equipe de William Weld, governador de Massachusetts, como principal secretário, responsável pelo pessoal e pelas negociações políticas. Sua reputação era a de ser mais liberal do que a maioria dos membros da equipe sênior do gabinete do governador. Mas ele não sentia com isso o menor embaraço. Ao contrário, estava à vontade com suas crenças e até presumiu que Weld o contratara, em parte, para ampliar o espectro de perspectivas que o orientavam em sua rotina de trabalho. As opiniões da maioria dos amigos de Marty fora do governo eram mais liberais do que as suas; de um lado, estavam felizes com o fato de o amigo ter conseguido um bom emprego, mas, de outro, questionavam a aceitação de um cargo numa administração republicana, que já promovera grandes cortes orçamentários no primeiro ano.

Os grupos de interesse liberais, como os defensores dos direitos dos gays e dos direitos das mulheres, aplaudiram sua nomeação. Consideravam-no sua via de acesso a entendimentos com o gabinete do governador. E Marty estava satisfeito com aquela função e sentia-se entusiasmado com esse tipo de apoio, talvez até demais. Os representantes desses diferentes públicos sabiam, e lhe diziam o tempo todo, que não saberiam o que fazer e como serem ouvidos no gabinete do governador se ele não estivesse lá.

Marty começou a depender daquelas lisonjas, a sentir-se indispensável, a ponto de jamais perceber a situação que se desenvolvia sorrateiramente. Os representantes dos grupos de interesse impeliram-no a fazer mais e a ir cada vez mais longe, o que lhe pareceu ser o preço por seu apoio contínuo. Em vez de afastar-se desses indivíduos, para depender menos deles e ampliar sua base de apoio e reforço, Marty optou pelo status especial de que necessitava para sentir-se importante naquela função.

Em consequência, sua voz dentro dos conselhos do gabinete do governador perdia o impacto e seu tom parecia mais agudo, à medida que suas pressões se tornavam mais insistentes e abertas. Sua eficácia esvaía-se dia a dia. Ele foi seduzido por seu próprio desejo de "fazer as coisas certas" e, mais importante, de contar com o apoio das pessoas com as quais compartilhava os mesmos valores. Mas os custos foram altos. Confinado cada vez mais no papel de porta-voz de temas impopulares, aos poucos, mas de maneira inexorável, perdia a influência nas causas que lhe eram mais caras e sentia-se cada vez mais excluído das conversas sobre outros temas.

Embora os representantes dos grupos de interesse não tivessem a intenção de solapar Marty, condicionando seu apoio a uma atuação cada vez mais estridente em defesa de seus objetivos, eles o forçaram a escolher entre sua lealdade contínua, de um lado, e o comprometimento de seu sucesso na comunidade mais ampla, de outro.

$$\bullet \quad \bullet \quad \bullet$$

Marginalização, diversionismo, ataque ou sedução, todas essas manobras têm um objetivo comum. Reduzem o desequilíbrio que se instauraria se as propostas sobre a mesa fossem levadas avante. Servem para preservar as tradições, para restaurar a ordem e para proteger os indivíduos contra as dores do trabalho adaptativo. Seria ótimo se este não envolvesse transições árduas, ajustes inesperados e perdas expressivas. No entanto, por serem parte intrínseca do trabalho adaptativo, a resistência à mudança é inevitável. A consciência quanto à probabilidade de ser alvo de algum tipo de oposição é de importância crítica para o seu gerenciamento. Assim, a liderança exige não só respeito às dores da mudança e reconhecimento das manifestações de perigo, mas também, e não menos importante, capacidade de reação.

PARTE DOIS

A Resposta

3

Assista de Camarote

Poucas ideias práticas são mais óbvias e mais relevantes do que a necessidade de dispor de perspectiva em meio à ação. Qualquer oficial militar, por exemplo, conhece a importância de manter a capacidade de reflexão, mesmo sob o "fragor da guerra". Os grandes atletas são capazes de, simultaneamente, participar do jogo e observar o jogo como um todo — ou, nas palavras de Walt Whitman: "estar ao mesmo tempo dentro e fora do jogo". Os jesuítas chamam esse atributo de "contemplação em ação". Para os hindus e budistas, é o "karma yoga". Preferimos descrever esse estado como "sair do salão de baile e ir para o camarote", imagem que capta a atividade mental de recuar em meio à ação e perguntar: "O que realmente está acontecendo aqui?"[1]

Por que será que tantas manifestações de disciplina espiritual e organizacional recomendam esse exercício mental? Por que poucas tarefas ampliam mais nossas habilidades do que essa prática. Ao sermos engolfados pela ação, sobretudo quando ela se torna intensa e pessoal, precisamos com urgência de uma pausa. A autorreflexão não é um processo natural. É muito mais fácil abraçar crenças tradicionais do que desenvolver as próprias convicções. A maioria das pessoas, instintivamente, segue a tendência dominante nas organizações ou comunidades, sem a avaliação crítica de seus méritos. O instinto de rebanho é forte. E o estouro da manada não só pisoteia os que não mantêm o ritmo, como também dificulta a visualização de outras direções — até que a poeira assente.

Por exemplo, participávamos recentemente de uma reunião de negócios em que uma mulher chamada Amanda fez um comentário provocante, ao questionar se todos na sala estavam de fato contribuindo com o seu quinhão para a difícil reestruturação da empresa. A princípio, aquele comentário pareceu inútil e impertinente. Porém, algum tempo depois, Brian, um homem um pouco acima dela na hierarquia, também fez algum tipo de observação mais ou menos do mesmo teor. De repente, todo o grupo envolveu-se com a ideia e a conversa deslocou-se, ou pelo menos desviou-se, para a direção proposta de início por Amanda. Brian foi embora, julgando-se influente, enquanto Amanda sentia-se invisível e frustrada.

Os grupos frequentemente desvalorizam as pessoas, ignorando-as ou tornando-as invisíveis — uma forma de marginalização. Sem dúvida, isso já aconteceu com você pelo menos uma ou duas vezes. As mulheres nos dizem que isso ocorre com elas com muita frequência.

Naquelas circunstâncias, Amanda teria tido dificuldade em ir para o camarote. Depois da cena, ficou pensando por que havia sido ignorada, e, acima de tudo, sentiu-se tripudiada e furiosa, o que comprometia sua capacidade de distanciar-se da situação. Na verdade, ainda estava totalmente absorvida pelo salão de baile: dominada pelo medo de ser ineficaz, humilhada por ser deixada de lado e incapaz de ver o todo e analisar o que realmente estava acontecendo.

Geralmente, apenas umas poucas pessoas se dão conta dessa dinâmica à medida que se desenrola a ação. Premida pelo ritmo dos acontecimentos, a maioria jamais a percebe. Simplesmente desempenha sua parte, sem se preocupar com o todo. O desafio da observação simultânea consiste em identificar as sutilezas que geralmente passam despercebidas. Mas a visualização em grande-angular exige que se dê um passo atrás e que se observe a situação, ao mesmo tempo em que se toma parte na ação. Mas não é fácil adotar a perspectiva do camarote, quando se está enleado no salão de baile, sendo puxado e empurrado pelo fluxo dos eventos e ao mesmo tempo puxando e empurrando os demais dançarinos.

O mais difícil é observar o próprio desempenho, seja no papel de Brian, seja no de Amanda. Nessas condições, a pessoa deve imaginar-se olhando para o salão de baile lá embaixo e vendo a si mesma como apenas mais um participante.

A metáfora do camarote capta essa ideia. Digamos que você esteja dançando num grande salão de baile, cercado de camarotes no andar de cima. A orquestra toca e os convidados rodopiam ao som da música, enchendo completamente o seu campo visual. Boa parte de sua atenção se concentra em seu par durante a dança, o que sobra é a medida exata para impedir que você colida com os dançarinos que giram ao seu redor. Você se deixa levar pela música, pelo par e pelo momento. Se alguém mais tarde lhe perguntar sobre o programa, você exclama: "A orquestra era ótima e o pessoal estava muito animado."

Mas se você tivesse subido até um dos camarotes e observado o salão de baile lá de cima, sua visão seria muito diferente. Você teria percebido todos os tipos de padrões. Por exemplo, talvez tivesse ficado claro que, quando a orquestra tocava música lenta, apenas alguns pares dançavam; quando o ritmo era mais vibrante, alguns outros se levantavam de suas mesas; certas pessoas, contudo, nunca se animavam, qualquer que fosse a música. Muita gente se aglomerava numa das extremidades do recinto, tão longe quanto possível da orquestra. Ao voltar para casa, você talvez comentasse que nem todos pareciam muito dispostos, que a orquestra tocou muito alto e que você só dançou quando a música era mais rápida.

Desenvolver a perspectiva de camarote significa retirar-se mentalmente do salão de baile, ainda que apenas por alguns instantes. A única maneira de conseguir uma visão mais clara da realidade e alguma perspectiva do quadro mais amplo é distanciar-se do burburinho. Do contrário, é provável que não se perceba corretamente a situação, que se faça diagnósticos equivocados e que se tome decisões impróprias sobre se e como intervir.

Caso você pretenda influenciar os acontecimentos, é preciso retornar ao salão de baile. Ficar no camarote, no papel de observador seguro, é receita tão certa para a ineficácia quanto jamais ter desenvolvido a visão de camarote. O processo deve ser iterativo, não estático. O desafio é ir e voltar entre o salão de baile e o camarote, efetuando intervenções, observando seu impacto em tempo real e retornando à ação. O objetivo é chegar tão próximo quanto possível da situação ideal de estar ao mesmo tempo nos dois lugares, como se um de seus olhos ficasse no salão de baile e o outro no camarote, olhando para baixo, observando todas as ações, inclusive você próprio. Esse é um aspecto crítico: quando o ponto de observação é o camarote, você deve observar a si próprio e os outros participantes. Talvez essa seja a tarefa mais difícil de todas — ver-se objetivamente.

Para enquadrar-se na qualidade de observador externo, como apenas um entre os muitos dançarinos, é preciso observar o sistema e os padrões, vendo-se como parte do padrão geral. É necessário deixar de lado seu conhecimento privilegiado a respeito de suas intenções e sentimentos íntimos e perceber como você seria visto por *outros* observadores que também estivessem no camarote.

Metamorfosear-se de participante em observador e vice-versa é uma habilidade a ser desenvolvida. Durante uma reunião, tente mudar de papel, observando os acontecimentos enquanto estiverem em curso, mesmo que você seja parte da ação. Ao fazer uma intervenção, resista ao instinto de ficar empoleirado na ponta da cadeira, esperando para defender ou explicar seus comentários. Algumas técnicas simples, como afastar a cadeira alguns centímetros da mesa de reuniões depois de falar, talvez lhe ofereçam certa distância literal e metafórica para destacar-se o suficiente e converter-se em observador. Não se precipite em apenas homologar suas próprias conclusões preexistentes. Abra-se a outras possibilidades. Veja quem diz o quê; mantenha-se atento à linguagem corporal. Observe os relacionamentos e veja como as pessoas prestam atenção umas às outras: apoiando, rejeitando ou ouvindo.

Obviamente, o poleiro de observador pode ser usado para analisar não só as reuniões de pequenos grupos, mas também grandes processos políticos e organizacionais. Por exemplo, no início da década de 1960, o fundador da moderna Cingapura, Lee Kuan Yew, ficou intrigado com as perspectivas de seus camaradas anticolonialistas, como Jawaharlal Nehru, que via o imperialismo e o capitalismo ocidental como apenas uma e a mesma coisa. Lee saiu de casa e viajou muito para observar em primeira mão o progresso desses outros fundadores na modelagem de seus novos países. Mas a visão das demais nações deixou-o transtornado. Ao associar anticolonialismo e anticapitalismo, muitos desses patriarcas estavam inibindo o desenvolvimento econômico de seus países e impedindo que seus povos alcançassem padrões de vida decentes. Ao dar um passo atrás e testar a sabedoria convencional de seus contemporâneos em outros países emergentes, Lee não só conseguiu libertar-se dessas perspectivas, mas também desenvolver uma visão mais completa da realidade, que então se converteu em plataforma de sua liderança. Ao contrário de muitos paladinos da independência, Lee aderiu ao livre mercado. Entre 1965 e 2000, Cingapura deixou de ser uma cidade pobre e racialmente dividida e converteu-se em comunidade integrada, com uma das economias mais competitivas do mundo. Nenhum dos contemporâneos de Lee, que se atolaram em ideologias baseadas em reações ao trauma colonial e que demonizaram as economias de mercado voltadas para exportações, alcançou algo remotamente parecido.[2]

Lee foi para o camarote ao sair da cidade. Mudou sua perspectiva do salão de baile de Cingapura para o ponto de vista regional e internacional.

Qualquer uma entre várias perguntas o ajudará a livrar-se de seus pontos cegos. A mais elementar é sempre o melhor ponto de partida: O que está acontecendo aqui? Além dessa, sugerimos quatro rotinas de diagnóstico como proteção contra algumas armadilhas comuns:

1. Diferencie entre desafios técnicos e adaptativos.

2. Descubra onde estão as pessoas.

3. Ouça a canção por trás das palavras.

4. Analise a figura de autoridade em busca de pistas.

Diferencie entre Desafios Técnicos e Adaptativos

Muitas são as possíveis interpretações para o incidente Amanda/Brian. Por que será que Amanda tornou-se invisível?

Estilo. Talvez Amanda tenha feito sua intervenção em estilo diferente do preferido pelo grupo. Por exemplo, é possível que tenha falado com tal convicção e autoridade que todos se desligaram de seus comentários.

A demonstração de um excesso de autoconfiança agressiva em ambiente onde a humildade é tida em alta conta às vezes compromete a credibilidade do interventor.

Antecedentes. Os papéis e reputações de Amanda e Brian podem ter influenciado a maneira como foram ouvidos. É possível que Brian ao longo do tempo houvesse demonstrado *insight* e competência mais consistentes. Também é de supor que tivesse experiência comprovada no assunto.

Amadurecimento. Possivelmente, o assunto ainda não estava "amadurecido" quando Amanda o lançou à mesa. É provável que Amanda estivesse pensando mais rápido do que o resto do grupo, de modo que, no momento de sua manifestação, o grupo ainda carecesse de familiaridade suficiente com o tema para abordá-lo com conforto. Às vezes, leva tempo para que outras pessoas apreendam uma nova ideia. No momento em que Brian fez substancialmente o mesmo comentário, o *insight* de Amanda já estava "maduro" e todos estavam prontos para absorvê-lo.

Status. Brian talvez tivesse um pouco mais de autoridade formal na organização do que Amanda. Outra hipótese é que Brian fosse uma pessoa importante na comunidade, a quem geralmente se dá mais ouvidos, em ampla variedade de assuntos. Na maioria das culturas, tende-se a prestar mais atenção a quem se situa no topo da hierarquia, por menos que, no caso específico, se justifique essa atitude. O impacto conjunto das hierarquias formal e informal é extremamente poderoso.

Preconceito. Algumas interpretações do incidente Amanda/Brian dizem respeito diretamente a valores e costumes profundamente arraigados no grupo. Talvez o grupo acate com menos seriedade o ponto de vista das mulheres, em comparação com o dos homens. Caso se trate de fenômeno grupal, o preconceito será visualizado apenas a partir da perspectiva de camarote, sem que se observem vieses no nível individual. Do mesmo modo, se Amanda for muito mais jovem do que Brian, o grupo talvez tenha manifestado inconscientemente seu preconceito contra os jovens. Ou quem sabe as inclinações políticas de Amanda tenham deixado a audiência em situação pouco confortável, ao passo que Brian compartilha a visão política dominante no grupo. Ainda é possível que Amanda evoque algum problema social, induzindo o grupo a, inconscientemente, ignorar suas sugestões, como parte de um padrão mais amplo de desprezar a questão social que ela traz à mente. Essas explicações ativam a intolerância do grupo em relação "ao outro", ou seja, quanto a qualquer aspecto da cultura minoritária talvez representada por Amanda.

Algumas dessas interpretações — estilo, antecedentes e amadurecimento — sugerem problemas que Amanda pode corrigir por conta própria. Pequenos ajustes em seu estilo de intervenção, maior cuidado na escolha do momento adequado ou embasamento mais sólido para as suas perspectivas seriam providências suficientes para evitar a repetição do incidente. Sob essas interpretações, a invisibilidade de Amanda é um problema técnico a ser resolvido por ela, sem perturbar ninguém.

Mas as duas últimas interpretações — status e preconceito — situam-se no âmago de como o grupo e seus membros veem a si próprios. A abordagem desses assuntos ameaçará a estabilidade e a civilidade do grupo e afetará sua agenda. O grupo provavelmente resistirá à acusação de que menospreza as opiniões de pessoas de status mais baixo, em vez de avaliar as diferentes perspectivas com base nos respectivos méritos, ou de que seu comportamento embute preconceitos de raça, sexo e idade.

Em geral, o grupo manifestará forte preferência pelas interpretações técnicas, sobretudo as de que o problema se situa no indivíduo, em vez de no grupo como um todo. Essa abordagem admite soluções simples e diretas, que não exijam trabalho árduo ou esforço adaptativo da parte do grupo.

Amanda poderia ter testado cada uma das interpretações, observando as reações do grupo aos comentários de outras pessoas com menos status ou que representassem minorias. Também poderia ter analisado se os padrões de resposta às suas contribuições mantiveram-se mais ou menos constantes, mesmo depois de ter efetuado alguns ajustes em seu estilo, senso de oportunidade e antecedentes. Se Amanda houvesse subido ao camarote, coletado informações, ouvido com cuidado e questionado suas atuais atitudes mentais, provavelmente teria constatado que sua invisibilidade era uma pista não para problemas individuais, mas para vieses grupais. Talvez tivesse descoberto que estava "carregando a bola da equipe" nesse desafio adaptativo, e, como tal, sob marcação cerrada em campo.[3]

Evidentemente, a sensação de invisibilidade não é a de sentir-se perseguido em campo por todo o time adversário, sob os aplausos da torcida ululante. Ao contrário, a impressão é de estar sendo ignorado, diminuído, ou, pior ainda, de alguém tido como imbecil. Esse é o ponto! Depois de investigar os motivos pessoais e técnicos para ser neutralizado e, em seguida, corrigi-los, é possível que você ainda descubra que está sendo menosprezado, principalmente por ter muito a dizer. No caso de Amanda, ela talvez trouxesse consigo o desafio adaptativo de valorizar perspectivas diversas para toda a sua equipe, *sem que ninguém lhe tenha pedido ou sem que tenha sido autorizada a agir assim.* Ao ignorar esse desafio, a equipe perde uma voz que talvez seja crucial para seu futuro sucesso em situações que exijam certas perspectivas específicas de que ela é portadora.

A maioria dos problemas enfarda num único saco aspectos técnicos e adaptativos. Antes de efetuar a intervenção, é preciso distingui-los, a fim de decidir qual atacar primeiro e com que estratégia.

Nosso amigo Ken trabalhou para a AT&T, onde tinha preocupações a respeito do impacto de um plano de organização departamental. Com antecedentes em engenharia, ele logo constatou algumas falhas técnicas no plano, que consistiam em não promover o relacionamento entre as pessoas certas, apenas substituindo, ao contrário, um conjunto de silos por outro. Mas Ken deu-se conta de que o problema dos silos era um tema adaptativo: os membros da organização tendiam a fortalecer os próprios silos e resistir em assumir responsabilidade por uma visão mais ampla.

Depois de desbravar os meandros da hierarquia, ele finalmente conseguiu demarcar quinze minutos na agenda do vice-presidente, proeza memorável para alguém em seu nível, duas camadas abaixo da alta gerência. Empenhara-se ao máximo para conseguir aquele encontro e sabia que estaria ultrapassando seu limite de autoridade se abordasse uma questão sistêmica mais profunda. Seu receio era que o vice-presidente reagisse de forma imprópria. Assim, ele precisava decidir entre levantar a questão técnica, a questão adaptativa ou ambas; mas, nesse último caso, em que ordem? Quando, finalmente, ele se viu nos seus quinze minutos, Ken começou comentando os aspectos técnicos do problema. O vice-presidente educadamente o ouviu sem comentários. Ele continuou falando e os quinze minutos esgotaram-se. Ken logo percebeu seu erro, mas já era tarde demais. O VP queria que os problemas técnicos fossem resolvidos abaixo do nível hierárquico dele. Ken se deixou silenciar pelas pressões e apresentou ao vice-presidente a mais fácil das duas interpretações.

Ao discernir os aspectos técnicos e adaptativos da situação, Ken começou a sentir as pressões internas e externas para limitar-se aos problemas técnicos e evitar os aspectos adaptativos mais problemáticos. A empresa preferia uma interpretação mais fácil e pouco traumática. Em geral, as organizações tentam tratar questões adaptativas como se fossem técnicas, a fim de diluí-las, reduzindo-lhes o poder corrosivo. O lado técnico do problema era cômodo e familiar para Ken, e bem compatível com seu escopo de autoridade.

Essas pressões são muito positivas, se induzirem o líder a questionar sem arrogância. Por outro lado, o silêncio em si é uma pista. Se Ken tivesse ido para o camarote pouco antes da reunião, teria interpretado sua própria hesitação como sinal de que, de fato, estava a ponto de fazer algo muito desafiador. Nesse caso, poderia ter construído bases mais sólidas para o seu questionamento, à medida que galgasse a cadeia de comando. (Mais adiante, analisaremos como agir dessa maneira.) Afinal, qual o objetivo de conseguir uma reunião com o vice-presidente, caso não se abordem os problemas que demandam sua atenção?

As crises orçamentárias dão uma boa ideia geral das pressões que forçam as interpretações técnicas. Tipicamente, as crises orçamentárias nos setores público ou privado estimulam o esforço para levantar mais dinheiro. Os indivíduos em posição de autoridade espremerão as despesas aqui, adiarão outras ali, tomarão alguns empréstimos de curto prazo. Essas soluções lidam com o problema como questão técnica. Mas, frequentemente, a fonte da crise é algum choque de valores, alguma diferença em prioridades. O levantamento de mais dinheiro atenua temporariamente o conflito, mas não o resolve. A eliminação das causas subjacentes exigiria que as facções com prioridades concorrentes reconhecessem os hiatos entre suas perspectivas e tentassem conciliar as diferenças. O processo envolveria opções e perdas. O resultado possivelmente desapontaria algumas pessoas, talvez muitas. O "equilíbrio orçamentário" poderia, de fato, significar a reformulação da agenda organizacional e a mudança de suas estratégias e práticas de negócios. Assim, a missão da liderança consistiria em mobilizar os liderados para que se adaptassem a um mundo com diferentes restrições e oportunidades, em comparação com as até então predominantes.

Como saber se o desafio é basicamente técnico ou adaptativo? Nunca se tem certeza, mas dispõe-se de algumas pistas úteis para o diagnóstico. Primeiro, sabe-se que se está lidando com algo mais complexo do que apenas uma questão técnica quando é necessário mudar o coração e a mente das pessoas, não apenas suas preferências e atitudes rotineiras. Nos desafios adaptativos, as pessoas devem aprender novos métodos e optar entre valores aparentemente contraditórios. As culturas precisam discernir entre o essencial e o supérfluo à medida que se empenham para avançar.

Na África do Sul, em 1990, Marty presenciou a luta dos professores ao se defrontarem com a realidade óbvia de que o coração e a mente dos alunos deviam passar por enormes transformações. Ao longo de vários anos, durante o período de transição para o governo democrático, Marty trabalhou com os professores, num amplo conjunto de universidades sul-africanas, no desenvolvimento de novos cursos, novos programas e, mais importante, novos métodos de ensino. Todos os professores sabiam que precisavam adaptar-se, quaisquer que fossem seus grupos de origem. Mas era preciso exercer forte pressão sobre eles para que encarassem o trabalho profundamente difícil de mudar suas crenças, de modo que continuassem a ter algum significado para seus alunos, numa nova África do Sul. Acostumados a dar aulas a turmas homogêneas, com um espectro de carreiras pouco amplo e com opções muito nítidas, os professores, agora, tinham de enfrentar grupos de alunos heterogêneos, com futuro indefinido, que traziam para a sala de aula ampla diversidade de valores, além de perspectivas e experiências conflitantes, dos tempos do *apartheid* e da longa luta contra a opressão. As qualidades pessoais necessárias para o progresso na nova África do Sul eram diferentes das demandadas no passado. Os papéis até então definidos pela hierarquia cediam lugar à fluidez e à flexibilidade. O velho estilo de aulas assépticas e teóricas e a abordagem autoritária à solução de problemas não mais se prestavam à formação de alunos cujas futuras trajetórias já não se pautavam com tanta nitidez pela raça, classe social e etnia. Tudo isso era um enorme desafio adaptativo para a África do Sul e para os professores.

Segundo, distinguem-se os problemas técnicos dos desafios adaptativos por um processo de exclusão. Quando se experimentam todas as soluções técnicas imagináveis e o problema persiste, tudo indica que ainda se precisa atacar algum desafio adaptativo.

Terceiro, a continuidade do conflito geralmente indica que ainda não se efetuaram os ajustes nem se aceitaram as perdas que acompanham as mudanças adaptativas.

Quarto, as crises são um bom indicador da supuração de questões adaptativas. As crises representam perigo porque os cacifes são altos, o tempo parece curto e as incertezas são grandes. No entanto, também significam oportunidades, se forem usadas para galvanizar a atenção sobre os assuntos pendentes.

Como todos os problemas, as crises repentinas tendem a envolver componentes técnicos e adaptativos. Mas, durante as crises, o nível de desequilíbrio é muito alto. Em consequência, muitas são as pressões, tanto internas quanto externas, para que se encare a situação como problema técnico, com soluções diretas capazes de restaurar o equilíbrio com rapidez. Na verdade, a maioria das pessoas em posição de autoridade desperdiça as oportunidades oriundas da convulsão, porque todos os olhos estão voltados para elas na esperança de que restaurem a ordem sem perda de tempo, ainda que para tanto seja necessário ignorar as questões adaptativas e buscar apenas soluções técnicas. Ao enfrentarem uma crise orçamentária, por exemplo, muitas organizações optam pelo cortador de salame como ferramenta para a redução de despesas (elimine a mesma fatia de 10% em cada divisão), em vez de encarar os problemas estratégicos mais difíceis.

Em 1991, quando Saddam Hussein invadiu o Kuwait, o ex-presidente George Bush conseguiu formar uma coalizão ampla e diversificada em torno do problema técnico de empurrar as tropas invasoras de volta para seu próprio território. Ao deparar com o clamor para que fosse adiante, para que eliminasse Saddam Hussein, suas forças armadas e sua capacidade de criar tumulto em todo o mundo, Bush recuou. O afastamento de Hussein, em vez de apenas confiná-lo em seu espaço geográfico, representava um desafio adaptativo que teria ameaçado a aliança. A conclusão do trabalho significaria a humilhação e a morte provável de milhares de soldados iraquianos — cenas que apareceriam todas as noites nas telas de todos os aparelhos de televisão dos países da coalizão árabe. As autoridades desses países se defrontariam com o desafio assustador de ajudar seu próprio povo a adaptar-se à nova realidade incômoda: que era de seu interesse tolerar e até apoiar a matança de milhares de soldados árabes pelos ocidentais. A preservação da coalizão depois da invasão do Iraque também teria exigido que os parceiros ocidentais empreendessem um grande esforço de adaptação. Para eles, o preço da continuidade da aliança com o Oriente teria sido um processo de profunda autoanálise, envolvendo o reconhecimento de que os receios de domínio do mundo muçulmano pelo Ocidente são justificados, em face de toda uma história de ativismo colonial e missionário que remonta às Cruzadas. A aceitação da responsabilidade por esse antigo padrão de comportamento e por suas consequências no mundo contemporâneo seria em si um grande desafio, especialmente para os parceiros europeus da coalizão.

No curto prazo, às vezes se deve tratar primeiro dos aspectos técnicos, como fez Bush na guerra do Golfo. No entanto, muitas crises trazem à tona questões que vinham em processo de deterioração desde muito tempo. Saddam Hussein representa não só um indivíduo perverso, mas também o conflito mais grave e pendente entre o Ocidente cristão e o Oriente islâmico. Para enfrentar a questão, o ex-presidente Bush teria de colocar em risco sua frágil coalizão e desencadear forças que talvez escapassem ao seu controle. De imediato, ele talvez não visse alternativa senão ater-se à questão técnica e referir-se à Nova Ordem Mundial, basicamente como uma abstração. Mas as questões pendentes não deixam de existir simplesmente porque saíram do campo visual, como, desde então, temos sido a toda hora advertidos por desastres como os da Bósnia, de Kosovo, de Jerusalém e do World Trade Center.

Descubra Onde Estão as Pessoas

Conseguir que os membros de uma comunidade ou organização enfrentem questões profundamente enquistadas em seu próprio tecido é difícil e arriscado. Se o problema foi evitado durante tanto tempo, não deve ser surpresa que se tente silenciar o líder que procura trazê-lo à superfície. Tanto a sobrevivência quanto o sucesso do líder dependem de sua habilidade de promover a verdadeira compreensão das várias perspectivas entre as diferentes facções, de aprender com elas e de avaliar seus riscos e receios.

Como dizem os profissionais de serviços sociais, "Comece onde estão as pessoas". Além da capacidade de ouvir, isso exige curiosidade, sobretudo quando se imagina que já se conhece os problemas e já se sabe o que deve ser feito. É provável que a visão alheia seja diferente e, caso não se adotem essas outras visões como ponto de partida, o líder corre o risco de ser rechaçado como irrelevante, insensível e presunçoso.

Esse talvez tenha sido o principal erro de Jamil Mahuad em relação a seu povo no Equador. Ele estava tão preocupado em encontrar algum remédio de efeito imediato, que demorou muito para voltar a entrosar-se com a população, constituída em sua maioria de indivíduos pobres e vulneráveis. As massas estavam assustadas com a depressão econômica e enfurecidas com as desigualdades abismais. Ao não identificar o foco de inquietação das massas, ele assumiu uma posição de risco — por melhores que fossem suas políticas públicas.

Um jesuíta nosso amigo promoveu uma série de palestras para um grupo de altos funcionários públicos, sobre a espiritualidade no local de trabalho. Os temas deveriam versar sobre religião e políticas públicas, além de questões mais pessoais, do tipo como lidar com a própria espiritualidade em suas atividades profissionais e como dirigir uma organização cujos membros apresentam ampla diversidade e opiniões sobre religião e suas relações com o trabalho. Muitos dos participantes sentiam-se profundamente ameaçados por algumas dessas questões, mas até então nunca haviam tido a oportunidade de abordar suas preocupações numa conversa aberta com os colegas. Assim, iam para os encontros com uma mistura de sofreguidão e ansiedade.

Nosso amigo começou da maneira usual. Sob uma abordagem integrada, apresentou uma série de ideias e referenciais a respeito das relações entre religião e Estado. Depois da base teórica inicial, chegou a hora das perguntas. E não foram poucas as indagações. Embora suas respostas fossem cautelosas e comedidas, o mal-estar era palpável. O tema das relações entre Igreja e Estado era interessante, mas o problema que realmente os interessava era como lidar com sua própria espiritualidade no trabalho e como tratar com diferentes sentimentos sobre o lugar da religião no escritório. Embora brilhante, nosso amigo não captara a essência das preocupações da audiência.

Um mês depois, ele teve a oportunidade de desenvolver o mesmo tipo de programa com um grupo semelhante. Desta vez, deixou de lado sua apresentação bem ensaiada e começou simplesmente perguntando sobre o que pretendiam conversar. Os próprios participantes levantaram as questões e programaram a agenda. Elaborando as ideias à medida que eram propostas e estimulando o debate, nosso amigo os envolveu numa conversa intensa durante várias horas. A sessão exerceu enorme impacto, induzindo os presentes a repensar suas perspectivas tradicionais. As conversas encorajaram-nos a mudar seus próprios comportamentos em relação aos colegas, com orientações espirituais muito diferentes uns dos outros. Nosso amigo alcançou o sucesso na mesma situação em que havia falhado antes, porque deu um passo atrás e começou onde os *outros* estavam, em vez de onde *ele* estava.

Ao tornar-se primeiro-ministro de Cingapura, Lee Kuan Yew dedicou algum tempo de sua agenda diária à tarefa de, diligentemente, aprender mandarim, o dialeto local, e melhorar seu malaio. Três anos depois, Cingapura chegou a uma encruzilhada em sua trajetória, na qual os comunistas tinham chances significativas de vitória nas eleições. A capacidade de Lee de ouvir e falar com o povo em suas próprias línguas mostrou-se decisiva. Essa qualidade deu-lhe credibilidade para questionar com êxito a ideologia pós-colonial, quando pediu ao povo que abraçasse as políticas econômicas de livre mercado de seus ex-dominadores britânicos.[4] Se Lee foi capaz de dedicar alguns anos ao aprendizado dos idiomas de seus constituintes, também nós, sem dúvida, seremos capazes de ouvir primeiro, durante certo tempo, para só depois intervir.

Ouça a Canção por trás das Palavras

Assistir de camarote é o primeiro passo crítico para o exercício — e a salvaguarda — da liderança. Entretanto, apesar da perspectiva objetiva, decorrente da visão privilegiada, a observação em si deve ser minuciosa e cuidadosa. Depois de descobrir a origem das pessoas, é possível conectar-se com elas e engajá-las na mudança. Mas ouvir suas histórias não é o mesmo que interpretar literalmente suas palavras. Por meio de processos naturais e inconscientes, as pessoas, além de defenderem seus hábitos e opiniões, tentam evitar certas escolhas de valor mais árduas. Assim, depois de ouvir suas histórias, é preciso tomar a atitude instigadora de fazer interpretações que vão além da superfície. É preciso ouvir a canção por trás das palavras. Em pequenas doses, fazemos isso todos os dias. Por exemplo, quando se pergunta a alguém "Como vai?" e se ouve a resposta "Tudo bem", não raro se percebem enormes diferenças de entonação entre um esfuziante "Tudo ótimo" e um melancólico "Tudo péssimo".

Os líderes raramente são neutralizados por motivos pessoais, embora o ataque possa ser estruturado em termos pessoais. O papel desempenhado ou o tema em foco gera a reação. Quando os jogadores correm atrás de um adversário em marcação cerrada durante um jogo de futebol, não o fazem por motivos pessoais, mas por se tratar do indivíduo que está com a bola ou na iminência de receber um passe. Ainda que a torcida grite seu nome e os marcadores tentem retirar-lhe a bola ou bloquear-lhe o avanço, um bom jogador de futebol jamais imaginaria estar sendo visado como pessoa. Adotando a visão de camarote, ele imediatamente vê o jogo no campo como um todo e ajusta seu comportamento para levar em conta os padrões observados. Essa é uma característica dos grandes jogadores em qualquer esporte.

Quando o jogo é altamente estruturado e o objetivo de fazer gols é inequívoco, a interpretação dos eventos no campo de jogo é uma questão de *expertise* técnica. Mas, na vida organizacional, os vários jogadores quase sempre observam regras diferentes e desenvolvem visões diversas quanto ao que seja fazer gols. Os jogadores bem-sucedidos nas comunidades e organizações precisam compreender uma realidade muito mais complexa do que aquela com que se deparam seus colegas de futebol. Nesse caso, as interpretações são pelo menos tão desafiadoras quanto ir ao camarote para uma visão à distância. Na vida política e organizacional, nunca é fácil dar um passo atrás no calor da ação para confrontar-se com a realidade. Nesse afã, algumas pessoas são melhores do que outras, mas ninguém tem o livro de receitas.

Voltemos à Amanda. Quem estivesse naquela reunião e houvesse observado a dinâmica pela qual Amanda tornou-se invisível e Brian ficou com os créditos, teria de decidir se e, se for o caso, como intervir. Em seguida, deveria determinar o curso de ação, com base na maneira como compreendeu o significado da marginalização. Como observador, seria preciso interpretar a situação a fim de decidir o que fazer.

Nessas situações, evite interpretações imediatas e em voz alta, para não incorrer no risco de provocar reações fortes. A interpretação das intenções alheias deve ocorrer primeiro de si para consigo ou com um interlocutor de confiança. Compreender comportamentos significa observar mais do que apenas a aparência exterior. Assim, é natural que, quando se propõem diferentes explicações para o comportamento alheio — como alternativas para as mensagens que os outros pretendem transmitir — as pessoas afetadas talvez fiquem aborrecidas. Portanto, embora a interpretação seja um passo necessário, sua manifestação em público e a forma de fazê-lo dependem da cultura e da adaptabilidade da audiência.

Miles Mahoney, especialista em desenvolvimento econômico, assumiu a direção de um grande órgão estadual em Massachusetts, que sofria de reputação de ineficácia. Os principais critérios que nortearam a escolha de seu nome foram sua paixão e seu compromisso com o fortalecimento do papel do estado em grandes projetos de habitação e de desenvolvimento econômico, embora essas não fossem as prioridades mais importantes do governador.

Competia à agência de Mahoney aprovar os planos de desenvolvimento a serem financiados pelo estado. Entretanto, o primeiro deles, para começar, era algo questionável. A proposta previa enorme projeto de recuperação na área central de Boston, que, embora carecesse de melhorias, não se encontrava em situação que justificasse a expressão "decadente". A cidade de Boston e o prefeito apoiavam a ideia com grande entusiasmo, do mesmo modo como os principais jornais, os sindicatos e boa parte da comunidade de negócios. A cidade escolheu uma incorporadora para o projeto — uma nova sociedade criada por dois jovens empreendedores imobiliários, amigos do prefeito, mas que jamais tinham lidado com algo desse tamanho e amplitude.

A lei exigia que Mahoney analisasse a conveniência e a oportunidade do projeto, a incorporadora e os planos. Seu poder discricionário era grande e suas conclusões deviam basear-se no julgamento dos fatos. Mahoney e sua equipe acreditavam convictamente que o projeto não cumpria os requisitos estatutários sob vários aspectos, inclusive o fato de que boa parte da área em questão não se encontrava em situação de decadência. Mahoney interpretou o caso como oportunidade para demonstrar a disposição do estado de usar seus músculos para defender o interesse público. E, assim, decidiu rejeitar a proposta.

Nessas condições, procurou os principais assessores do governador para explicar sua posição e pedir apoio. Eles o ouviram e lhe disseram: "Vá em frente e liquide o assunto, Miles. Mas faça-o com rapidez. Você não tem ideia do peso das pessoas que pularão no seu pescoço."

Mahoney escutou o que queria ouvir. O governador apoiaria a rejeição do projeto. Mas não entreouviu a canção por trás das palavras.

As duas pistas mais relevantes da orientação recebida eram as expressões "com rapidez" e "pularão no *seu* pescoço". A mensagem do pessoal do governador era realmente compreensível apenas quando se ia além de seu significado explícito.

Mahoney não conseguiu compreender o recado muito diferente, quase incongruente, transmitido com mais sutileza. O governador apoiaria a proposta de rejeição de Mahoney, mas apenas se tudo acontecesse com velocidade suficiente para que o tema não assumisse maiores dimensões e não afetasse suas iniciativas mais importantes. As agendas dos governadores são muito mais amplas e muito mais dinâmicas do que as dos chefes de departamento. O governador tinha condições de comprometer-se a ficar por trás de Mahoney, mas apenas durante pouco tempo, pois sabia que sua própria atenção se deslocaria para outros pontos, com o surgimento de novas crises e novas iniciativas. Caso o assunto se prolongasse e provocasse muita comoção, a responsabilidade seria apenas de Mahoney. O governador não estava disposto a desperdiçar seu capital político indefinidamente para garantir o veto de Mahoney.

Por ter ouvido apenas a mensagem literal, Mahoney partiu para a ação. Supondo que o compromisso do governador fosse mais firme, ele rejeitou o projeto, induzindo seus adversários a reagir com força total. Seis meses depois, Mahoney perdeu o emprego e seu sucessor aprovou o projeto.

Analise a Figura de Autoridade em Busca de Pistas

Miles Mahoney não conseguiu escutar a canção por trás das palavras do governador, mas, ainda que a tivesse ouvido, poderia tê-la interpretado como ponto de vista pessoal do governador. Ao tentar instigar mudanças significativas dentro de uma organização ou comunidade, concentre-se nas palavras e nos comportamentos da figura de autoridade, como fontes de sinais críticos sobre o impacto de sua ação sobre a organização como um todo.

A autoridade sênior reflete o que se está tentando despertar na comunidade. Ele ou ela considerará e reagirá às respostas das diferentes facções. Observe a figura de autoridade da mesma maneira como olha por uma janela, consciente de que a cena descortinada corresponde realmente à realidade lá fora. A armadilha é pensar que a figura de autoridade atua de maneira independente e expressa perspectivas pessoais. De fato, essa pessoa está tentando gerenciar as diferentes forças em atuação e o que se observa é uma resposta às pressões a que está sujeita.

Ao interpretar a figura de autoridade, é preciso procurar não apenas mudanças de visão sobre questões relevantes, mas também avaliar onde se situa a autoridade no rebuliço decorrente de seu desempenho como líder ou como agente de mudança. Em geral, num sistema organizacional, ninguém está mais sintonizado com os níveis de ansiedade do que a pessoa em mais alta posição de autoridade, pois uma de suas atribuições básicas é controlar os desequilíbrios e restaurar a ordem. Em outras palavras, as figuras de autoridade estão conectadas aos nós de um sistema social e são sensíveis a quaisquer distúrbios. Não apenas atuam como indicadores da estabilidade social, mas também se empenham para restaurar o equilíbrio, se as iniciativas de mudança forem muito longe.

Paula, uma advogada brilhante e ambiciosa, interessava-se profundamente por política e serviços públicos. Ela foi bem-sucedida como promotora e depois como gerente sênior de um órgão do poder executivo de seu estado natal. Embora tivesse tirado um ano de licença para fazer o mestrado em administração pública, não deixou de cultivar seus contatos políticos, principalmente com o governador do estado. Com esse intuito, coordenava projetos de pesquisa, organizava os vários grupos de constituintes e promovia campanhas de levantamento de dinheiro.

Ao concluir o curso de pós-graduação, o governador a nomeou para chefiar certo órgão estadual pequeno e problemático, cuja principal função era investigar situações de malversação nos programas sociais do estado. A unidade fora objeto de denúncias pela imprensa, que a descrevia com justiça como organização com inúmeras disfunções, embora não fosse acusada de atos de corrupção sujeitos a ação penal.

O governador a encorajou a "entrar lá e limpar a área". Na mesma época, também nomeou outra pessoa de fora para assistente dela. Juntos, ambos esperavam executar o mandato de reformar a agência.

Como de costume, Paula pôs mãos à obra, mergulhando de cabeça no cargo. Não se importava com as longas jornadas e estava totalmente envolvida com o trabalho. Também gostava da posição em si de chefe da agência e apreciava os adornos do cargo, como o carro oficial e a grande sala. Mas à medida que avançava, começou a sentir resistência, tanto em cima como embaixo. Junto com a Polícia Estadual e outros órgãos de aplicação da lei, a agência de Paula estava instalada no Departamento de Segurança Pública. Assim, a cultura da agência refletia os valores da organização mais ampla: uma burocracia hierárquica, com orientação policial, quase paramilitar, imbuída da mentalidade "não faça marola". Nessas circunstâncias, ela era vista como agente de mudança civil, que forçava as pessoas a trabalhar mais duro do que de hábito e a adotar novos procedimentos e condições de trabalho. Alguns indivíduos dentro da agência e muitos outros na organização mais ampla começaram a ressentir-se de sua atuação, sobretudo quando suas histórias de sucesso apareciam na imprensa.

Ao sentir a resistência dos burocratas acima e abaixo, ela forjou uma aliança com o chefe do sindicato que representava alguns de seus funcionários. Além disso, também confiava em seu assistente, que compartilhava com ela o mesmo programa de ação e que concebera e gerenciara alguns de seus primeiros êxitos, inclusive com a imprensa.

Gradualmente, mas de maneira cada vez mais perceptível, ela era alvo de vazamento de informações e de críticas internas. Seus relacionamentos com o chefe do sindicato foram interpretados como amizade pessoal e, em breve, surgiam rumores de que também tinham o seu lado sexual.

Embora ainda contasse com o apoio do gabinete do governador, ele próprio ficou menos acessível. Ela sabia como ele era ocupado e não interpretou a situação como algo pessoal, ao mesmo tempo em que considerava o apoio do seu staff como sinal para continuar avançando.

E, assim, prosseguiu nessa situação instável e tensa durante algum tempo. Então, a imprensa publicou um artigo sobre as ausências injustificadas do chefe do sindicato ao trabalho, com insinuações de que ela estava a par da situação, se é que de fato não a aprovava. Pouco tempo depois, o gabinete do governador começou a soltar indiretas a Paula para que ela procurasse outro emprego. Logo depois ela saía, aceitando um cargo de chefe do departamento jurídico de um órgão estadual obscuro. Em breve, abandonava completamente o governo.

Como qualquer pessoa em posição de autoridade, o governador reagiu a uma ampla gama de interesses, dentro e fora do governo, afastando-se dela como reação à ansiedade que ela criara no sistema. Ele não queria opor-se às reformas de sua auxiliar, mas também sentia as enormes pressões para reduzir a inquietação naquele departamento. Se ela tivesse interpretado o comportamento do governador como sinal da intensidade do tumulto resultante de suas iniciativas, em vez de apenas como um aspecto de seu relacionamento com ele, talvez tivesse conseguido recuar a tempo, esperar que a situação se acalmasse, para depois reagrupar suas forças e avançar de novo.

A política influencia o comportamento dos executivos, tanto nas empresas quanto no governo. Por exemplo, Daniel chefia o programa de treinamento de um conglomerado financeiro que domina o setor de serviços financeiros em rápido crescimento nos estados do Meio-Atlântico (Nova York, Pensilvânia, Nova Jersey, e, geralmente, Delaware e Maryland). O sentimento predominante na organização era que, não obstante seu grande êxito, a empresa corria o risco de ser engolfada por corporações maiores ou deslocada de seu nicho por butiques financeiras, que fornecem faixas de produtos mais estreitas, mas oferecem níveis mais elevados de customização e de serviços pessoais. A CEO estimulou Daniel a desenvolver programas de treinamento que desafiassem as pessoas e preparassem a gerência sênior para a turbulência dos dias vindouros, em decorrência das mudanças de paradigma.

Daniel interpretou literalmente as palavras da CEO e promoveu iniciativas de treinamento que empurravam as pessoas para bem além de suas zonas de conforto, levando-as a analisar seus hábitos e a questionar seus alardeados pressupostos a respeito da própria capacidade de liderança. Além disso, promoveu programas de treinamento que as testava sob os pontos de vista físico e emocional, da mesma maneira como o fazia quanto aos aspectos intelectuais. E, ainda por cima, desafiou-as com a ideia de que, se não reavaliassem seus hábitos testados e comprovados, talvez não conseguissem manter-se na organização, à medida que a empresa se expandia em ritmo acelerado e alcançava novos níveis de complexidade. Apesar de alguns *feedbacks* negativos, a CEO continuava a respaldá-lo.

Daniel nunca percebeu, contudo, que ela o cumprimentava com menos frequência em público e que não mencionara seu programa de treinamento no relatório anual. Evidentemente, ela não podia deixar de reagir às críticas que eram feitas a ele por alguns dos treinandos em nível de gerência sênior. O que ele finalmente percebeu foi o corte de suas verbas para treinamento no ano seguinte. Ao levantar o assunto com a CEO, ela afirmou que a medida era parte de um corte mais amplo, com o objetivo de reduzir os custos das "atividades que não geravam receitas". Mais uma vez, em termos individuais, ele ainda achava que ela lhe dava apoio total. Por fim, quando Daniel começou a interpretar o comportamento dela como reflexo da ansiedade que seu trabalho vinha gerando em toda a organização, ele se deu conta de que havia forçado demais, de que tinha ido longe demais, criando tanta tensão que a CEO precisava restaurar a estabilidade, esvaziando um pouco os seus programas de treinamento.

Assim, ele nunca conseguiu deslanchar suas iniciativas mais radicais. Seu projeto falhara, em parte, porque ele, como Paula, não fora bastante sensível ao interpretar a figura de autoridade, de modo a avaliar sua tolerância em relação ao nível de desconforto que estava criando na comunidade como um todo.

Em tempos de tensão adaptativa, os grupos exercem pressão sobre os indivíduos em posição de autoridade para eliminar suas causas aparentes. Assim, o comportamento das figuras de autoridade fornece importantes pistas quanto aos níveis de ansiedade da organização e quanto a seus métodos usuais para restaurar o equilíbrio.

Por exemplo, numa empresa em rápido crescimento, fundada há vinte anos, que conhecemos bem, o novo CEO, Jerrold Petrey, logo começou a focar o orçamento como questão central com que se defrontava a organização. Embora os problemas orçamentários fossem muito reais, eles eram consequência, em maior profundidade, da relutância ou da incapacidade da organização de extinguir questões e controvérsias fundamentais sobre sua identidade, propósitos e prioridades. A organização dividia-se em duas facções, cada uma achando que representava os valores essenciais e a principal fonte potencial de sucesso no futuro. Uma das facções queria que a empresa reforçasse seu compromisso com a principal linha de produtos, que dominava o mercado e era responsável por seu sucesso inicial. A outra facção pretendia diversificar a linha de produtos e melhor explorar os êxitos até então alcançados, lançando novos produtos para atender aos atuais clientes. Contudo, em vez de resolver essas questões fundamentais e profundas, a empresa tentou fazer tudo ao mesmo tempo, sem exercer opções e sem promover o entusiasmo de nenhuma das facções. Em consequência, as curvas de crescimento começaram a nivelar-se.

O foco de Petrey sobre o orçamento, como problema técnico na contenção de custos, era um exemplo de como a comunidade continuava a esquivar-se da solução de suas contradições internas. A gerência sênior não era afetada pelo aperto, enquanto os níveis mais baixos do pessoal administrativo, assim como os empregados de linha de frente, pagavam toda a conta.

Quanto maior a paixão de Petrey em lidar com o orçamento como questão técnica, mais óbvio ficava que os problemas subjacentes não eram bem aqueles. A observação de pessoas em posição de autoridade, como Petrey, pode fornecer sinais não só sobre os níveis de ansiedade, mas também sobre as próprias causas da ansiedade no sistema como um todo.

Quando a figura de autoridade numa organização ou comunidade, mesmo numa grande comunidade como um país, se comporta de maneira inusitada, é sempre tentador personalizar a interpretação desse comportamento. Contudo, achamos que é igualmente provável, se não mais provável, que a conduta observada seja reação a pressões exercidas sobre a figura de autoridade pelos principais constituintes, como a gerência sênior, no caso de Petrey. Ao procurar exercer funções de liderança numa organização, observe atentamente a figura de autoridade. Que pistas o comportamento dele ou dela oferecem sobre o que está ocorrendo no sistema social em resposta às suas iniciativas e às outras pressões adaptativas?

Os indivíduos em posição de autoridade, como Petrey, o chefe de Daniel e o governador, gostam de ver a si mesmos como fomentadores da inovação, como gerentes modernos que capacitam seus subordinados para a ação, em vez de como criaturas políticas, limitadas pela resistência de facções aferradas à velha ordem. Assim, continuam a exaltar da boca para fora o pessoal das trincheiras, que enfrentam a dura realidade, até muito depois de já estarem cedendo às pressões para restringir a intensidade das mudanças.

Observe-os com cuidado e interprete seus comportamentos como reflexo do sistema. Às vezes é o caso de recuar, arregimentar aliados, cooptar, ou tentar flanquear a oposição. Em todo caso, atitudes frias da figura de autoridade são indícios de resistência da organização mais ampla às iniciativas desafiadoras e, assim, fornecem pistas fundamentais para liderar e sobreviver.

• • •

A liderança é a arte do improviso. O líder pode dispor de valores abrangentes, de princípios claros e norteadores e até mesmo de um plano estratégico, mas o que fazer a cada momento não é parte do roteiro. Para ser eficaz, é preciso reagir aos acontecimentos em tempo real. Retornando à nossa metáfora, é necessário ir e voltar o tempo todo entre o camarote e o salão de baile, ininterruptamente, durante todo o dia, semana, mês e ano. Deve-se atuar, recuar e avaliar o resultado da ação, reformular o plano, retornar ao salão de baile e fazer a próxima investida. Para tanto, é preciso preservar uma atitude mental de diagnóstico constante da realidade cambiante.

Como descreveu o general Dwight D. Eisenhower, depois de liderar a invasão bem-sucedida da Normandia no Dia D, a primeira coisa que ele teve de fazer quando as tropas atingiram as praias foi jogar fora o plano de ação. Por outro lado, afirmou que jamais teriam chegado às praias sem todo aquele planejamento minucioso. Isso porque as estratégias e táticas, em geral, nada mais são do que as melhores estimativas de hoje. Amanhã, descobrem-se os efeitos imprevistos das ações e ajustam-se as reações aos eventos inesperados.

Assim, a sustentação da liderança exige primeiro e acima de tudo a capacidade de observar o que está acontecendo com a própria liderança e com as iniciativas em andamento. Isso requer disciplina e flexibilidade e é algo muito difícil. O líder está imerso na ação, respondendo ao que está bem à sua frente. Ao afastar-se para melhor visualizar a situação, o desafio consiste em perceber e interpretar com exatidão a nova visão à distância. É preciso ouvir o que se diz, mas não interpretar literalmente as palavras. Diferentes grupos querem que o líder assuma seus pontos de vista. Muitas pessoas pressionam o líder para compreender suas motivações e comportamentos em seus próprios termos. Desenvolver explicações alternativas, ouvir a canção por trás das palavras, é algo intrinsecamente provocante, mas necessário, caso se pretenda abordar os verdadeiros riscos, receios e conflitos.

Preste muita atenção às principais figuras de autoridade. Interprete suas palavras e comportamentos como indícios dos efeitos que se está exercendo no grupo como um todo. Por meio deles, chegue aos constituintes que estão exercendo pressões em diferentes sentidos. Não se limite a personalizar as percepções imediatas. Interprete as atitudes das autoridades a fim de pautar as estratégias e táticas de avanço.

4

Pense Politicamente

Uma das qualidades diferenciais das pessoas bem-sucedidas que exercem a liderança em qualquer campo é a ênfase nos relacionamentos pessoais. A afirmação é decerto verdadeira para quem ocupa cargos eletivos, situação em que os relacionamentos pessoais são tão vitais quanto o oxigênio. No caso dos políticos, os méritos de uma causa e a estratégia para promovê-la são relevantes, mas não fundamentais. O recurso crítico é acesso, e, assim, a atenção se concentra na construção e preservação de redes de contatos a quem recorrer, com quem trabalhar e a quem envolver no tratamento das diferentes questões. Os políticos capazes sabem muito bem, com base em suas próprias experiências, que no dia a dia da vida pessoal e profissional, a natureza e a qualidade das conexões dos seres humanos uns com os outros é mais importante do que qualquer outro fator na determinação dos resultados.

Seis aspectos essenciais merecem destaque para que se pense politicamente no exercício da liderança: um é o tratamento dos aliados, outro é o gerenciamento dos opositores, os quatro restantes têm a ver com a maneira de trabalhar com os não comprometidos, mas preocupados — as pessoas que ainda estão em cima do muro, preparando-se para a ação.

Encontre Parceiros

Encontrar parceiros é, em geral, mais fácil de falar que de fazer. Tanto a própria facção do líder quanto as demais não hesitarão em deixá-lo assumir sozinho o desafio. O próprio grupo que apoia o líder primeiro quer conhecer a firmeza do solo antes de ir adiante. Por que arriscariam o pescoço? E se a ruptura do *status quo* for muito grande, as outras facções se desvencilharão do líder com mais facilidade, caso não conte com o apoio de parceiros.

Com efeito, é possível que pressões internas, nas próprias entranhas do líder, resistam à coalizão de forças. Os parceiros talvez pressionem por suas ideias, comprometendo as do líder; as conexões envolvem tempo, retardando o avanço; e o trabalho com o grupo talvez dilua a liderança individual — uma séria desvantagem para quem valoriza o crédito pessoal ou para quem pretende reafirmar sua competência perante si próprio e terceiros.

Nosso amigo Jack está tentando desenvolver uma nova organização de pesquisa e treinamento em torno de um conjunto de ideias na área de gestão. Já levantou fundos suficientes para iniciar o programa e para desencadear um conjunto básico de iniciativas que se estenderiam durante vários anos. O empreendimento tornou-se de conhecimento público e Jack passa boa parte do tempo esmiuçando ofertas de ajuda e propostas de parcerias. E-mails, cartas e telefonemas chegam aos borbotões de associados e colegas que pretendem participar do empreendimento. Em meio a tudo isso, ele se sente dilacerado. Mais do que ninguém, Jack está consciente de que não pode fazer tudo sozinho; porém, também está convencido de que algumas dessas pessoas desfocarão a nitidez de sua visão, retardarão seu progresso e o desviarão de seus propósitos essenciais. A organização que tem em vista deve ser flexível e aberta, mas não está disposto a diluir o poder de suas ideias, que vêm sendo formuladas há vinte anos.

M. Douglas Ivester também passou por essas pressões internas no sentido de agir por conta própria. Nasceu em 1948, filho de um supervisor de fábrica numa pequena cidade da Geórgia. Formou-se em contabilidade e iniciou sua carreira na Coca-Cola, como auditor externo, juntando-se à empresa em tempo integral em 1979. Trabalhador incansável, chegava à fábrica todos os dias às 7 horas, inclusive aos domingos. Rapidamente galgou a hierarquia organizacional, pela encosta das finanças, resolvendo todo e qualquer problema financeiro que lhe fosse apresentado, não importa o grau de complexidade. Sempre conseguia tirar um coelho da cartola. Em 1985, aos 37 anos, foi nomeado CFO (principal executivo financeiro). Na nova função, continuou a brilhar, criando práticas e métodos contábeis que contribuíram para melhorar os resultados financeiros e para aumentar a participação no mercado. Em seguida, ampliou sua visibilidade e experiência na empresa, transferindo-se para o lado operacional, onde estudou novas técnicas de gestão e contratou professores particulares para preencher as lacunas em seu próprio treinamento. Mas seus hábitos não mudaram: trabalhar longas jornadas e atentar para os mínimos detalhes ("ética de trabalho de oito dias por semana", na descrição da revista *Time*)[1]. Quando o lendário CEO da Coca-Cola morreu de câncer de pulmão, em outubro de 1997, o Conselho de Administração em menos de quinze minutos nomeou Ivester, então COO (chief operating officer), para preencher a vaga.

Como CEO, Ivester atuou com a mesma paixão e envolvimento. Nenhum problema era pequeno demais para a sua atenção. Warren Buffet, conselheiro da Coca-Cola, conta a história de, por acaso, ter comentado com Ivester que a pizzaria favorita de seu neto servia Pepsi, para logo descobrir, antes do próximo encontro entre os dois, que a nova bebida do lugar era Coca-Cola.

Ivester abraçou a ideia de ir ao extremo sozinho. Resistiu às pressões do Conselho de Administração para contratar alguém que o substituísse em sua posição anterior e reduziu seus subordinados diretos de dezesseis para seis, demitindo, no processo, o afro-americano que ocupava a posição mais alta na empresa, ex-presidente da câmara de vereadores de Atlanta, onde se situava a sede da Coca-Cola. Tomava decisões sobre investimentos, sobre pessoal e sobre relações com a mídia sempre compatíveis com a estratégia obsessiva de promover o crescimento contínuo da organização e o aumento constante da fatia de mercado da empresa. Mas suas iniciativas nem sempre levavam em conta os interesses às vezes contrários da "grande família" de engarrafadores, de políticos e até mesmo de clientes. Por exemplo, ele comentou com a imprensa o desenvolvimento de uma nova *vending machine* que poderia ser programada para ajustar os preços — ou seja, aumentá-los — em dias muito quentes, quando a demanda fosse muito grande, sem levar em conta os efeitos desastrosos de tal declaração para os consumidores. E quando uma criança belga ficou doente depois de beber produtos Coca-Cola, Ivester achou melhor dispor de mais informações, antes de voar para o local do acidente e pedir desculpas à população. Quando ele, por fim, chegou lá, a reputação da empresa já recebera um grave golpe, exatamente no momento em que tentava convencer os reguladores europeus a aprovar aquisições de outras empresas, que vinham sendo combatidas pela Pepsi e por outros fabricantes locais.

Depois de apenas dois anos no cargo, Ivester já se afastara de cada um de seus principais constituintes, inclusive do próprio Conselho de Administração. E, enquanto tentava fazer tudo sozinho, os resultados da Coca-Cola não melhoravam. Apesar dos sinais de fumaça, ele continuou a insistir com os conselheiros no sentido de que, se o deixassem fazer tudo sozinho, ele seria capaz de tomar as melhores decisões — tudo por conta própria, como sempre fora, trabalhando longas jornadas e atacando todos os problemas pessoalmente, com o poder de seu intelecto e energia. O Conselho de Administração discordou e o forçou a demitir-se em dezembro de 1999, mal chegara ao terceiro ano de seu mandato.

Essa dinâmica inconsciente é, na verdade, uma realidade sistêmica no mundo moderno. Por mais óbvia que fosse para Jack e para Douglas Ivester a impossibilidade de continuarem sozinhos, ambos estavam sujeitos a incentivos formidáveis e irresistíveis, em seu próprio interior e ao seu redor, empurrando-os para atuar por conta própria.

Mas essa não é uma boa ideia. Os parceiros são fontes de proteção, além de criarem alianças com outras facções, que não os membros da parceria, para apoio recíproco. Os parceiros reforçam-se uns aos outros e às respectivas iniciativas. Quando se conta com parceiros, não se depende apenas do poder lógico dos próprios argumentos e evidências, desenvolvendo-se, além disso, o poder político. De mais a mais, ao se considerar a validade de outros pontos de vista, aprimora-se o conteúdo das próprias ideias — sobretudo quando se incorporam perspectivas radicalmente diferentes das próprias. Isso é ainda mais importante quando se promove uma causa difícil ou se enfrenta um conflito de valores.

Mas encontrar os parceiros certos às vezes é difícil. Por quê? Porque a formação de parcerias significa abrir mão de alguma autonomia, fazendo com que os parceiros potenciais desenvolvam alguma relutância. Ademais, a construção da confiança leva tempo e exige perseverança, para que as partes se movimentem de maneira produtiva em meio aos conflitos. Mas sem o trabalho conjunto, o esforço isolado envolve riscos ainda maiores.

Sara vivia no Meio-Oeste e desfrutava de considerável prestígio profissional como projetista de jornais e revistas. Um dia, um grande jornal do

Nordeste, de muito sucesso, a contratou para reformular completamente o produto e para converter o design em fator de decisão em toda a organização — empreendimento que alteraria a cultura do jornal, não apenas o seu aspecto externo. O próprio editor-chefe patrocinou seu recrutamento e contratação, pois sabia que chegara a vez da era visual e estava consciente de que a condição para conseguir não só promover o crescimento e a prosperidade do jornal, mas também convertê-lo em instituição respeitada em todo o país era modernizar a sua aparência.

Mas a ideia de uma grande reformulação no design do jornal entrava em choque com a cultura da empresa e representava uma ameaça para os jornalistas e editores. Para eles, os designers deixavam o jornal "bonitinho", o que, por sua vez, o tornava fofo e leve. Eles receavam que, com isso, as verdadeiras matérias jornalísticas perdessem espaço para fotografias, ilustrações e, o pior de tudo, para espaços em branco, tudo no interesse da estética e da indulgência com os leitores. Com a reformulação, tudo estaria sujeito a protocolos, como o layout das páginas, o tamanho dos títulos, a escolha dos tipos e o uso de legendas. As primeiras páginas dos vários cadernos teriam de ser planejadas mais cedo do que antes. O staff editorial receava que o novo design tolhesse a independência, a experiência e a intuição, ou seja, a essência do verdadeiro jornalismo diário. O arbítrio relativamente ilimitado dos redatores e editores estaria comprometido para sempre.

Sara e o editor-chefe não tinham ilusões. Sabiam que a jornada seria árdua. E ele estava consciente de que teria de apoiá-la em tempo integral e atuar como para-raios contra as críticas de que ela sem dúvida seria vítima. Sem a ajuda dele, ela jamais promoveria as mudanças profundas, envolvendo valores arraigados, na maneira como o pessoal do jornal compreendia o seu trabalho.

Sara também sabia que, mesmo com o apoio do editor-chefe, as pessoas que não acreditassem na iniciativa atacariam qualquer vulnerabilidade que ela deixasse transparecer. Embora não quisesse ficar no mesmo jornal para o resto da vida, realmente pretendia deixar para trás um empreendimento duradouro. Se não planejasse todos os passos com muito cuidado, seus opositores facilmente desfariam qualquer inovação que ela viesse a introduzir no visual tradicional. Assim, precisava descobrir uma maneira de garantir que seu trabalho não seria desfeito depois que saísse de cena.

Ademais, ela estava consciente de que a parceria com o editor-chefe era necessária, mas não suficiente. Ele a apoiaria se ou enquanto o calor não se tornasse intenso demais, a ponto de colocar em risco sua própria autoridade. Ela também sabia que a tolerância dele em relação à temperatura dependeria, em parte, do apoio adicional que ele viesse a conquistar para as iniciativas renovadoras. Assim, partiu em busca de mais parceiros, identificando e arregimentando as poucas pessoas em nível sênior que também reconheciam a importância do design. Ela os mantinha sempre informados e alguns deles se converteram em aliados confiáveis.

Além disso, e talvez ainda mais importante, ela resistiu à tentação de reciclar os atuais empregados, sobretudo os da equipe de layout, para que se tornassem designers. Em vez disso, recrutou gente de fora, contratando com o máximo de rapidez possível tantas pessoas quanto aprovadas pelo editor-chefe e correndo atrás dos melhores e mais brilhantes desenhistas gráficos disponíveis no mercado. Por fim, construiu um bom quadro de assistentes, totalmente comprometidos com o projeto, que não teriam de sobrepujar a bagagem cultural de seus antecedentes no jornal.

Sara sobreviveu durante muitos anos e seu sucesso foi inquestionável. Ao sair, deixara o design profundamente entremeado no tecido da organização. Agora, praticamente todos na empresa aceitam a ideia de que parte do desafio diário de produção de um jornal é a sua aparência atraente. De um modo geral, os designers mantinham uma rotina de trabalho colaborativa, embora nem sempre amistosa, com os jornalistas e editores. Mesmo depois de sua partida, seus antigos detratores não conseguiram reverter suas mudanças, pois ela deixara atrás de si não só um jornal com aparência muito diferente, mas também uma cultura que pouco tinha a ver com a anterior: um grupo de jovens designers inteiramente integrados na organização e decididos a manter o ímpeto inicial.

Seus parceiros, tanto no departamento de design, como os poucos no lado das notícias, ampararam-na em alguns momentos difíceis, mantiveram-na à tona durante muito tempo e garantiram que suas realizações perdurariam depois de sua partida. Ela jamais teria feito tudo isso sozinha.

Durante todo o seu tempo de serviço na empresa, Sara atuou com muito pouca autoridade formal, decerto não o suficiente para promover a mudança cultural almejada. Seus parceiros — os aliados no apoio ao design — garantiram-lhe algum espaço de manobra, ou seja, alguma autoridade informal para desbravar novos territórios. Contudo, mesmo as pessoas imbuídas de grande autoridade e de poderosa visão precisam de parceiros quando tentam promover mudanças profundas na comunidade.

Robert Moses, às vezes chamado o maior construtor de obras públicas desde a família Medici, aceitou o desafio de mudar a face da cidade de Nova York na década de 1930. Sua visão era criar um sistema de grandes parques, amplas vias públicas, orlas marítimas, além de várias pontes e viadutos, tudo coordenado, integrado e projetado para atender às necessidades e desejos da crescente classe média da cidade. Em face de todas as suas realizações, desenvolveu enorme autoridade formal. Durante sua carreira, acumulou formidável base de poder, exercendo várias funções em nível de governo estadual e de prefeitura municipal. Além disso, promoveu suas ideias com tanta habilidade retórica e persuasiva que seus chefes políticos concederam-lhe poderes cada vez maiores. A legislatura estadual, por sua vez, outorgou-lhe autoridade para fazer desapropriações e amplo poder discricionário sobre vastas somas de dinheiro, decorrentes da receita com a cobrança de pedágio.

Contudo, Moses compreendeu que, não obstante todo o seu poder e recursos, ele seria incapaz de promover mudanças revolucionárias sustentáveis sem importantes parcerias. A oposição contra ele também era grande. Outras pessoas e outros interesses também queriam pôr as mãos nas colossais somas de dinheiro sob seu controle. Desenvolviam-se projetos concorrentes para os parques e os proprietários cujas casas e escritórios se erguiam no caminho de seus planos de reurbanização combatiam-no com todas as armas e meios. Todas as suas ideias sempre representavam uma perda para alguém.

Como sua primeira grande iniciativa, Moses criou uma praia pública em Long Island — que veio a ser a Jones Beach. O novo empreendimento foi entalhado em terras possuídas por famílias ricas e bem relacionadas, que compunham um punhado de grandes propriedades imobiliárias. Boa parte desse pessoal opôs-lhe ferrenha resistência, ainda que fracassada, ante o horror de que suas reservas exclusivas fossem transformadas em áreas acessíveis a milhares de plebeus. E não foram poucos os que simplesmente perderam suas propriedades, ao serem atropelados pela fúria expropriadora de Moses.

Ao deslocar-se para Manhattan e Bronx, Moses deparou-se com resistência ainda mais obstinada. As pessoas cujas residências e empresas ele queria desapropriar opuseram-lhe guerra sem quartel. Eram adversários mais astutos que a pequena nobreza de Long Island, além de mais numerosos. As comunidades estreitamente entrelaçadas que foram atingidas por seu rolo compressor organizaram-se para combatê-lo. E os defensores de outros interesses — educação, serviços sociais e congêneres — também se opunham a seus projetos com a força de seus grupos bem estabelecidos. Em conjunto, eles representavam ameaça bem maior para a visão de Moses, embora, individualmente, não fossem tão ricos ou poderosos quanto os grandes proprietários de Long Island.

Moses possuía muito mais poder formal em sua comunidade do que Sara na dela. Entretanto, também ele compreendeu que, mesmo com toda a sua autoridade legal e com todos os seus recursos financeiros, ele seria incapaz de concluir seus projetos sozinho, com o apoio apenas de suas próprias facções: seus empregados, empreiteiros e os que compartilhavam sua visão.

Assim, não poupou esforços para encontrar outros parceiros. Para tanto, explicou sua visão aos jornais. Explorou todos os meios à sua disposição para criar alianças com as principais figuras políticas. Desenvolveu relacionamentos com pessoas de nível médio em outros órgãos, que compraram suas ideias; elas, por sua vez, forneciam-lhe informações privilegiadas, para que ele pudesse resistir às tentativas de descarrilamento de seus projetos. Ele sabia da iminência dos ataques; pessoas bem-intencionadas, com perspectivas muito divergentes, queriam detê-lo. Apesar de todo esse esforço em busca de parcerias e alianças, ele não pretendia ser popular. Até mesmo alguns de seus parceiros não gostavam dele pessoalmente, mas acreditavam no que tentava fazer.

Como Sara, Moses compreendeu que, por maior que fosse seu poder formal, ele necessitava de parcerias com figuras de autoridade seniores, como condição de sobrevivência e sucesso. No caso de Sara, foi seu editor. No caso de Moses, foram o governador do Estado de Nova York e o prefeito da cidade de Nova York. Nenhum dos dois poderia ter realizado nada de significado duradouro sem essas parcerias.

Ambos também compreenderam outra ideia essencial: os parceiros que são membros da facção para a qual a mudança é mais difícil podem fazer enorme diferença. Desde o início, Sara contava com umas poucas pessoas na sala de redação, que valorizavam o design. Moses tinha aliados em outros órgãos municipais e estaduais. Esses parceiros não só forneciam informações básicas e possibilitavam que cada um monitorasse o que estava acontecendo nos bolsões de resistência, mas também eram advogados muito mais eficazes e para-raios muito mais úteis dentro dos próprios campos do que Sara ou Moses teriam sido nas respectivas searas.

A identificação dos verdadeiros parceiros — pessoas tanto dentro como fora da própria organização que compartilham as mesmas metas — consome muito tempo e energia. Contudo, o esforço vale a pena. CEOs bem-sucedidos, como Jack Welch, e Leslie Wexner, da The Limited, referiram-se a si mesmos como principais executivos de pessoal de suas empresas, no sentido de que conseguir as pessoas certas para as equipes certas são a prioridade e a responsabilidade número um. Mas também compreenderam que as parcerias não são ilimitadas, incondicionais e universais.

Os aliados naturais concordam entre si quanto às respectivas questões e estão dispostos a lutar por elas, mas a aliança não significa que os parceiros abandonarão todos os outros compromissos. Sem dúvida, os diferentes aliados ainda mantêm muitos outros relacionamentos e identidades como membro leal de diversos grupos. Essa multiplicidade de relacionamentos é positiva. Afinal, os aliados de outras facções dentro e fora da organização oferecem enorme ajuda ao trabalhar dentro de suas alianças em favor das questões de aliados de outras alianças. A promoção da mudança exige que se mova além das próprias facções, além dos próprios constituintes, de seus "crentes verdadeiros". O uso eficaz dos aliados requer que se esteja consciente desses outros compromissos. Ao não levar em conta ou esquecer da influência deles sobre os parceiros, corre-se o risco de solapar a própria eficácia e destruir a aliança.

Tom Edwards e Bill Monahan trabalhavam em diferentes áreas de uma empresa industrial no Nordeste dos Estados Unidos. Tom, de tecnologia da informação, encontrara em Bill, de vendas, um aliado confiável para empurrar a organização rumo ao mundo em alta velocidade da tecnologia da informação. Bill não só promoveu a adaptação da TI em seu próprio grupo, mas também contribuiu para a credibilidade de Tom em toda a organização.

Tom e Bill também eram bons amigos, e suas famílias mantinham bom relacionamento social. Uma noite, durante um jantar, Tom conversou com Bill sobre sua estratégia para conseguir que a equipe da alta gerência aprovasse a compra de um novo sistema de gestão da informação numa reunião que se realizaria no dia seguinte. Em longo prazo, o novo sistema proporcionaria à empresa economias de milhões de dólares, mas, no curto prazo, a implementação exigia uma transição difícil e dolorosa, na qual algumas pessoas, inclusive de vendas, provavelmente perderiam o emprego.

Depois daqueles comentários sobre seu plano, Tom sentiu certa frieza em Bill e perguntou-lhe se algo o incomodava. "Preferiria que você não me tivesse dito isso", respondeu Bill. "Preciso proteger meu pessoal contra o risco de demissão e agora você me deu algumas informações importantes sobre como agir antes da reunião de amanhã."

No final das contas, Tom não deixou de contar com aquela aliança, pois Bill expusera-lhe abertamente seu conflito de lealdades. Nenhum dos dois abriu mão de suas convicções, mas o relacionamento era sólido e eles foram capazes de analisar em profundidade suas posições antagônicas em conversas longas e, às vezes, difíceis. No entanto, o mais comum nesses casos é que um aliado como Bill apenas escute as revelações, vá para casa e se torça e contorça toda a noite, pensando no que fazer no dia seguinte. Com quem ser desleal? Por fim, é bem possível que ele seja tentado a exercer a opção mais fácil, que seria manter a lealdade em relação ao grupo de vendas e, no interesse deles, abandonar Tom. Enquanto isso, a pessoa no lugar de Tom talvez comparecesse à reunião supondo que tivesse construído todos os alicerces, apenas para descobrir que seu aliado também fizera a sua parte e estava agindo para descarrilar o projeto.

Isso acontece a toda hora. Você já participou de alguma reunião e descobriu que houve uma "pré-reunião" para a qual não fora convidado? A "pré-reunião" permitiu que, na reunião final, os participantes minimizassem seus conflitos internos, constituíssem uma frente unida e o deixassem isolado.

Nessas situações, é um erro prosseguir sozinho. Fazendo o mesmo tipo de dever de casa, é possível aumentar suas chances de sobrevivência e de reforçar suas ideias. Atue de maneira que, na próxima reunião, você seja a pessoa que deu os telefonemas prévios, testou as águas, refinou suas abordagens e alinhou os aliados. Mas, no processo, deixe claro o que está pedindo aos parceiros potenciais. Conheça as alianças e lealdades dos aliados, de modo a se conscientizar até que ponto pretende que se distendam para dar-lhe apoio.

Mantenha-se perto da oposição

Como diretor executivo de uma organização local sem fins lucrativos, Pete construía e mantinha abrigos para pessoas sem teto e fisicamente incapazes, num subúrbio de classe média alta, no sul de Connecticut. Seus antecedentes registravam sucessos extraordinários. Ele planejava cada projeto cuidadosamente, desde a concepção até a aquisição dos terrenos e a construção dos prédios. Além disso, atuava com sensibilidade política. Em consequência, angariou forte apoio de servidores públicos eleitos e nomeados no governo da cidade.

Agora, ele avançava numa direção um pouco diferente. Seu intuito era criar um asilo destinado a portadores de doenças mentais, residentes na cidade, para que se dispusesse de outra opção, além de enviá-los para instalações de tipo hospitalar, em locais distantes, ou deixá-los morar na rua. Os residentes potenciais eram pessoas estáveis, mas não tinham condições de alugar ou comprar imóveis na comunidade de alta renda. A organização de Pete já possuía as terras que ele tinha em vista, um lote numa importante rodovia, perto de um restaurante McDonald's que servia a uma área residencial. Uma casa de reabilitação, que vinha funcionando sem incidentes havia mais de quinze anos, ocupava os fundos do lote.

Pete procurou o executivo eleito da cidade e recebeu apoio para entrar com um pedido de subsídio pelo Departamento de Habitação e Desenvolvimento Urbano dos Estados Unidos, com vistas à construção de oito abrigos permanentes no local. Depois disso, ele precisava superar apenas mais um obstáculo administrativo: aprovação da comissão de planejamento e zoneamento urbano.

Para tanto, Pete realizou boa parte do trabalho preliminar. Procurou e recebeu forte apoio das elegantes lojas de roupas, de propriedade local, ao longo da rodovia. Articulou-se com os burocratas na prefeitura. A presidente do Comitê de Planejamento e Zoneamento disse a amigos comuns que era favorável ao projeto. A concorrência entre arquitetos gerou um projeto criativo, demonstrando como seria possível construir a baixo custo habitações acessíveis, mas atraentes, no local. Em seguida, conforme determinava a legislação, Pete notificou os vizinhos, enviando-lhes uma carta em que descrevia seus planos.

O Comitê de Planejamento e Zoneamento reunia-se uma vez por mês. Pete preparou-se para a reunião de fevereiro, de cuja agenda fazia parte seu projeto. Mas o comitê teve de transferir a análise para março, pois a convocação pública para a audiência fora divulgada com atraso, sem a observância da antecedência mínima de duas semanas.

Apenas dois residentes das redondezas compareceram à reunião de fevereiro, e era óbvio que estavam insatisfeitos com o plano. Pete resistira à ideia de uma reunião com a vizinhança, pois sabia que seria algo desagradável, afirmando que detestava aqueles encontros com "vizinhos zangados". Contudo, entre fevereiro e março, encontrou-se, a contragosto, com os dois indivíduos que haviam comparecido à reunião de fevereiro. Ele se lembra de que ambos foram embora "muito insatisfeitos. Eles achavam que estávamos desvalorizando suas propriedades e colocando em risco seus filhos". Decerto voltariam em março.

Na reunião de março, os dois opositores de fevereiro já eram um grupo irado de quarenta. Na sua vez de falar, opuseram-se ao projeto com muita energia e vociferação. Conforme se recorda Pete, "eles disseram que seus filhos não mais teriam segurança para ir ao McDonald's, que estávamos depreciando seus imóveis e destruindo seu único investimento significativo, e que o bairro já era uma área de despejo de lixo. Fomos chamados de irresponsáveis. Um dos presentes referiu-se a um tio esquizofrênico que constrangeu a família, ao despir-se em público".

O Comitê de Planejamento e Zoneamento rejeitou o projeto pela votação de 5-2. Agora, tarde demais, Pete começou a reunir-se com os vizinhos. Encorajados pela decisão do comitê, os residentes que compareceram aos novos encontros malharam o projeto, com tanta acidez quanto na reunião de março e com o mesmo desconforto para Pete. Os argumentos lógicos, a opinião dos especialistas externos e o apoio político e cívico local não foram muito importantes nessas reuniões. Finalmente, depois de muita pressão e desconforto, Pete retirou a proposta e sua organização partiu em busca de outro local.

Analisando os eventos, Pete deu-se conta de seu grande erro: negligenciar, de início, os residentes locais. Entretanto, ele reagira de uma maneira humana e compreensível, ao supor que havia angariado poder e apoio suficientes para levar avante seu projeto e estremeceu ante a hipótese de submeter-se ao incômodo de reuniões difíceis, contenciosas e demoradas com indivíduos que, passionalmente, discordavam de seus objetivos.

Em face de todo o apoio que havia arregimentado, ele se deixou levar, em suas palavras, "por um falso senso de invulnerabilidade. As vozes que escutei afirmavam que aquele era o procedimento correto e o lugar certo para empreendê-lo". Não só ignorou os sinais de advertência de fevereiro, como ainda desprezou os argumentos de uns poucos membros de seu próprio órgão deliberativo, que expressaram reservas.

Para sobreviver e ser bem-sucedido no exercício da liderança, é preciso trabalhar de maneira tão estreita com os adversários quanto com os aliados. Quase todos relutamos em perder tempo com e, sobretudo, em ceder aos excessos cometidos por quem não compartilha nossas visões e paixões. Muitas vezes, optamos pelo caminho mais fácil, ignorando os adversários e focando a formação de coalizões positivas. Mas, em vez de apenas reconhecermos nossas próprias ansiedades e avançarmos laboriosamente, como fez Pete, devemos interpretar essas tensões tanto como indícios da vulnerabilidade de nossa posição quanto como sinal das ameaças que representamos para as facções opositoras. Trata-se de pistas sobre a resistência a ser enfrentada, que se agravará ainda mais, caso não nos envolvamos com a oposição.

Michael Pertchuk não compreendeu esse ponto, quando se transferiu de uma posição de defesa de grupos de interesses, no Congresso americano, para outra reguladora e de formulação de políticas públicas, como presidente da Federal Trade Comission (FTC).

Pertchuk assumira a FTC com a aura de herói do movimento dos consumidores, em face de seu trabalho em Capitol Hill, como assessor jurídico do Comitê de Comércio do Senado, onde inovara continuamente, propondo, em ritmo acelerado, novos projetos e programas, quase todos convertidos em lei. Além disso, conquistou a confiança irrestrita do senador Warren Magnuson (D-WA), presidente do Comitê de Comércio, que auferiu enormes benefícios, em termos de apoio político, publicidade e prestígio, diante da popularidade de Pertchuk por suas iniciativas em benefício dos consumidores.

Na FTC, Pertchuk continuou a ver-se no papel de defensor de grupos de interesses, correspondendo às expectativas de seus constituintes do movimento dos consumidores. E, assim, saiu em campo em busca de nova causa. Em breve, descobria algo chamado "KidVid" — o controle da propaganda em programas de televisão infantis.

Estudos recentes haviam demonstrado o impacto da inclusão de altas doses de anúncios na programação de desenhos animados dos sábado de manhã sobre a mente impressionável das crianças. Descoberto o filão, Pertchuk partiu para a ação, propondo ampla legislação reguladora. Em outras palavras, escolhera um assunto e o atacara da mesma maneira como fizera em Capitol Hill.

Entretanto, em sua função de apoio no Congresso americano, todo o trabalho de Pertchuk resumia-se em contar os votos, que quase sempre eram suficientes para tudo que ele metesse na agenda. Os moderados e os democratas liberais controlavam o Congresso na época e não hesitavam em aprovar, com grande entusiasmo, leis voltadas para a defesa dos consumidores. Quando dispunha de votos suficientes para aprovar o projeto de lei, ia adiante, ignorando a oposição. Em outras palavras, passava o tempo bolando novas ideias, sem se preocupar com a obtenção de apoio.

Como a estratégia funcionara bem no legislativo, ele a adotou integralmente em seu novo papel. Assim, evitava qualquer contato com a comunidade de negócios, cujos produtos estavam sendo anunciados, pois sabia que, sem dúvida, rejeitariam sua ideia. Manteve-se afastado até mesmo das empresas de televisão, que não só tinham interesse direto no assunto, mas também o incluiriam em seus noticiários e análises. "O que eles acrescentariam", deve ter sido o seu raciocínio, "a não ser um monte de problemas?"

Ele, sem dúvida, estava certo, ao supor que reagiriam com hostilidade. Trazê-los para o processo ou deixá-los de fora não faria diferença. Mas, ao deixá-los de fora, Pertchuk contribuiu para o fracasso do KidVid. Assim agindo, ficou sem contato com os principais opositores, de fato relevantes. A proposta de Pertchuk extinguiria o principal canal dos fabricantes para chegar a seus principais clientes — as crianças. A comunidade de propaganda, por seu turno, perderia a receita resultante da criação de anúncios. E, obviamente, as grandes redes e as empresas de TV a cabo dependiam da propaganda como fonte de receita e lucro. Ao propor o KidVid, Pertchuk mexeu com todos esses grupos, quisesse ou não encará-los.

Arrancando na frente, propôs, de início, a completa proibição de propaganda durante os programas de televisão destinados a crianças. Os grupos de consumidores adoraram a ideia e aclamaram seu defensor. Com esse conluio, os principais constituintes de Pertchuk o empurraram cada vez mais para uma enrascada em que ele jamais deveria ter entrado.

A imprensa e, em especial, a comunidade de negócios reagiram com a veemência previsível. Pessoas respeitáveis manifestaram-se com toda a ênfase contra a legislação, afirmando que ela era exagerada, indo bem além das dimensões do problema. Para muitos observadores, qualquer proibição legal nesse sentido era um atentando contra a liberdade de expressão e ignorava seu impacto em termos de financiamento de programas infantis. Pertchuk comportou-se como se ainda fosse o gerador de ideias de Magnuson, não o chefe de uma agência reguladora. Até mesmo os membros do Congresso que o tinham em alta conta esperavam que ele fosse mais ponderado em sua nova função. Com muito alarde, o Congresso rejeitou sem maiores considerações a proposta de Pertchuk. Dessa maneira, a FTC sofreu sério dano em sua credibilidade, aos olhos de legisladores e advogados, assim como de pessoas de negócios, que talvez fossem simpáticos a outra proposta, mas que combateram toda a ideia, porque o plano de Pertchuk fora muito longe. Em um ano, a ideia de controlar a propaganda durante o horário de programação infantil pela televisão foi totalmente abandonada. Pertchuk perdeu legitimidade e viu-se no perigeu da decadência de sua atuação como regulador.

Os principais opositores de qualquer iniciativa ou empreendimento são, em geral, os que mais têm a perder. Em contraste, os aliados são os que menos têm a perder. Para os opositores, a mudança potencial custará caro em termos de deslealdade às próprias raízes e aos constituintes; para os aliados, elas pouco ou nada significarão. Por esse motivo, os opositores merecem mais atenção, não só por piedade, mas também por questões de estratégia e sobrevivência.

Além disso, a proximidade com a oposição facilita o trabalho de diagnóstico. Se realmente for crucial conhecer a posição das pessoas, os principais alvos, nesse caso, devem ser as que provavelmente serão mais perturbadas pela mudança.

Embora os relacionamentos com aliados e opositores sejam essenciais, também é verdade que os indivíduos mais relevantes para o sucesso ou fracasso das iniciativas são os que se situam no meio, que resistem às mudanças apenas porque afetarão suas vidas e aumentarão a incerteza quanto ao futuro. A não ser pela segurança do conhecido e pela força do hábito, seus investimentos no *status quo* são relativamente pequenos — mas não subestime o poder da familiaridade. Ao cuidar de seus aliados e opositores durante a promoção de suas iniciativas, não se esqueça dos coadjuvantes não comprometidos, mas assustados — as pessoas que sofrerão apenas o desconforto da mudança. É preciso cuidado para que sua resistência difusa não se converta em mobilização em grande escala, para derrotar a proposta de mudança. Seguem-se quatro passos que focalizam especificamente os coadjuvantes:

Assuma a Responsabilidade por sua Contribuição para a Desordem

Quando se pertence à organização ou à comunidade que se pretende liderar, também se é parte do problema. A afirmação é ainda mais verdadeira quando se foi membro do grupo durante algum tempo, como numa família. A iniciativa de abordar o assunto não libera ninguém de sua parcela de responsabilidade. Quando se ocupa uma posição sênior durante algum tempo e surge um problema, é quase certo que se contribuiu de alguma maneira para a sua criação e que se é parte dos motivos pelos quais ainda não foi resolvido. Ainda que seja novo na organização, ou não faça parte da organização, é preciso identificar os próprios comportamentos e valores pessoais que poderiam tolher a própria mudança que se tem em vista. Em síntese, é necessário identificar e aceitar responsabilidade por sua contribuição para o quadro vigente, ainda que tente mudar o pessoal para uma situação diferente e melhor.

Em nossas experiências de ensino, treinamento e consultoria, quase sempre pedimos aos participantes que descrevam de maneira sucinta, por escrito ou em apresentações orais, algum desafio de liderança que estejam enfrentando no momento, em suas vidas profissional, pessoal ou comunitária. Ao longo dos anos, lemos ou ouvimos milhares de descrições de desafios. Quase sempre, na primeira versão da história, o autor não aparece em lugar algum. O narrador afirma implicitamente: "Não tenho opções. Se pelo menos aparecessem outras pessoas, eu conseguiria fazer algum progresso."

Quando se é muito rápido em jogar a culpa nos outros, dentro ou fora da comunidade, criam-se riscos para si próprio. Obviamente, um dos riscos é errar no diagnóstico da situação. Mas também há o perigo de converter-se em alvo, ao negar que seja parte do problema e que também precise mudar. Afinal, quando se aponta o dedo para as pessoas, forçando-as a fazer algo que não querem, a opção mais fácil para elas é livrar-se do acusador. A dinâmica passa a ser o acusador contra os acusados. Mas quando se está ao lado deles, enfrentando o problema juntos e cada um aceitando sua parcela de responsabilidade pela situação, não se fica tão vulnerável ao ataque.

Leslie Wexner, fundador e CEO da The Limited, enfrentou esse desafio no início da década de 1990, quando, como ele se recorda, sua empresa começou a "girar". "Trabalhávamos duro, mas não chegávamos a lugar algum." Ele alçara a empresa a grandes alturas, passando de quatro para 175.000 empregados, mas sua estratégia inicial não estava mais gerando crescimento.[2] Depois de um terrível quarto trimestre, em 1992, a empresa passou por dois anos de maus resultados.

Wexner contratou um consultor, professor da Harvard Business School, chamado Len Schlesinger, para avaliar em profundidade os problemas da empresa e promover a reviravolta da situação.

Depois de algum tempo, o consultor voltou com três mensagens para Wexner. Primeiro, fortaleça as marcas. Tudo bem. Isso até que fazia sentido. Segundo, demita parcela considerável da força de trabalho, talvez algo do tamanho de um terço. Mas como, se desde sua fundação, em 1963, a empresa era dirigida como uma grande família? Essa parte já era quase uma heresia.

Contudo, a terceira mensagem foi a que cortou mais fundo. Schlesinger disse a Wexner que ele era parte do problema. A empresa poderia fazer a transição com ele ou sem ele, mas, na primeira opção, ele teria de assumir a responsabilidade, promovendo mudanças substanciais em suas próprias crenças e comportamentos. Sem isso, os empregados, os acionistas e o conselho de administração da empresa conseguiriam resistir com êxito às transformações necessárias.

Para Wexner, era difícil ouvir aquela recomendação. Ele fundara a empresa em 1963, com um empréstimo de US$5.000 de sua tia. Na época, era o suficiente para abrir uma loja de roupas femininas num shopping situado na periferia de Columbus, Ohio. Seu objetivo, então, era ganhar um salário de US$15.000 por ano e dispor de sobras suficientes para comprar um carro novo com um intervalo de poucos anos. As vendas do primeiro ano foram de US$165.000. A partir desse ponto, ele desfrutou de quase trinta anos de expressivo crescimento anual e sua única loja se convertera em próspero colosso varejista. Estava acostumado a receber aplausos pelo sucesso, mas não conselhos para que alijasse valores e práticas que constituíam o cerne de sua auto imagem. Além disso, aos 58 anos, questionava sua capacidade de admitir erros e de ajustar seus próprios métodos.

Wexner recorre a uma metáfora para descrever seu sentimento na época: "Eu era um atleta treinado para jogar beisebol. Até que um dia alguém me bate nas costas e diz: 'futebol'. Eu reajo: 'Não, eu sou jogador de beisebol.' Mas a pessoa insiste: 'Futebol'. De novo, retruco: 'Não sei jogar futebol. Não sou muito alto nem muito pesado.' Porém, se ninguém mais gosta de beisebol, os jogadores de beisebol perderão o emprego. Assim, olho no espelho e digo: 'Cara, ninguém quer saber de beisebol. Mude para futebol.'"

Assim, ele acreditou em Schlesinger e, dolorosamente, passou a reconhecer sua contribuição para a desordem, comprometendo-se com a reforma de si mesmo e da organização. Contratou um *coach* de executivos, para ajudá-lo a aprender novos métodos e a manter-se no rumo. Os empregados, os acionistas e os financiadores notaram a diferença. Viram as mudanças em andamento e perceberam que ele estava ao lado deles, enfrentando questões árduas, assumindo responsabilidades e riscos, e encarando um futuro incerto. Ao personificar sua própria mensagem, evitou tornar-se alvo de ataques durante todo o período de reviravolta. Seu engajamento pessoal ajudou a converter os muitos descomprometidos.

Wexner mudou, sobreviveu e prosperou. O mesmo ocorreu com The Limited. Entre 1996 e 2001, a empresa aumentou suas vendas em 50% e sua margem operacional em 4%, com mil lojas a menos e com redução da força de trabalho para 124.000 empregados.

Reconheça as Perdas

Lembre-se de que quando pede às pessoas que façam um trabalho adaptativo, está exigindo muito. Talvez esteja querendo que escolham entre dois valores, ambos importantes para a maneira como vêem a si próprias. Qualquer pessoa divorciada, com filhos, compreende essa dificuldade. A maioria de nós estremece ante a perspectiva de precisar optar entre a própria felicidade e o que é melhor para os filhos. Talvez tentemos convencer-nos de que estamos cuidando da felicidade das crianças ao terminar um casamento disfuncional ou insatisfatório, mas, em geral, os filhos não concordam com a decisão, assim como a maioria dos especialistas.

Também é possível que se esteja pedindo às pessoas que reduzam a distância entre os valores esposados e os comportamentos reais. Martin Luther King Jr. desafiou os americanos com toda a intensidade de sua retórica durante o movimento dos direitos civis nos Estados Unidos. O tratamento odioso que ele e seus aliados recebiam durante suas manifestações e demonstrações dramatizavam o hiato entre os valores americanos tradicionais de liberdade, justiça e tolerância, de um lado, e a realidade da vida para os afro-americanos, de outro. Ele forçou muitas pessoas, satisfeitas consigo próprias, por serem indivíduos decentes, que viviam num grande país, a enfrentar face a face o abismo entre nossos valores e nossos comportamentos; depois disso, ninguém podia ficar omisso. A dor de ignorar nossa própria hipocrisia machuca mais do que renunciar ao *status quo*. O país mudou.

Obviamente, isso leva tempo. Confrontar as lacunas entre nossos valores e comportamentos — as contradições internas em nossas vidas e comunidades — exige um período de perda. O trabalho adaptativo geralmente exige alguma infidelidade em relação às próprias raízes. Recomendar a alguém que deixe de lado os preconceitos é realmente dizer-lhe que alguns dos ensinamentos de seu amado avô estavam errados. Dizer a uma missionária que, em nome do amor, ela talvez esteja infligindo danos a uma comunidade nativa põe em questão o significado da própria missão. Sugerir a ela que, numa era de interdependência global, não mais se admite que comunidades religiosas concorram entre si pela verdade divina e pela salvação das almas, lança dúvidas sobre a interpretação das escrituras, que lhe foi transmitida, cheia de amor, pela família e pelos professores.

Pedir a alguém que deixe para trás algo com que conviveu durante anos e que talvez venha sendo transmitido por gerações de antepassados é praticamente um convite para que se livre do proponente, com o máximo de urgência. Não raro os líderes são alijados simplesmente por não compreenderem os sacrifícios que estão pedindo aos liderados. Como, para eles, a mudança não representa sacrifício tão intenso, eles não conseguem imaginar as dificuldades enfrentadas pelos outros. Por outro lado, o *status quo* talvez não seja tão terrível para os que estão imersos nele e é até possível que pareça muito bom em comparação com o futuro desconhecido. O exercício da liderança exige que se ajudem as organizações e comunidades a descobrir a que — e a quem — estão dispostas a renunciar.

As pessoas estão dispostas a fazer sacrifícios se compreenderem os motivos. Com efeito, os jovens vão para a guerra com a bênção dos pais para proteger valores ainda mais preciosos que a própria vida. Assim, é extremamente importante comunicar de todas as maneiras possíveis as razões para fazer sacrifícios — por que é necessário suportar perdas e reconstruir lealdades. É preciso saber que os riscos valem a pena.

Mas, além de esclarecer os valores em jogo e os propósitos mais amplos que justificam a dor, também é necessário reconhecer e identificar as perdas em si. Não basta apontar para um futuro promissor. Os liderados devem saber que o líder está consciente das renúncias a serem feitas, como condição para construir um futuro melhor. Deixe explícita sua percepção de que as mudanças e as renúncias que está exigindo deles são difíceis e envolvem valores reais. Lamurie-se com eles e celebre as perdas. Tudo isso pode ser feito por meio de uma série de declarações simples, mas geralmente requer algo mais tangível e público para convencer as pessoas de que o líder realmente compreende a situação.

Os ataques terroristas de 11 de setembro de 2001 provocaram fortes rupturas e perdas nos Estados Unidos, em geral, e na cidade de Nova York, em especial. A população de Nova York foi forçada não só a chorar as perdas, mas também a encarar uma nova realidade: sua própria vulnerabilidade. O prefeito Rudolph Giuliani pareceu captar imediatamente o esforço dos cidadãos para adaptar-se à nova situação. Seus discursos eram claros, apaixonados e iterativos, exprimindo a dor generalizada. Repetidamente, ele exortou o povo a retornar às suas atividades anteriores a 11 de setembro, a voltar ao trabalho, a usufruir os parques da cidade, a frequentar os restaurantes e teatros, embora o impulso natural de todos fosse entocar-se em casa e fugir do perigo. Mas, aos poucos, as pessoas ouviram seus conselhos. Ele também fez questão de enfatizar que estava plenamente consciente do que pedia ao povo, ao instar que resistissem à necessidade premente de cultivar a sensação de segurança pessoal, em nome de valores mais altos: não se render aos terroristas e reconstruir a cidade de Nova York. Giuliani foi ainda mais longe. Forjou o comportamento que estava sugerindo aos outros, colocando-se na trilha do perigo, indo ao Ground Zero, o ponto da explosão, repetidas vezes, escapando por pouco de ferir-se no próprio 11 de setembro, quando as torres desabaram. Em geral, a modelagem do comportamento que está pregando aos outros é em si um meio ainda mais poderoso do que apenas palavras que reconheçam suas perdas.

Modele o Comportamento

Avram era o CEO de uma fábrica de produtos químicos altamente bem-sucedida em Israel. Um dia, ocorreu uma explosão na linha de produção, matando tragicamente dois de seus empregados. Imediatamente ele partiu para a ação, cuidando da família dos trabalhadores mortos e investigando as causas do desastre. Não demorou muito para que identificasse a origem do acidente e adotasse as medidas necessárias para prevenir a repetição de algo parecido.

Contudo, por mais que fizesse, nada parecia suficiente. Muitos de seus melhores trabalhadores temiam voltar para o trabalho. Dentre os que voltaram, o desempenho não era satisfatório, pois estavam hesitantes e assustados. Eles haviam perdido a confiança na segurança da fábrica e nada que Avram dissesse tranquilizava-os o suficiente para que retornassem ao local onde os colegas morreram ou para que alcançassem os níveis de produtividade anteriores. O trauma era palpável e a produtividade despencara. O futuro da empresa parecia muito questionável.

A contragosto, Avram tomou uma decisão. Renunciou ao cargo de CEO e assumiu um posto de trabalho na linha de produção, exatamente no local onde ocorrera a explosão. Lentamente, os trabalhadores voltaram e a produção aos poucos retornou aos níveis anteriores. A empresa, por fim, deu a virada. Dez anos mais tarde, tornou-se uma das maiores de Israel, bem mais rentável do que antes do acidente.

O CEO percebera que estava pedindo aos empregados para fazer algo que parecia seguro para ele, mas perigoso para os trabalhadores. Uma vez que as duas partes viam a realidade de maneira diferente, foi difícil, de início, para ele avaliar a magnitude de seu pedido. Cientista por formação, com participação acionária na empresa, ele estava convencido de que garantira a segurança da fábrica. Mas os argumentos mais lógicos e os fatos mais irrefutáveis não seriam suficientes para aplacar o medo dos empregados. Avram precisava deixar claro que avaliava e compreendia a percepção de risco de seu pessoal, mesmo considerando infundadas aquelas preocupações. Ele tinha de reconhecer as perdas que lhes estava impondo, nesse caso, a privação do senso de segurança pessoal. Como o medo era muito grande, as manifestações verbais não eram suficientes. Ele precisava modelar o comportamento, por meio de exemplos.

Em 1972, pouco depois de deixar a posição de jovem editor gerente do *Washington Post* e inseguro quanto a seu futuro no jornalismo, o desmotivado Gene Patterson recebeu um telefonema de Nelson Poynter, proprietário do *St Petersburg Times*.[3] Poynter ofereceu-lhe o cargo de editor, com o aceno de que Patterson o sucederia como responsável por toda a empresa, que abrangia vários outros negócios de mídia. Patterson e Poynter conheciam-se havia muitos anos; encontravam-se e conversavam em eventos jornalísticos e respeitavam o trabalho um do outro. Patterson tinha interesse em dirigir um jornal e há muito era leitor e admirador do *Times*. Poynter procurava alguém que erguesse o seu jornal, já muito respeitado, para um nível ainda mais alto, transformando-o de bom diário regional em fonte de inspiração para o melhor jornalismo e em força motriz que tornasse St. Petersburg, Flórida, no que ele chamava de "o melhor lugar do mundo para viver". Ambos os editores queriam que o jornal ampliasse sua reputação de boa redação, convertendo-se em exemplo de destemor, contundência e independência em relação à tradicional elite local, atuando como arauto dos impotentes, em vez de como porta-voz dos poderosos.

Poynter e Patterson sabiam que, para atingir esses objetivos, seria preciso promover mudanças de valor na maneira como os jornalistas e outros empregados do *Times* viam a si próprios e percebiam seus papéis, assim como nas perspectivas dos leitores a respeito do jornal. Não se admitiriam vacas sagradas. As más notícias sobre a comunidade não seriam atenuadas. Os anunciantes estariam sujeitos a tanto escrutínio jornalístico quanto qualquer outra organização que exercesse poder e influência. As investigações seriam parte constante das ofertas do jornal e não se poupariam organizações e indivíduos, mesmo proeminentes, que merecessem críticas. Os staffs de notícias e editoriais não hesitariam em usar o poder do jornal para promover melhorias. Isso significava que os jornalistas e outros profissionais do jornal estariam sujeitos a pressões e controvérsias intensas.

Em 4 de julho de 1976, quatro anos depois de sua chegada no jornal, Patterson compareceu a uma festa na casa de seu bom amigo Wilbur Landrey, editor de noticiário internacional do *Times*. De volta para casa, Patterson, ao parar num sinal vermelho, amassou o carro a seu lado. O policial chamado ao local do acidente acusou Patterson de dirigir sob efeito de álcool. Patterson telefonou para Bob Haiman, jornalista veterano do *Times*, que acabara de ser nomeado editor executivo, e insistiu para que ele publicasse uma história sobre sua prisão.

Conforme o relato de Haiman, embora tentasse demovê-lo daquele intento,[4] Patterson mostrou-se inflexível. "Precisamos dessa reportagem", ele ainda se lembra das palavras do chefe. "'Tudo bem, Gene', respondi. E ele foi incisivo: 'Mande um repórter obter os detalhes na delegacia de polícia. Quero colocar essa matéria na primeira página'. Mais uma vez argumentei com ele: 'Quase todos os casos de prisão por dirigir sob o efeito de álcool, que não envolvam danos pessoais, nem mesmo resultam em abertura de processo. Mesmo que fosse o prefeito da cidade, não daríamos muito destaque ao caso e provavelmente o incluiríamos na seção local'. Patterson me deixava falar, mas não estava disposto a mudar de opinião."

Patterson sabia que, se pretendesse que o pessoal do jornal adotasse os mais altos padrões e aspirações jornalísticas, ele e Poynter teriam de servir como paradigma, ainda que a experiência fosse dolorosa. Ambos sabiam que enfrentariam resistência aos novos padrões. Eles também sabiam que Patterson — como novo editor e pessoa de fora — seria mais vulnerável que Poynter, cada vez mais distante da rotina do dia a dia. O incidente de ser preso por dirigir alcoolizado deu a Patterson a oportunidade de modelar o comportamento que esperava dos demais. Ele sabia que aquela era uma chance única para demonstrar a seriedade de seu compromisso. Por maiores que fossem o embaraço e o desconforto, Patterson precisava garantir que o jornal o tratasse da mesma maneira como trataria qualquer outra pessoa igualmente importante. Do contrário, ele e Poynter não teriam condições de induzir a organização e a comunidade a adotar um tipo diferente de jornalismo, algo que geraria desconforto e controvérsia numa cidade que se acostumara a dar a melhor aparência possível às suas notícias. A prisão de Patterson saiu na primeira página.

A saga rapidamente tornou-se parte do folclore do *Times* e de St. Petersburg, onde até hoje ocupa lugar de destaque. Sob todos os aspectos, a insistência de Patterson na cobertura da própria prisão tornou mais fácil para o pessoal do jornal e da comunidade a adoção de formas de relacionamento mais honestas e saudáveis, embora mais contenciosas.

A modelagem nesses casos foi mais do que simbólica, pois os líderes assumiram riscos ao agirem eles próprios como queriam que os outros agissem. Porém, mesmo a modelagem apenas simbólica exerce impacto substancial. Quando Lee Iacocca reduziu seu próprio salário para US$1 no auge das dificuldades da Chrysler, ninguém chegou a recear que ele passasse fome. Mas o fato de estar disposto a aceitar sacrifícios pessoais motivou os empregados a agir da mesma maneira, como parte do plano de recuperação da empresa.

Aceite as Baixas

As mudanças adaptativas que são benéficas para a organização como um todo por vezes infligem danos nítidos e tangíveis aos que se aproveitavam do mundo que ficou para trás. O processo de mudança de Wexner, na The Limited, atingiu algumas pessoas, ao introduzir muita incerteza em suas carreiras outrora seguras. Pouca gente gosta de magoar ou dificultar a vida de velhos amigos e colegas.

A realidade nua e crua é que quem não conseguir adaptar-se à nova realidade será atropelado pelos mais ágeis, ingressando na lista de baixas do processo de mudança. Isso é praticamente inevitável quando as organizações e comunidades passam por transformações radicais. Algumas pessoas simplesmente não conseguirão acompanhar o ritmo. Nesses casos, é preciso optar entre preservá-las ou progredir. Para os líderes que consideram as baixas demasiado dolorosas, talvez lancinantes demais a ponto de se tornarem insuportáveis, esse componente da liderança impõe um dilema cruciante. Mas em geral é parte inseparável do ofício.

A aceitação das baixas é sinal de compromisso. Ao sinalizar que está disposto a aceitar baixas, o líder convida os não comprometidos a deixar de lado as próprias perspectivas. Sem as pressões da realidade, por que fariam sacrifícios e mudariam sua maneira de fazer negócios? A capacidade do líder de aceitar a dura realidade das perdas envia uma mensagem clara sobre sua coragem e empenho para levar avante o desafio adaptativo.

Alguns anos atrás, Marty prestava consultoria a uma empresa que executava trabalhos técnicos para o setor de defesa. A organização desfrutara de um longo período de sucesso, mas a queda do Muro de Berlim, em 1989, introduziu uma nova era. A Guerra Fria chegava ao fim. Então, o novo CEO percebeu que a concorrência por novos contratos tornava-se cada vez mais dura e que eles não mais podiam confiar na reputação do passado, esperando encomendas, em vez de buscar pedidos. Assim, começou a pensar em mudar o negócio, tornando-se mais agressivo e ampliando a linha de produtos. Para muitos dos empregados mais antigos e respeitados, era difícil aceitar a nova realidade.

Sob a orientação do CEO, a equipe gerencial sênior partiu para um retiro executivo de dois dias, a fim de mapear sua trajetória no futuro. A maioria dos presentes aceitava a realidade de que, para sobreviver, era preciso abrir mão de parte do que conheciam e amavam. Ao fim do retiro, o CEO promoveu uma reunião de coroamento, para endosso do plano e adesão expressa de cada participante. Um a um, todos responderam afirmativamente, alguns com certa relutância. A terceira pessoa mais importante da organização estava sentada na extremidade da fileira de executivos. Trabalhara na empresa mais tempo do que qualquer um dos presentes. A sala estava em silêncio e todos esperavam sua manifestação. Ele não disse nada. Lentamente, levantou-se e saiu da sala. Arrumou suas coisas, voltou para a empresa, esvaziou as gavetas de sua mesa e deixou a carta de demissão com a secretária do CEO. Assim, converteu-se em baixa ostensiva. E a disposição do CEO em aceitar sua renúncia deixou claro para o resto da equipe seu compromisso com a mudança.

As pessoas que pretendem exercer a liderança às vezes se frustram, pois, ao relutarem em aceitar as baixas, emitem sinais confusos. Sem dúvida, seria muito melhor se todos ficassem a bordo, e é bom que fomentemos esse ideal. Mas, infelizmente, as baixas são um subproduto inevitável do trabalho adaptativo.

• • •

O mito do líder como guerreiro solitário é receita certa para o suicídio heróico. Embora, por vezes, o líder se sinta isolado, seja sob a pressão de ideias criativas, seja sob o encargo da autoridade decisória, os vínculos psicológicos ao solo virtuoso como estilo de trabalho inevitavelmente redundarão em problemas. O líder precisa de parceiros. Ninguém é suficientemente inteligente ou rápido para cuidar sozinho da complexidade de uma organização ou comunidade que está enfrentando a mudança adaptativa, no esforço de ajustar-se às novas realidades.

O relacionamento com as pessoas é fundamental para o êxito da liderança e para a sobrevivência do líder. Caso você não tenha inclinações para a política, encontre parceiros dotados dessa capacidade, de modo a conscientizar--se o tempo todo da importância dos contatos pessoais para a realização de trabalhos desafiadores. Permita que esses parceiros o ajudem a encontrar aliados e a formar alianças. Depois, além de desenvolver sua base de apoio, deixe-os ajudá-lo a relacionar-se com a oposição, com os indivíduos ou organizações que receiam ter muito a perder em consequência da sua iniciativa. É preciso estar perto dos adversários para saber o que estão pensando e sentindo, e para demonstrar que você está consciente de suas dificuldades. Além disso, seus esforços para conquistar confiança devem ir além dos aliados e dos opositores, para incluir também os não comprometidos. É necessário encontrar formas apropriadas de admitir sua contribuição para a desordem e de reconhecer os riscos e perdas a serem enfrentados pelos liderados. Às vezes, é possível demonstrar seu grau de conscientização, atuando como modelo da assunção de riscos e de perdas. Mas, outras vezes, o teste de seu compromisso com a mudança será a disposição de permitir que as pessoas vão embora. Sem ânimo suficiente para envolver-se em conflitos onerosos, corre-se o risco de perder toda a organização.

5

Orquestre o Conflito

Quando se lida com uma questão difícil em qualquer grupo, o conflito é inevitável, de forma expressa ou latente. Isso é o que torna árduos os temas difíceis. Por boas razões, as pessoas, em sua maioria, são avessas ao conflito em suas famílias, comunidades e organizações. Às vezes, não há como evitar o conflito, mas a mentalidade padrão, como a nossa, consiste, provavelmente, em limitar o conflito tanto quanto possível. Na verdade, muitas organizações são absolutamente alérgicas ao conflito, encarando-o, sobretudo, como fonte de perigo, o que decerto pode ser verdade. Os conflitos às vezes geram baixas; porém, os conflitos mais profundos, em seu cerne, resultam de crenças cultivadas com fervor, e as diferenças de perspectiva são a força motriz do progresso humano.

Ninguém aprende apenas olhando-se no espelho. Todos aprendemos — e, às vezes, mudamos — ao depararmos com diferenças que questionam nossas experiências e pressupostos. O trabalho adaptativo, sob os pontos de vista biológico e cultural, exige envolvimento com algo no ambiente que se situa fora das fronteiras de percepção. Contudo, as pessoas são passionais em relação aos próprios valores e perspectivas, o que significa que geralmente vêem os estranhos como ameaças a esses valores. Quando esse é o caso, a textura do envolvimento pode evoluir rapidamente de intercâmbios polidos a debates intensos, chegando ao ápice de conflitos traumatizantes.

Assim, o desafio da liderança ao tentar promover mudanças adaptativas é trabalhar as diferenças, as paixões e os conflitos, de maneira a diminuir o potencial destrutivo e explorar suas energias para fins construtivos.

A orquestração do conflito é mais fácil quando se está em posição de autoridade, pois geralmente se espera que a autoridade gerencie o processo. Entretanto, as quatro ideias apresentadas neste capítulo também são opções para quem busca promover a mudança, mas não ocupa posição de autoridade: primeiro, crie um ambiente de sustentação para o trabalho; segundo, controle a temperatura; terceiro, defina o ritmo e, quarto, mostre-lhes o futuro.

Crie um Ambiente de Sustentação

Quando se exerce a liderança, é necessário um ambiente de sustentação que controle e ajuste o calor decorrente da abordagem de questões difíceis ou de amplas diferenças de valor. O ambiente de sustentação é um espaço formado por uma rede de relacionamentos, em que os participantes são capazes de lidar com questões árduas, às vezes desagregadoras, sem desintegrar-se. A criação de um ambiente de sustentação permite que se direcione a energia para a solução dos conflitos e contenção das paixões com alto potencial de extravasamento.[1]

O ambiente de sustentação terá aparência e jeito próprios, refletindo as características dos diferentes contextos. Às vezes é um espaço físico protegido, que se cria mediante a contratação de um facilitador externo e a constituição de um grupo de trabalho a ser treinado fora da empresa, na solução de um conflito especialmente volátil e sensível. Outras vezes são a linguagem compartilhada e a história comum que mantêm as pessoas unidas na travessia de períodos conturbados. Em alguns contextos, caracteriza-se pela profunda confiança numa instituição e em sua estrutura de autoridade, como as forças armadas e a Igreja Católica. Em outros, define-se por um conjunto nítido de normas e processos, que confere às vozes minoritárias a confiança de que serão ouvidas, sem rupturas nos procedimentos de conquista de atenção. O ambiente de sustentação é um contexto, no qual a coesão é suficiente para compensar as forças centrífugas que se intensificam com o trabalho adaptativo. Nos ambientes de sustentação, dotados de fronteiras estruturais, comportamentais ou virtuais, os participantes se consideram bastante seguros para abordar problemas difíceis, que distendem não só as habilidades, mas também os relacionamentos.

Contudo, por mais fortes que sejam os liames de confiança e a tradição de colaboração, nenhum ambiente de sustentação é capaz de resistir indefinidamente à tensão contínua. Todos os relacionamentos sociais têm limites; portanto, um dos maiores desafios da liderança em qualquer comunidade ou organização é manter o estresse em nível produtivo. O gerenciamento do conflito (e da própria segurança do líder) exige que se monitore a tolerância do grupo ao calor.

Assim, o projeto do ambiente de sustentação é um grande desafio estratégico — deve ser sólido, do contrário se arriscam o sucesso do esforço de mudança e a própria autoridade do líder. Em 1994, Ruud Koedijk, *chairman* da KPMG Holanda, criou uma série de estruturas para envolver a empresa numa grande mudança na forma de fazer negócios. Embora essa sociedade de auditoria, consultoria e assessoria tributária fosse a líder do setor e apresentasse altos níveis de rentabilidade, suas oportunidades de crescimento eram limitadas. As margens do negócio de auditoria tornavam-se cada vez mais estreitas, com a saturação do mercado, ao mesmo tempo em que se acirrava a competição nas atividades de consultoria. Koedijk sabia que a empresa precisava deslocar-se para áreas de crescimento mais rentáveis, mas ele ainda não identificara essas oportunidades e não sabia como a KPMG as aproveitaria. Com o apoio do conselho de administração, ele contratou uma empresa de consultoria, chefiada por Donald Laurie, para ajudá-los a analisar tendências e descontinuidades, compreender as competências essenciais, avaliar sua posição competitiva e mapear as possíveis oportunidades.

Embora Koedijk e o conselho de administração tivessem certeza de que dispunham das ferramentas para planejar a estratégia, não estavam tão certos quanto à capacidade da organização e deles próprios para implementá-la. A KPMG tentara introduzir mudanças no passado e enfrentara dificuldades, provavelmente devido à estrutura de sociedade, que inibia a mudança de duas maneiras: o tipo de relacionamento entre os sócios e a dinâmica do tratamento dispensado pela organização aos membros que não eram sócios. Um estudo sobre a cultura organizacional revelou que os sócios geralmente davam pouco espaço para que as pessoas explorassem a própria criatividade ou fossem além da rotina diária. Será que eles seriam mesmo capazes de efetuar as mudanças nas crenças, valores e comportamentos exigidos pela nova estratégia?

A KPMG era menos uma sociedade do que um conjunto de pequenos feudos, nos quais cada sócio era suserano. O desempenho era medido em termos de horas faturadas e de rentabilidade de cada unidade, em vez de com base em fatores como capacidade de inovação e desenvolvimento de pessoas. Nas palavras de um dos sócios, "Se a última linha estivesse certa, você era um 'bom sujeito'". Em consequência, os sócios não invadiam os feudos uns dos outros e o aprendizado recíproco era um evento raro. O conflito era camuflado: se os sócios quisessem resistir à mudança em todo o âmbito da empresa, eles não matavam a questão diretamente, mas em silêncio, por meio da inação. Chegaram até a cunhar a frase "Diga sim, aja ao contrário" para descrever esse comportamento. Para os mais jovens, a atmosfera era às vezes opressiva. Em seu relacionamento com os sócios, sabiam que, caso lhes garantissem a inexistência de erros, estavam desbravando as trilhas para o sucesso. Havia pouca curiosidade e muita verificação de falhas.

Koedijk percebeu que o trabalho adaptativo devia estender-se por toda a empresa, para que a KPMG mudasse de direção e entrasse em novos negócios. Primeiro, reuniu todos os sócios num grande evento e forneceu um contexto coerente: a história da KPMG, a atual realidade dos negócios, e as principais questões a serem enfrentadas no futuro. Em seguida, perguntou-lhes como empreenderiam a mudança na empresa. Pediu as opiniões de cada um sobre os vários assuntos. Dessa maneira, deflagrando a iniciativa estratégica com base no diálogo genuíno, em vez de por decreto, ele construiu a confiança no escalão dos sócios. Alicerçado nessa confiança e em sua credibilidade pessoal, Koedijk convenceu o grupo a liberar cem sócios e profissionais de suas atividades rotineiras, para trabalhar nos desafios estratégicos. Eles dedicariam 60% de seu tempo ao projeto, durante quase quatro meses.

Imbuídos do mesmo espírito, Koedijk e seus colegas constituíram uma Equipe de Integração Estratégica (do inglês - SIT), composta de doze sócios seniores, para coordenar o trabalho dos cem sócios e profissionais de diferentes níveis e disciplinas. O envolvimento de pessoal abaixo do nível de sócio numa importante iniciativa estratégica era algo até então inaudito, que desde o início sinalizou nova abordagem ao trabalho: nunca antes na organização figuras de autoridade haviam solicitado ou ouvido a opinião de muitas dessas pessoas. Distribuídas em quatorze forças-tarefas, os cem participantes se concentraram em três áreas: avaliação das tendências e descontinuidades futuras, definição das competências essenciais e tratamento das mudanças de valor e dos desafios adaptativos com que se defronta a organização. Hennie Both, diretor de marketing e comunicações, assumiu a posição de gerente do projeto.

Com o avanço do processo de aprendizado, ficou evidente que o SIT e seus participantes representavam tudo de bom e de ruim na cultura organizacional. Não demorou muito para que todos os membros das forças-tarefas percebessem que a cultura organizacional se desenvolvera em torno de forte respeito pelo indivíduo, em detrimento do trabalho em equipe. Por exemplo, cada pessoa trazia suas próprias crenças e práticas de trabalho profundamente arraigadas para todos os debates: demonstravam muito mais propensão a defender suas soluções preferidas do que a ouvir as perspectivas alheias. De um modo geral, não trabalhavam bem com os membros de outras unidades. Ao mesmo tempo, evitavam o conflito e não debatiam os problemas. Algumas forças-tarefas tornaram-se disfuncionais e foram incapazes de prosseguir com seu trabalho estratégico.

Para gerenciar essa disfunção, Hennie Both promoveu um evento em que cada força-tarefa poderia analisar sua eficácia como equipe, inclusive ajudando-as a perceber essas diferenças e induzindo-as a descrever a cultura almejada, em comparação com seu atual perfil. As três principais características da cultura almejada eram a oportunidade de autorrealização, a solicitude e o ambiente humano, e as relações de confiança com os colegas. Os principais qualificativos da cultura vigente eram: desenvolvemos visões opostas, somos perfeccionistas e tentamos evitar o conflito. Esse hiato definia um nítido desafio adaptativo, e o fato de ter sido percebido e converter-se em objeto de atenção era um passo à frente.

Também se pediu a cada um dos membros que identificasse o valor que agregaria ao esforço estratégico, assim como seu desafio adaptativo *individual*. Que atitudes, comportamentos ou hábitos precisavam mudar; quais seriam suas ações específicas e com quem? Em seguida, os participantes dividiram-se em grupos autosselecionados, compostos de três membros, que atuavam como consultores uns dos outros. Isso os forçava a fazer confidências uns aos outros e a ouvir com maior compreensão.

O gerenciamento do ambiente de sustentação, enquanto os participantes trabalhavam com as questões adaptativas, era uma preocupação constante de Koedijk, do conselho de administração e de Hennie Both. Para tanto, destinaram um andar exclusivo para essa atividade, de modo que o grupo dos cem pudesse trabalhar com sua própria equipe de apoio, sem as restrições das normas e regulamentos tradicionais. Naquele verão, alguns clientes se surpreenderam ao cruzar com gerentes usando bermuda e camiseta nos corredores da KPMG. A regra vigente era que qualquer indivíduo de qualquer grupo poderia entrar na área de qualquer outra equipe e contribuir para o trabalho. Além disso, todos concordaram que as ideias eram mais importantes do que a hierarquia e que o pessoal júnior poderia questionar os colegas seniores; em breve, as pessoas mais respeitadas eram as que demonstravam maior curiosidade e formulavam as perguntas mais interessantes. Lançavam-se, assim, as bases de uma cultura operacional diferente.

Hennie Both e Ruud Koedijk zelavam pelo alto nível de energia dentro do ambiente de sustentação da estrutura das forças-tarefas. Atribuíam tarefas genéricas, com poucas instruções, a grupos acostumados a trabalhar com incumbências bem-definidas e constantes. O calor aumentou ainda mais quando pessoas que se julgavam acostumadas a trabalhar em equipe perceberam que suas experiências realmente as haviam preparado apenas para dividir tarefas rotineiras com pessoas "como elas", de suas próprias unidades.

Koedijk e Both projetaram o ambiente de sustentação para iniciativa de mudança mediante o desenvolvimento de uma cultura de força-tarefa que foi mantida separada da organização. Agora, era possível cometer erros e conviver com conflitos até então intoleráveis. Por exemplo, a certa altura, quando o calor atingiu níveis expressivos, promoveu-se uma reunião dos cem participantes com o conselho de administração, para que eles manifestassem suas preocupações, em etilo Oprah Winfrey. Também o layout era diferente, com os conselheiros no centro de um auditório, cercado pelos cem participantes.

Realizavam-se com frequência reuniões fora do local de trabalho, com duração de dois a três dias, quando era necessário chegar a conclusões coletivas referentes a certas partes do trabalho. Esses eventos sempre incluíam atividades sociais para fortalecer os vínculos pessoais, uma das principais fontes de coesão. A "hora do recreio" variava de longos passeios de bicicleta a jogos com canhões de raios laser em parques de diversão. Num desses momentos de descontração nos escritórios da KPMG, certo debate sobre o poder das pessoas mobilizadas em busca de um objetivo comum terminou num passeio ao ar livre, em que o grupo recorreu a recursos de alavancagem para movimentar um bloco de concreto aparentemente intransponível.

Tudo isso promoveu mudanças de atitudes e comportamentos — a curiosidade tornou-se mais valorizada do que a paciência. As pessoas não mais reverenciavam a autoridade sênior no recinto — o diálogo genuíno neutralizava o poder hierárquico na batalha pelas ideias. A ênfase no indivíduo como representante de suas pequenas soluções cedeu lugar à compreensão das perspectivas alheias. Reforçou-se a confiança na capacidade de pessoas de diferentes unidades para trabalhar juntas em busca de soluções.

Nada disso teria acontecido sem o poderoso substrato de um bom projeto, permitindo que os líderes da iniciativa mantivessem todos os participantes na temperatura certa, influenciando-se reciprocamente no desenvolvimento de uma organização mais criativa. Por fim, a KPMG Holanda começou a migrar da auditoria para a garantia; da consultoria operacional para a consultoria estratégica, forjando a visão e a ambição de seus clientes; e do ensino de habilidades tradicionais aos clientes à criação de organizações adaptativas. Com efeito, as forças-tarefas identificaram novas oportunidades de negócios no valor de US$50 milhões a US$60 milhões.[2]

Controle a Temperatura

A mudança do *status quo* gera tensão e produz calor, ao trazer à tona conflitos submersos e ao questionar a cultura organizacional. Como a busca da ordem e da calma é um impulso humano profundo e natural, as organizações e as comunidades são capazes de tolerar apenas certo limite de ansiedade, antes de se tornarem introspectivas.

Quando se tenta promover mudanças profundas nas organizações, é preciso controlar a temperatura. Na verdade, esse trabalho envolve duas tarefas. A primeira consiste em gerar pressões suficientes para que as pessoas se disponham a sentar, prestar atenção e enfrentar as reais ameaças e desafios. Sem alguma tensão, não se têm incentivos para a mudança. A segunda tarefa é reduzir a temperatura quando necessário, para atenuar a tensão contraproducente. Qualquer comunidade suporta até certo nível de pressão, antes de imobilizar-se ou fugir ao controle. Assim, o calor deve manter-se dentro de determinados limites toleráveis — nem tão alto que se anseie por sua completa eliminação, nem tão baixo que induza à inação. Chamamos isso de amplitude da faixa de tensão produtiva. (Ver a figura "Problema Técnico ou Desafio Adaptativo?")

Obviamente, não é de se esperar que o grupo tolere mais tensão do que um líder. Ao desenvolver sua própria capacidade de resistir ao calor, o líder também aumenta o nível de tolerância da organização e da comunidade. Mas se o líder perder o equilíbrio e diminuir as chamas, sua reação será interpretada como sinal de que não é possível conter as paixões. A tensão parecerá intolerável. Nas campanhas políticas, as pessoas frequentemente observam o candidato para definir os padrões de tolerância ao estresse. Se o candidato estourar, é improvável que qualquer outra pessoa do staff seja capaz de manter o foco na campanha. A mesma situação também ocorre quando se exerce função de autoridade em qualquer área: como gerente de projetos, técnico, capitão de equipe ou principal investidor de um empreendimento de alto risco. O líder sempre sofre terríveis pressões para controlar suas próprias reações emocionais espontâneas, que talvez sejam formas de expressão totalmente adequadas e normais, exceto naquele papel específico.

Problema Técnico ou Desafio Adaptativo?

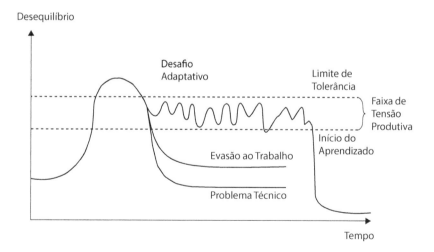

Fonte: Ronald A. Heifetz e Donald C. Laurie, "Mobilizing Adaptative Work: Beyond Visionary Leadership", in Jay A. Conger, Gretchen M. Spreitzer, e Edward E. Lawler III, eds., *The Leader's Change Handbook: An Essential Guide to Setting Direction and Taking Action* (Nova York: John Wiley & Sons, 1998).

Espera-se que o chefe controle a temperatura, mas até as pessoas desprovidas de autoridade formal também podem fazer algo nesse sentido. Se você estiver liderando sem autoridade formal ou além de seu limite de autoridade formal, convém primeiro avaliar a distância que o mantém à frente das demais pessoas e em seguida ajustar a intensidade e a rapidez de seu esforço de mudança. Conforme sugerimos no Capítulo 3, uma das maneiras de efetuar essa avaliação é monitorar cuidadosamente as reações da figura de autoridade às suas iniciativas. Se a figura de autoridade começar a agir precipitadamente para acalmar a situação — por exemplo, demitindo "os criadores de problemas" ou tomando providências para calar as vozes dissonantes — é bem provável que você tenha ido longe demais. O nível de desequilíbrio social está muito alto.

Existem duas maneiras de elevar construtivamente a temperatura e o estresse. Primeiro, chame a atenção para os fatos inquestionáveis, mantendo-a focada nesses pontos. Segundo, faça com que as pessoas sintam o peso da responsabilidade ao abordar essas questões. Os conflitos virão à tona nos diferentes grupos, à medida que se manifestam pontos de vista contrários.

Em contraste, muitas são as maneiras de reduzir o calor, uma vez que as organizações são mais eficazes em esfriar as situações do que em esquentá-las de propósito. Além disso, qualquer método para atenuar o calor também pode ser utilizado como maneira indireta para aumentar o limite superior da tolerância das organizações às altas temperaturas. Para diminuir o calor, uma das alternativas é atacar primeiro os problemas técnicos, até que as pessoas estejam bastante "aquecidas" para enfrentar os desafios adaptativos. Um pequeno progresso na solução de um problema parcial e relativamente fácil às vezes reduz a ansiedade para níveis suficientemente baixos a ponto de permitir a abordagem de questões mais árduas. Os negociadores recorrem com frequência a essa tática: fortalecem o relacionamento — o ambiente de sustentação — por meio de êxitos compartilhados. Também é possível fornecer estrutura ao processo de solução de problemas, por meio de iniciativas como desdobramento da situação em suas partes componentes, constituição de grupos de trabalho com atribuições nítidas, definição de parâmetros de tempo, fixação de normas sobre o processo decisório e formalização dos relacionamentos de prestação de contas. Outro recurso é formular o problema de maneira menos ameaçadora ou lidar com o medo difuso, assumindo, durante algum tempo, maior parcela de responsabilidade. As pessoas, então, talvez sejam capazes de voltar às questões árduas. Mais uma alternativa é separar as partes e temas conflitantes, cadenciando e sequenciando os desafios recíprocos. Finalmente, resta o recurso de recorrer aos valores transcendentais, de modo que as pessoas sejam lembradas do significado de seus esforços e sacrifícios. (Ver "Como Controlar o Calor.")

Tenha em mente que a organização, quase sempre, instintivamente, anseia pela redução do calor. Assim, é importante monitorar constantemente a temperatura do grupo, com o intuito de mantê-la bastante alta para motivar o público, mas não demasiado elevada para não se tornar paralisante. Quando o líder é procurado a respeito da ansiedade resultante de suas iniciativas, isso é sinal de que tocou algum nervo sensível e que está fazendo um bom trabalho.

Nas situações em que o calor chega ao limite e o sistema parece à beira do colapso, é preciso esfriar o ambiente. A história fornece alguns exemplos marcantes em que indivíduos investidos de autoridade concluíram que o caos, a tensão e a ansiedade na comunidade haviam atingido níveis muito altos e mobilizaram o público, conscientemente, para abordar os temas difíceis. Em consequência, agiram, de início, para reduzir a ansiedade a níveis toleráveis e, em seguida, para garantir que o senso de urgência remanescente fosse capaz de estimular o engajamento e a mudança.

Franklin D. Roosevelt assumiu a presidência dos Estados Unidos em 1933, em meio ao aprofundamento da Grande Depressão. Depois de mais de três anos de colapso econômico, com milhões de desempregados e os bancos nacionais perto da insolvência, o país demonstrava níveis de ansiedade muito altos e, em muitas regiões, já atingira o mais completo desespero. A nação como um todo empreendia um trabalho adaptativo cuja magnitude distendia ao máximo até mesmo sua confiança e sua engenhosidade exuberantes.

Os níveis de aflição sem precedentes a que se chegou durante essa crise nacional, e os conflitos e as desorientações daí resultantes foram solo fértil para todos os tipos de esquemas canhestros, destinados a acalmar a população e a restaurar a segurança, desde os programas do Padre Coughlin* até a plataforma do Partido Comunista. Como figura de autoridade máxima do país, Roosevelt personificava a esperança do país pela restauração da ordem, sem a distorção de seus valores e instituições essenciais. Todos os olhos se voltavam para ele, em busca de direção e proteção. Suas maiores prioridades

---

* Coughlin, Charles Edward, sacerdote e ativista político americano, nascido no Canadá, que conquistou enorme audiência com a transmissão radiofônica de seus sermões. Seus superiores impuseram-lhe silêncio em 1942, depois que seu discurso assumira feições cada vez mais fascistas (The American Heritage Dictionary of the English Languange). (N.T.)

deviam consistir em reduzir o equilíbrio e atenuar a aflição, para que o país se tornasse menos vulnerável aos demagogos e fosse capaz de progredir em busca da recuperação econômica.

COMO CONTROLAR O CALOR

Aumentar a Temperatura

1. Chamar a atenção para as questões mais difíceis.

2. Atribuir responsabilidades além do nível de conforto.

3. Trazer os conflitos à superfície.

4. Proteger os críticos e os excêntricos.

Baixar a Temperatura

1. Saber lidar com a raiva, o medo e a dispersão alheia.

2. Estabelecer uma estrutura para o processo de solução de problemas, desmembrando o tema em suas partes e definindo parâmetros de tempo, normas sobre o processo decisório e atribuições nítidas.

3. Acalmar o processo — cadenciar questões críticas e monitorar a quem você atribuirá responsabilidades.

4. Estar presente — compartilhar responsabilidades e dar apoio.

5. Orientar as pessoas — reconectá-las aos valores coletivos e localizá-las dentro de um arco de progresso/mudança.

6. Lei da recompensa — fornecer ganhos a curto prazo pela priorização de aspectos técnicos do problema em questão.

Para tanto, Roosevelt tinha de lidar com as realidades emocionais. Ele precisava acalmar o país, por meio de palavras e de ações. Em seus discursos, ele tratava da ansiedade ("a única coisa de que devemos ter medo é o próprio medo"), da raiva (chamando os banqueiros de "money-changers" [especuladores cambiais]) e da desorientação (com seus famosos bate-papos íntimos e tranquilizantes junto à lareira). Por meio de suas atitudes, transmitia a mesma mensagem, oferecendo esperança e acalmando os receios. A ação decisiva e impositiva de Roosevelt — os famosos "cem dias", durante os quais propôs extraordinária quantidade de projetos ao Congresso — forneceram direção e ajudaram a tranquilizar o povo americano no sentido de que estava em mãos capazes. Embora não se considerasse salvador, messias ou redentor — em última instância, cada um deveria salvar a si próprio —, Roosevelt, mediante suas palavras e ações, baixou a temperatura apenas o suficiente para que todos pudessem concentrar-se construtivamente no trabalho pela frente.

Por outro lado, Roosevelt também estava consciente de que a realização do trabalho adaptativo de que necessitava o país exigia improvisação, experimentos, criatividade e conflito, não hesitando em fomentar todas essas condições, onde quer que fosse e por todos os meios possíveis. Orquestrou conflitos quanto às prioridades e programas entre o grande elenco de personagens criativos que trouxe para o governo. Por exemplo, incumbindo da mesma atribuição duas pessoas diferentes (deixando-as malucas pela falta de definição quanto aos papéis de cada uma), estimulava ideias concorrentes e criava para si próprio mais opções com que trabalhar. Por mais difíceis que tenham sido essas improvisações, ele conseguiu que os trombones, os tambores e os violinos tocassem a mesma música.

Roosevelt era dotado, ao mesmo tempo, de acuidade para reconhecer quando a tensão atingia patamares muito elevados assim como de força emocional para tolerar níveis de ansiedade razoáveis. Também precisava resistir ao impulso para soluções rápidas. A procrastinação e a postergação eram armas tão importantes de seu arsenal quanto a ação decisiva. "Era preciso deixar que as situações se desenvolvessem, se cristalizassem e se esclarecessem; as forças concorrentes tinham de validar a si próprias nas pressões e contrapressões dos conflitos; a opinião pública precisava encarar a questão, analisá-la e pronunciar-se. Apenas então, ao fim de todo esse processo exaustivo, a intuição do presidente formulava e precipitava um resultado", comenta Arthur Schlesinger.[3]

Observou-se o mesmo princípio em funcionamento num contexto muito diferente e eticamente perturbador. O general Augusto Pinochet, do Chile, assumiu o poder em 1973, depois de um golpe de estado, em meio à desordem política e econômica, no fim do governo Allende. Como Roosevelt, ele considerou insuportavelmente alto o caos então predominante (desemprego estratosférico, greves descontroladas e inflação galopante). Com efeito, sua ascensão ao poder foi em si uma tentativa explícita para restaurar a ordem num país dominado por superpotências e dilacerado pelos conflitos. Assim, recorreu à sua autoridade — ou seja, o poder militar e a repressão política — para restaurar a ordem. O custo em vidas humanas e em liberdade individual foi enorme.

Entretanto, Pinochet compreendeu que o excesso de ordem tornaria impossível a mudança significativa. Assim, ao mesmo tempo em que dispensava um tratamento brutal aos dissidentes, recorreu à estabilidade que ele próprio criara para desafiar o poder das elites tradicionais no front econômico. Desse modo, aumentou a temperatura no setor privado, eliminando proteções tarifárias e subsídios governamentais, expondo as empresas à competição internacional e forçando-as a adaptar-se ou morrer. Algumas de fato pereceram, mas outras se adaptaram, e muitos negócios e setores prosperaram no novo ambiente.

Pinochet merece entrar para a história como figura controversa. Depois de orientar sua sociedade durante dezessete anos, pela força, ao longo de um trabalho de transformação adaptativa, a repressão imposta por Pinochet prolongou-se por mais tempo do que, algum dia, talvez tivesse sido necessário, restaurando-se, por fim, a democracia política. Seus métodos para a restauração da ordem foram selvagens e criminosos, mas não há como negar que ele compreendeu a necessidade de controlar a temperatura em seu país, a fim de empreender as reformas econômicas necessárias. Hoje, o Chile retomou o crescimento, com uma economia moderna e mais produtiva do que antes.

As eleições presidenciais dos Estados Unidos em 2000 oferecem um exemplo menos extremo. Depois de cinco semanas de politicagem partidária intensa e acerba, que se seguiram aos resultados confusos das urnas, tanto o vencedor, George W. Bush, quanto o perdedor, Al Gore, pautaram seus discursos pela tônica conciliatória, buscando acalmar as águas, em vez de agitá-las ainda mais. Bush e Gore poderiam ter explorado a oportunidade em defesa de seus interesses pessoais e políticos, para, respectivamente, promover seu programa de ação e questionar a legitimidade do mandato do adversário. Mas ambos compreenderam que o país estava perto do limite de tolerância ao desequilíbrio e que a hora não era própria para fomentar a discórdia e atiçar provocações.

Esses são exemplos em grande escala, decerto, mas o princípio permanece imutável em qualquer nível: devem-se usar os recursos disponíveis para regular o nível de aflição dos colegas, de modo que sejam capazes de lidar de maneira criativa com os desafios básicos geradores de ansiedade. Conforme nossa experiência, as pessoas, em sua maioria, acham mais difícil aumentar do que baixar a temperatura. A toda hora deparamos em nosso trabalho com indivíduos que hesitam em criar desconforto para as respectivas comunidades, expressando algo semelhante à repulsão moral contra tal hipótese. Essa reação é muito natural — geralmente criamos justificativas morais para as nossas atitudes, e quase todo mundo quer manter o *status quo*, evitando os assuntos mais difíceis. No esforço de preservar o equilíbrio, deixam fora da agenda os pontos questionáveis, "para não perturbar ninguém".

Para exercer a liderança, é preciso questionar a premissa de que as mudanças necessárias não justificam os transtornos delas decorrentes. É preciso dizer às pessoas o que não querem ouvir. Isso talvez signifique aumentar a temperatura até o ponto em que o enfrentamento do problema converta-se em condição necessária para o progresso ou, pelo menos, pareça tão plausível quanto a omissão contínua como meio para restaurar a tranquilidade.

No excelente filme *Doze Homens e uma Sentença* ("Twelve Angry Men"), de 1957, o aumento e a redução da temperatura desempenha papel central, em termos literais e metafóricos. Quase a totalidade dos 132 minutos do filme, com exceção de três, passa-se numa sala de jurados, uma espécie de panela de pressão.

Poucos minutos depois do início do filme, vemos os doze homens brancos que compõem o júri entrarem em fila naquele espaço apertado, quase claustrofóbico, depois de assistirem ao longo julgamento de um assassinato de primeiro grau. Um garoto de dezoito anos é acusado de esfaquear o pai até a morte, depois de uma discussão. Segundo a lei estadual, o veredicto culpado condenaria o réu à cadeira elétrica. É um fim de tarde na cidade de Nova York e as primeiras conversas entre os jurados versam sobre o calor e sobre a umidade sufocante. Depois de algum esforço, conseguem abrir a janela. O ventilador não funciona.

Martin Balsam, no papel de chefe dos jurados, propõe uma primeira votação. Todos, com exceção do impoluto arquiteto representado por Henry Fonda, votam "culpado". Sem qualquer tipo de conversa preliminar, a decisão é de 11-1 pela condenação. Os jurados estão obviamente cansados, alguns suam por causa do calor, e todos querem acabar com aquilo. Mas a decisão deve ser unânime e Fonda já rompeu o equilíbrio, ao dissentir dos demais. Cessa o bate-papo sobre tempo, esportes e mercado de ações. Fonda diz aos colegas que não está convencido de que o rapaz é inocente, mas também não tem certeza de que é culpado. Percebem-se alguns resmungos. Um dos jurados tem ingresso para o jogo de beisebol daquela noite. Outros estão preocupados em voltar para seus negócios.

Fonda insiste em ouvir todos os jurados, individualmente, percorrendo a sala, escutando os argumentos de cada um e compreendendo primeiro as respectivas posições. Em seguida, faz perguntas e recebe respostas de mau grado. É atacado pessoalmente. "Você se considera um cara muito esperto, não é?", rosna o personagem representado por Lee J. Cobb, enquanto Fonda, com mansidão e paciência, analisa seus argumentos. É ameaçado. A certa altura, parece fisicamente em perigo, quando Cobb o agarra para demonstrar como o assassino deve ter usado a faca para atacar a vítima. Não obstante os ataques dos colegas, Fonda resiste à escalada da instabilidade. Ele sabe que estão a ponto de atirar a toalha e reconhecer o impasse, perspectiva tentadora, à medida que as discussões se prolongam noite adentro.

Logo de início, à medida que a tensão aumenta e parece que a maioria apelará para a ignorância contra ele e suas dúvidas, Fonda esfria a situação temporariamente, ao apresentar uma proposta de alto risco. Sugere uma votação secreta. Se ainda for o único favorável à absolvição, desiste e vota pela condenação. Mas todos concordam que, se algum outro votar pela absolvição, o grupo se compromete a manter-se unido e levar a coisa até o fim. Obviamente, alguém também vota pela absolvição e o nível de tensão diminui, quando todos percebem que não chegarão a lugar algum durante determinado tempo. Nada de condenação rápida, nada de impasse.

Durante quase uma hora, Fonda gerencia cuidadosamente o nível de tensão na sala. Aumenta a temperatura com a apresentação dramática de uma faca, que parece a arma do crime, cena que logo se segue de uma pausa nas deliberações. Depois, ataca Cobb, atraindo-o para uma armadilha, até que ele explode e ameaça "matar" Fonda, confirmando o argumento de que as pessoas às vezes fazem ameaças violentas sem realmente ter a intenção de cumpri-las. Ao sentir que o grupo está muito cansado ou estressado, ele recua um pouco, dando algum tempo para esfriar os ânimos. Mas é igualmente sensível na outra ponta, aumentando a tensão na sala apenas o suficiente para que os outros se importem com as suas preocupações, ainda que só para acalmá-lo, em vez de ignorá-lo.

A habilidade de Fonda consistia em absorver e controlar o calor do conflito. Ele acentuava e atenuava o desequilíbrio, de modo a mantê-lo bastante alto para induzir seus colegas jurados a concentrarem-se numa realidade que não fosse a preferida deles, mas não tão alto que os levasse à ruptura, rendendo-se e admitindo estarem num beco sem saída.

Em geral, como ocorreu no filme em relação a Fonda, as pessoas estão dispostas a abrandar as vozes dissidentes na tentativa de restaurar a calma. Fonda foi criticado e atacado, quando os outros membros do grupo tentavam convertê-lo em foco das conversas, em vez de tratar das questões levantadas por ele. Os ataques de que foi vítima eram uma tática diversionista. Para vários membros do grupo, a instigação persistente de Fonda revelava os vieses que haviam determinado a presunção de culpa. No final, Cobb compreendeu uma terrível verdade: que seu voto de condenação tinha mais a ver com sua raiva, sua frustração e, sobretudo, sua tristeza por causa de seu relacionamento com o próprio filho, do que com os argumentos e provas do julgamento em si. Sem essa combinação de perseverança e modulação cuidadosa da temperatura no recinto, Fonda não conseguiria sobrepujar o desejo implacável do grupo de condenar o réu e ir para casa.

Evidentemente, são expressivas as chances de que, quando se gera calor e se o recebe de volta, nada mais se consiga do que ficar escaldado em água quente, sem qualquer avanço em decorrência do aumento da temperatura. Mas não se expondo ao risco e não tomando a iniciativa de promover o atrito construtivo, o líder priva a si próprio e aos demais da possibilidade de progresso.

Defina o Ritmo

A liderança cuida do trabalho emocional e conceitual. Quando se atua como líder ao longo de um difícil processo de mudança, conduz-se os liderados numa montanha-russa emocional, pois se está pedindo a eles que abram mão de algo — uma crença, um valor, um comportamento — a que atribuem muito valor. As pessoas são capazes de tolerar apenas determinada intensidade de mudança de uma vez. Corre-se o risco de enfrentar uma revolta e põe-se em jogo a própria sobrevivência quando se tenta mudar muita coisa de uma vez.

Na década de 1990, as duas figuras de autoridade mais altas no governo dos Estados Unidos cometeram esse mesmo erro, com um intervalo de apenas alguns meses.

Em 1993 e 1994, o presidente Bill Clinton propôs ampla reforma no sistema de assistência médica no país, envolvendo mudanças radicais no financiamento e na prestação de serviços. A assistência médica representava um sétimo da economia americana e afetava a vida de todos os cidadãos. Para promover uma mudança dessa magnitude, Clinton precisava desencadear um processo de educação, explicação e persuasão que demoraria anos, com pequenos experimentos ao longo do percurso. Sempre se aspira à assistência médica de melhor qualidade e mais barata. Mas os indivíduos inscritos em planos de seguro-saúde basicamente não manifestavam insatisfação com a qualidade dos serviços. Na verdade, não tinham certeza de que qualquer outro sistema melhoraria suas vidas.

Muitos prestadores de assistência médica e a maioria das seguradoras — ou seja, os que teriam de implementar o novo plano — opunham-se ativamente às reformas propostas por Clinton, o que, para o público, não era nada tranquilizante. Clinton acreditava que sua eleição em 1992 outorgara-lhe um mandato e, ao tratar a reforma da assistência médica como problema técnico, em vez de como desafio adaptativo, ele agiu como se fosse possível persuadir os membros do Congresso e o público em geral de que seu plano era a política mais acertada e o curso de ação mais adequado. Porém, eles não estavam convencidos, e o plano morreu sem nem mesmo chegar à votação. Sua popularidade caiu rapidamente, comprometendo o sucesso de outras iniciativas. A imprensa publicou artigos sobre se o presidente ainda era "relevante" e seus adversários políticos tiraram proveito de sua fraqueza. A incapacidade dele de imprimir o ritmo certo no trabalho de mudar o sistema de assistência médica contribuiu significativamente para as vitórias republicanas nas eleições de 1994 para o Congresso.

O principal arquiteto do sucesso eleitoral republicano e seu maior beneficiário isolado foi o congressista Newt Gingrich, eleito presidente da Câmara dos Deputados em janeiro de 1995. Mas, logo depois, Gingrich seguia o exemplo de Clinton, ao cometer o mesmo erro básico de não cadenciar o trabalho adaptativo em que agora pretendia liderar o país. Gingrich planejara a campanha republicana nacional para o Congresso em torno de uma série de reformas drásticas, inclusive limitação de mandatos, reforma tributária e previdenciária, fortalecimento da defesa nacional e forte redução do governo federal. Tudo isso foi embalado com o rótulo "Contrato com a América" (Contract with América). Praticamente todos os candidatos republicanos à Câmara dos Deputados endossaram o Contrato. A estratégia funcionou. E, assim, Gingrich conquistou o que nenhum líder republicano da Câmara dos Deputados desfrutara desde a presidência de Dwight Eisenhower — a maioria republicana. Inspirado por seu enorme sucesso eleitoral, Gingrich partiu para a promulgação de todo o Contrato com a América tão rapidamente quanto possível, nos primeiros dias da legislatura de 1995. Ele contava não só com os votos, mas também com o que considerava um mandato eletivo para um conjunto de mudanças muito específico.

Não obstante os votos e o mandato, contudo, Gingrich enfrentou grandes dificuldades. Nem o público nem seus representantes eleitos estavam preparados para efetuar tantas mudanças, com tanta rapidez. Votar nos candidatos que endossavam o Contrato com a América era muito diferente de apoiar a rápida implementação de todas aquelas transformações de longo alcance.

Gingrich não conseguiu perceber que, por maior que fosse o entusiasmo do público em relação ao Contrato como ideia, as pessoas, na verdade, precisavam de mais tempo para se acostumar a tantas mudanças profundas e importantes. Quanta mudança radical se é capaz de absorver de uma só vez? O parcelamento das mudanças e a diluição da agenda por um período mais longo teriam criado condições para que as pessoas avaliassem o valor do novo em confronto com as perdas do *status quo*, ao longo de todos os passos do processo. Debatidos um a um durante algum tempo, os diferentes itens pareceriam mais factíveis e seriam compreendidos com mais facilidade, em confronto com os amplos temas do Contrato, que haviam sido tão populares durante as eleições. Afinal, as grandes questões — a ideia de um governo menor e mais responsável — foram os fatores que tornaram o Contrato tão atraente, não seus diferentes componentes, como partes isoladas.

A insistência de Gingrich em implementar toda a agenda de imediato exerceu o efeito de assustar as pessoas, em vez de inspirá-las. Sua vulnerabilidade pessoal aumentou ainda mais quando foi considerado responsável pela paralisação do governo em 1995. No ano seguinte, muito pouco do

Contrato com a América havia sido convertido em lei e o ímpeto que até então sustentara todo aquele conjunto de ideias se dissipou, em consequência do esforço mal orientado para fazer com que o Congresso e o povo o engolissem inteiro. Clinton, por sua vez, sobreviveu e reagrupou suas forças com êxito, conseguindo reeleger-se para o segundo mandato, depois de algumas drásticas correções de curso. Gingrich não teve tanta sorte e sua impaciência custou-lhe caro. Depois das eleições de 1998, ele perdeu o posto de presidente da Câmara dos Deputados e deixou o Congresso.

Cadenciar o trabalho não é uma ideia nova ou complicada. Profissionais de saúde mental têm dito há muito tempo que os indivíduos não conseguem adaptar-se bem a muitas mudanças de vida ao mesmo tempo. Quando se sofre uma perda na família, se muda de emprego e se passa por outras transformações, tudo em muito pouco tempo, é possível que se sofra alguma ruptura na própria estabilidade interna ou que se manifestem sinais de forte tensão. O mesmo se aplica a organizações e a comunidades. As mudanças envolvem perdas e tolera-se apenas certo limite de perdas mais ou menos simultâneas.

Contudo, a tarefa não é fácil, pois seu próprio envolvimento no trabalho e o de seus entusiastas empurram-no para frente. Teria sido difícil para Clinton e para Gingrich resistir às pressões de seus seguidores mais ardentes e desacelerar o processo. Ao contrário, o atendimento às reivindicações dos constituintes mais apaixonados talvez tenha parecido ser o caminho mais fácil para a sobrevivência e para o sucesso. Os verdadeiros crentes não se destacam pelo senso de paciência estratégica.

Ademais, o cadenciamento do trabalho pode ser eticamente complicado, pois às vezes envolve a retenção de informações, se não a mistificação aberta. Depois do desenvolvimento do programa de assistência médica de Clinton, o prudente sequenciamento do trabalho teria exigido que o presidente se mostrasse mais aberto às opções, por meio, por exemplo, de um processo de persuasão, à guisa de educação. Esse processo quase sempre requer que as pessoas investidas de autoridade deixem que suas ideias e programas assentem aos poucos, para que a lenta absorção facilite a experimentação e a aceitação. Essa retenção paciente das informações deve ser conduzida de maneira cuidadosa, com abertura suficiente para possibilitar o teste e a revisão das inovações, a fim de que não sejam interpretadas como enganosas e desorientadoras.

Quando se dispõe de alguma autoridade, pode-se usar algumas das atribuições básicas do cargo como recursos para o cadenciamento do trabalho. Decide-se como e quando combinar os ingredientes. Por exemplo, ao definir agendas, adie as questões mais ameaçadoras e provocantes, seja eliminando-as da pauta, seja excluindo seus defensores da lista de participantes nos estágios iniciais. Isso ajudará a modular a velocidade da mudança. Do mesmo modo, ao determinar as normas sobre o processo decisório, pense estrategicamente sobre como se tomam as decisões e estenda o processo, para que o grupo não se defronte com muita coisa, muito cedo.

Cada uma dessas técnicas de cadenciamento poderia ser interpretada como simples adiamento das questões mais difíceis, como uma espécie de evasão ao trabalho. Contudo, não se trata realmente de fuga se, na realidade, as pessoas estiverem sendo preparadas para as mudanças que as aguarda adiante. Em vez disso, se está assumindo o controle e conduzindo a mudança como processo estratégico e deliberado.

A maneira de cadenciar o trabalho depende do grau de dificuldade das questões, da tolerância da comunidade, da força dos relacionamentos de autoridade e das características do ambiente de sustentação. Avalie a situação. Calcule os riscos. Decida, então, como cadenciar o trabalho, consciente de que a tarefa é de improvisação. Você deve não só estar aberto à possibilidade de mudar de rumo no meio do percurso, como também estar preparado para a necessidade de, com base nas reações, reavaliar a situação e adotar medidas corretivas contínuas.

Mostre-lhes o Futuro

Para sustentar o ímpeto durante um difícil período de mudança, é preciso descobrir maneiras de lembrar às pessoas o valor norteador — a visão positiva — que faz com que a atual aflição valha a pena. Para Roosevelt, isso significava engendrar um New Deal para os americanos, salvando o sistema de livre mercado e preservando a democracia na época de Stalin e de Hitler. A visão dele, por mais abstrata que fosse em sua alta retórica, impulsionou as pessoas.

Ao catalisar a mudança, o líder deve empenhar-se para não se converter em para-raios de conflitos, tornando a visão mais tangível, lembrando aos liderados os valores pelos quais estão lutando e mostrando-lhes como provavelmente será o futuro. Respondendo por todos os meios possíveis à pergunta crucial — "por quê?" — aumenta-se a disposição das pessoas para suportar as adversidades em meio à jornada para um futuro melhor.

Esse foi o propósito de Martin Luther King Jr. em seu famoso discurso de 1963 "Eu Tenho um Sonho" (I Have a Dream), no qual ele apontou para um futuro em que "criancinhas negras e brancas se darão as mãos e caminharão juntas como irmãos e irmãs".[4]

Às vezes, é possível tornar o futuro ainda mais concreto do que o de King naquele discurso memorável. Em 1983, o governo espanhol nomeou Ricardo Sanches diretor geral da IPIA, órgão regional de promoção industrial de Andaluzia, na Espanha.[5] O governo atribuiu-lhe a tarefa de reverter a estagnação econômica que caracterizava a região. As empresas locais lutavam com métodos de produção antiquados, com técnicas de marketing primitivas e com o pressuposto difuso entre os cidadãos de que o atraso era uma situação inevitável e permanente. Além da falta de inovação, não se percebia interesse pela inovação nem espírito de inovação.

Sanches concentrou sua atenção na indústria do mármore, na região de Macael, localizada nas montanhas desérticas do leste de Andaluzia. Embora Macael possuísse uma das maiores jazidas de mármore branco do mundo, os níveis de produção e lucro estavam bem abaixo dos da concorrência. As marmorarias de Macael eram especializadas em produção de mármore primário, segmento fragmentado e de baixo lucro do setor marmorário, em comparação com os setores de acabamento mais lucrativos. Havia mais de 150 pequenas marmorarias na região, com a média de sete empregados. As empresas faziam pouco ou nenhum marketing, não tinham identidade de marca, e eram vulneráveis à competição de empresas maiores e ao poder de mercado de fornecedores e clientes. Os proprietários e gerentes dessas pequenas empresas valorizavam sua independência acima de tudo, até mesmo mais do que o lucro e o crescimento. Sanches veio para Macael para promover o crescimento, mas praticamente não dispunha de recursos sob seu comando. De uma hora para a outra, na nova posição, viu-se sem fundos para distribuir, sem autoridade com que organizar as pessoas e negócios, e com um formidável desafio adaptativo pela frente.

Sanches percebeu, então, que uma maneira poderosa pela qual poderia ajudar seus liderados a abandonar um estilo de vida que amavam era mostrar-lhes um futuro melhor. Ele sabia que os membros da associação de empregados não conseguiam visualizar nenhum modelo organizacional diferente daquele em que estavam incrustados havia gerações. Assim, ele levou um grupo deles para a região marmorária de Carrara, na Itália. A maioria dos participantes jamais havia saído da Espanha. Naquela oportunidade, visitaram jazidas e instalações de produção, maravilharam-se com os equipamentos automáticos e conversaram com os colegas italianos, que estavam acostumados com a tecnologia mais avançada e aproveitavam as economias de escala. Não demorou muito para que os espanhóis começassem a valorizar os benefícios do marketing e da gestão de marcas. O grupo voltou com uma atitude diferente, demonstrando maior disposição para admitir a possibilidade de um estilo de vida diferente e reconhecendo que talvez valesse a pena abrir mão de parte do que amavam em busca de algo provavelmente melhor. Tinham visto com os próprios olhos um futuro que poderia ser deles.

Nem sempre é possível mostrar o futuro, pois ele talvez nem exista. Às vezes, nem mesmo se consegue visualizar os novos cenários. Porém, se isso for possível, a revelação do futuro é uma maneira extremamente eficaz de mobilizar o trabalho adaptativo e, ainda assim, não se tornar alvo de resistência. Se as pessoas forem capazes de vislumbrar o porvir, é muito menos provável que se fixem nas raízes do passado. E se alguém estiver lá antes delas e esboçar-lhes a visão do amanhã, essa imagem projetada aumentará não só a confiança na possibilidade do futuro, mas também na capacidade do líder de conduzi-las até lá. A função do líder é personificar a esperança, no lugar do medo. A confiança no futuro é crucial em face das contrapressões dos que obsessivamente se prendem ao presente e para os quais o líder representa uma fonte de transtorno indesejável.

• • •

Para liderar pessoas, sugerimos que você construa estruturas de relacionamentos propícias à abordagem das questões mais árduas, promovendo um contexto que possibilite o desacordo apaixonado. Mas mantenha suas mãos no controle da temperatura. Não instigue demais os liderados de uma vez só. Lembre-se, sua missão é orquestrar o conflito, não é tornar-se parte dele. É preciso deixar que as pessoas façam o trabalho que apenas elas são capazes de realizar.

6

Redistribua o Trabalho

Ganha-se credibilidade e autoridade na carreira quando se demonstra capacidade para tirar problemas dos ombros das pessoas, devolvendo-lhes soluções. O padrão se manifesta desde cedo na escola, quando as crianças recebem reforços positivos por descobrir respostas e continua pela vida afora à medida que os indivíduos se transformam em adultos responsáveis. Tudo isso é virtude, até que o indivíduo se defronta com pressões adaptativas para as quais não encontra soluções. Nessas ocasiões, os hábitos, o orgulho e o senso de competência do indivíduo entram em desordem, pois a situação exige a mobilização do trabalho alheio, em vez de conceber sozinho as soluções. Ao tentar resolver os desafios adaptativos das pessoas, o que se consegue, na melhor das hipóteses, é reformular a situação como problema técnico e criar algum alívio em curto prazo. Mas o problema perdurará e em breve voltará à tona.

Além disso, assumir o trabalho adaptativo alheio é arriscado. Como vimos no último capítulo, ao avocar para si uma questão, o líder se *transforma* na própria questão, aos olhos de muitos; segue-se, então, que a maneira de livrar-se da questão é livrar-se do líder. Qualquer que seja o resultado, o líder será responsabilizado pelo desequilíbrio gerado pelo processo, pelas perdas a serem absorvidas e pela reação dos que se sentirem deixados para trás.

Tire o Trabalho de seus Ombros

Quando Marty era responsável por assuntos de pessoal no gabinete do governador de Massachusetts, William Weld, muitas vezes se via na posição de tentar resolver conflitos entre dois servidores públicos seniores, antes que a notícia vazasse para os jornais ou para o noticiário noturno. Em geral, chamava os protagonistas à sua sala, na tentativa de aparar suas diferenças. Dessa experiência, ele extraiu muitas lições importantes para a própria sobrevivência.

Primeiro, as partes envolvidas quase sempre formulavam o conflito com muita imprecisão, atribuindo o problema a divergências de personalidade e de estilo. Marty as entrevistava e ouvia as diferentes versões. Na maioria das vezes, não se percebia toda a realidade: as discrepâncias descritas não eram superficiais ou meramente técnicas, mas, em vez disso, representavam opções de valor básicas, de âmbito individual ou organizacional. Os "conflitos de personalidade" eram uma explicação constante para mascarar choques fundamentais em termos de divisão de atribuições, de primado de valores culturais ou mesmo de visão. Não surpreende que os protagonistas evitassem abordar as questões mais profundas e mais difíceis que afetavam seus relacionamentos de trabalho. Segundo, as partes sempre recorriam a ele para resolver o problema. Às vezes, a única coisa com que concordavam era transferir a questão, dizendo: "Olha, faremos qualquer coisa que o gabinete do governador nos recomendar nesse caso. Apenas diga como devemos agir." A ideia era tentadora, pois encerraria uma reunião tensa e desconfortável, abafaria a crise imediata e evitaria a divulgação de um caso delicado. Mas, se ele optasse pela alternativa de enfrentar o problema mais profundo e intratável, o processo consumiria mais tempo e energia do que os oponentes estavam dispostos a despender.

Como, às vezes, não resistia à tentação e optava pela alternativa mais fácil, Marty descobriu que, nesses casos, as consequências eram duas, nenhuma das quais atendia aos propósitos dele próprio e do governador. Primeiro, o problema básico logo voltava à superfície, às vezes de forma menos controlável, pois, enquanto permanecia em estado latente, jamais ficava em repouso. Ao contrário, agravava-se ainda mais, sobretudo se os protagonistas representassem facções expressivas dentro da organização. Segundo, ao assumir responsabilidade pela solução do problema, Marty convertia-o em problema *dele*, ou do governador, ou de ambos. Sempre que uma alta autoridade numa organização resolve uma questão quente, a posição dela converte-se na questão em si. Os vencedores e perdedores são meros produtos da intervenção da autoridade, não se desenvolvendo nenhum processo de aprendizado. E por ter assumido determinada posição, é possível que mais tarde a autoridade enfrente dificuldades, se a facção "vitoriosa" não mais receber apoio adequado da organização. Marty criou problemas para si próprio e solapou sua credibilidade nas ocasiões em que resolveu diretamente a questão e, depois, a parte ou a posição pela qual optou caiu em desfavor.

Voltemos a 1994, à final da Eastern Conference da NBA (National Basketball Association).[1] O New York Knicks enfrenta o Chicago Bulls numa série melhor de sete. O Chicago tenta desesperadamente mostrar que é mais do que uma equipe de um só homem, que consegue vencer sem Michael Jordan, que se aposentara no fim da temporada anterior (sua primeira aposentadoria). Os Knicks ganharam os dois primeiros jogos, disputados no Madison Square Garden. Agora, estão de volta a Chicago. O placar está empatado em 102, com apenas 1,8 segundo para terminar o jogo. Os Bulls não podem dar-se ao luxo de ficar em 0-3 na série. Estão com a bola e pedem tempo para um último lance. Os jogadores se reúnem em torno do técnico Phil Jackson, já considerado um dos melhores técnicos profissionais de basquete do presente e de qualquer outra época. A discussão está animada, talvez até acalorada. A jogada prevista por Jackson exige que Scottie Pippen, o melhor jogador dos Bulls depois do afastamento de Michael Jordan, lance a bola para Toni Kukoc, que faria arremesso final. Kukoc é a única pessoa na equipe que poderia desafiar o status de Pippen como o novo melhor entre pares, na era pós-Jordan. Pippen está aborrecido por não ter sido selecionado para fazer o arremesso final e ouvem-se os seus resmungos entre os dentes. Jackson diz alguma coisa a Pippen e depois volta a atenção para a quadra. Em seguida, vê Pippen sentado na ponta do banco e pergunta-lhe se ele está ou não está no jogo, ao que ele responde: "Estou fora", cometendo, assim, um raro ato de insubordinação em qualquer esporte organizado: desobedecer a instrução do técnico para entrar no jogo. Com apenas quatro jogadores na quadra, Jackson é obrigado a pedir outra interrupção para evitar a penalidade máxima. Então, põe no jogo um reserva, Pete Myers, cujo ponto forte são os passes. Myers faz um passe perfeito para Kukoc, que dá um giro, completa um arremesso miraculoso e ganha o jogo. Os Bulls estão em estado de graça, mas a euforia com a vitória desaparece rapidamente, em face da atitude de Pippen.

Os Bulls vão para o vestiário. Jackson entra no recinto. A atmosfera está pesada. Qual será a reação dele? Punir Pippen? Fingir que aquilo nunca aconteceu? Forçar Pippen a pedir desculpas? Todos os olhos voltam-se para ele.

Enquanto decide o que fazer, Jackson ouve a respiração ofegante do veterano Bill Cartwright, subjugado pela emoção do momento. Finalmente, todos os jogadores da equipe se reúnem naquele ambiente escuro e úmido (Jackson descreveu o cheiro do lugar como o de uma "velha bolsa de ginástica esquecida num canto"). O *coach* olha em volta, mirando bem nos olhos dos jogadores. Finalmente diz: "O que aconteceu hoje nos deixa magoados. Agora, vocês terão de resolver essa questão."

O silêncio e a surpresa impregnam todo o vestiário. Então, Cartwright faz um apelo comovido a Pippen. "Olha, Scottie", segundo a transcrição de suas palavras por Jackson, "aquilo foi besteira. Afinal, todos estamos no mesmo time. Essa é a nossa chance de mostrar que também somos bons sozinhos, sem Michael, e você estraga tudo com o seu egoísmo. Nunca me senti tão decepcionado em toda a minha vida." Cartwright, conhecido por seu estoicismo e por sua invulnerabilidade, estava chorando. Jackson saiu do vestiário para deixar os jogadores se entenderem entre si.

Jackson sabia que se tomasse alguma iniciativa e resolvesse a questão, teria de reconhecer o comportamento de Pippen como insubordinação, um assunto entre o técnico e o jogador. Mas ele compreendeu que o incidente, em sua essência, envolvia algo mais profundo. Aquele momento refletira certa característica do relacionamento entre os membros da equipe. O que eles deviam uns aos outros? Qual era a responsabilidade deles entre si? Onde estava a confiança? O assunto era dos jogadores, não do técnico, e apenas eles podiam resolvê-lo.

Ao não assumir o conflito como algo pessoal, ao externá-lo e ao devolvê-lo aos jogadores, Jackson transferiu o assunto para o único foro onde poderia ser resolvido, na equipe em si. Não importava o que decidissem naquele momento; o importante é que eles, não Jackson, tomariam a decisão. "Tudo que fiz foi recuar e permitir que o time apresentasse sua própria solução", disse Jackson depois, quando cumprimentado pela maneira como conduziu a situação. Com todos os olhares voltados para ele, Jackson foi para o camarote e percebeu que qualquer intervenção dele talvez resolvesse a crise imediata, mas deixaria sem solução as questões subjacentes, até então não abordadas.

Sabemos com base em nossos próprios erros como é difícil explicitar certos assuntos, resistir à tentação de assumi-los como nossos. As pessoas esperam que os líderes interfiram nos assuntos e consertem as situações, que tomem partido e resolvam o problema. Quando o líder corresponde às expectativas dos liderados, eles o terão em conta de admirável e corajoso, o que é lisonjeiro. Mas questionar as expectativas dos liderados requer ainda mais coragem do líder.

Ponha o Trabalho no Lugar Certo

Para enfrentar desafios adaptativos, as pessoas devem mudar seus corações, assim como seus comportamentos. A história de Phil Jackson mostra que as soluções sempre aparecem quando as "pessoas com o problema" passam juntas por um processo comum, para se transformarem nas "pessoas com a solução". É preciso que as partes relevantes internalizem os assuntos, que os considerem seus e que por fim os resolvam para alcançar o sucesso duradouro. Jackson teve de localizar o conflito e pôr a questão no lugar certo.

Fronteiras de autoridade se interpõem entre os jogadores e o técnico, do mesmo modo como divisórias individuais isolam entre si os membros da equipe. Mas os limites entre os colegas de uma equipe coesa são transpostos com mais facilidade do que as linhas que separam a autoridade ou segregam facções, equipes ou partes altamente divergentes. Alguém do próprio time poderia tratar do impacto da atitude de Pippen sobre a equipe de maneira mais convincente do que uma pessoa de fora. Jackson situou o tema, inserindo-o no interior do próprio grupo, em vez de entre o grupo e algum árbitro externo. Assim, deixou intacta uma fronteira crucial, consciente de que o trabalho mais eficaz seria realizado apenas no seio da "família" Bulls.

Portanto, tirar o problema dos próprios ombros é necessário, mas não suficiente. Também é preciso recolocá-lo no lugar certo, onde possa ser atacado pelas partes relevantes. Às vezes, isso ocorre no interior de uma facção; outras vezes, significa conseguir que diferentes facções dentro da organização trabalhem juntas no problema. Quando aqueles servidores públicos seniores tentaram transferir seu trabalho adaptativo para Marty, a resposta dele deveria ter sido devolver-lhes o encargo. Ao assumir problemas alheios, também aceitou todo o risco. Teria sido melhor concordar em endossar as decisões das partes contrárias. Nas situações em que realmente distribuiu o trabalho, ele constatou que as soluções eram geralmente sustentáveis e que aumentava a probabilidade de que o problema fosse resolvido sem retrocessos. Ainda que a solução das partes diferisse daquela pela qual teria optado, ou mesmo da que julgasse a melhor disponível, o resultado era superior (e muito mais seguro para ele) quando as próprias partes envolvidas encontravam a solução.

A reinserção do conflito no lugar certo não é função ou oportunidade exclusiva de quem dispõe de autoridade. Ricardo Sanches (cuja história consta do Capítulo 5) compreendeu muito bem essa realidade. Quando entrou pela primeira vez na comunidade de Macael, com o prefeito local à frente, Sanchez passou dois dias visitando as marmorarias e ouvindo os representantes dos pequenos negócios falarem sobre suas dificuldades. Em seguida, pediu ao prefeito para convocar uma reunião do pessoal sênior local das associações industriais e dos sindicatos trabalhistas. Disse-lhes, então, que compreendia os problemas deles, mas que a solução não era evidente. Ao defrontar-se com a questão de como poderia induzi-los a raciocinar em termos de colaboração, em vez de autonomia — sem que lhe apontassem a porta da rua — decidiu efetuar uma intervenção drástica no processo. Disse-lhes que precisavam de um plano de ação, a ser desenvolvido por eles próprios. O IPIA atuaria como coordenador, não como autor do plano, e ajudaria a mobilizar os recursos necessários para a sua implementação. Assim, ele atribuiu o trabalho à comunidade. Ele não seria a pessoa que assumiria o plano, caso se recusassem a colaborar.

Chegou, então, a hora da parte radical de sua estratégia. Afirmou que iria embora de Macael naquele exato momento se não decidissem imediatamente agir como ele sugerira, por votação unânime. Além disso, garantiria a ajuda dele e do IPIA apenas se todos os elementos do plano fossem aprovados também por unanimidade. Ao impor essa condição para o seu envolvimento contínuo, ele forçou os stakeholders a se concentrarem na seguinte pergunta difícil: será que eles estariam dispostos a trabalhar de maneira colaborativa, ainda que em detrimento de sua tão valorizada autonomia? Depois que ultrapassassem esse primeiro obstáculo difícil do consenso, eles já teriam iniciado o processo de descobrir como trabalhar juntos.

Kelly trabalhou como administradora acadêmica em Colorado e participou ativamente da comunidade cívica e política de Denver. Em 1997, deixou seu trabalho como membro do staff da Câmara Municipal de Denver, depois de oito anos. Alguns amigos sugeriram que se candidatasse, por indicação da Câmara Municipal, à Comissão de Serviços Públicos de Denver. Ela concordou com entusiasmo. Porém, quando o titular em vias de requerer a aposentadoria decidiu concorrer a mais um mandato de dois anos, ela retirou sua candidatura. O titular sugeriu que ela seria sua sucessora ideal, daí a dois anos. Passado esse tempo, ela mais uma vez foi sondada a respeito de seu interesse pela indicação e concordou com a apresentação de seu nome. Desta vez, Kelly resolveu ficar no jogo e deixar que a Câmara Municipal decidisse o que fazer.

Enquanto aguardava a indicação, um artigo na imprensa detalhou como a Comissão de Serviços Públicos aprovara a contratação de um policial com extensos antecedentes de uso de drogas, violência doméstica e furtos contra um empregador. A crise daí decorrente pôs a Comissão na defensiva. A mídia e alguns pretensos reformadores clamavam por mudanças. Todo aquele frisson transformou a indicação de Kelly em símbolo de reforma da instituição, ainda que não se tivesse certeza de como o titular votara quanto à aprovação do recruta.

Durante toda a semana, os jornais e os programas de entrevistas trataram de algum aspecto da história. Kelly aparecia com destaque em todas as matérias, mas apenas por meio de declarações de outras pessoas a seu respeito. Os repórteres pressionavam-na em busca de suas opiniões sobre a Comissão e de seus comentários sobre nomeação do policial. Ela queria afirmar-se junto à opinião pública e sentiu-se lisonjeada ao ser vista como força positiva para a reforma. Ademais, também teve dificuldade em não responder às críticas que lhe foram feitas por quem defendia o policial e insistiam em nova indicação do atual titular para mais um mandato. Mas Kelly manteve-se discreta. Recusou-se a ser entrevistada e a participar das discussões em programas de rádio.

Finalmente, a Câmara nomeou Kelly por votação de sete a quatro. Ela sobreviveu por ter resistido à tentação de entrar em conluio com os que pretendiam convertê-la em símbolo da reforma. Do contrário, ela teria denegrido a imagem do titular, despertando simpatia por ele entre os membros que haviam trabalhado com ele e o consideravam amigo e colega. Kelly evitou até mesmo reagir às críticas públicas, pois qualquer atitude nesse sentido a converteria, pessoalmente, em personagem importante da história. Ela tentou por todos os meios separar-se das discussões, recusando-se a assumir qualquer posição pública sobre a contratação do policial, embora tivesse um ponto de vista claro sobre o assunto. Mantendo-se longe da briga, conseguiu afastar-se tanto quanto possível da controvérsia, restringindo-a ao âmbito da Comissão em si, que era o seu lugar. Isso aumentou suas chances de conquistar a nomeação e conferiu-lhe maior flexibilidade em sua futura atuação.

Um estratagema comum dos adversários é levar os debates sobre determinado assunto para o lado pessoal, como meio para afastar o antagonista. Nessas situações, a tendência é responder aos ataques ou, como no caso de Kelly, partir para o ataque. O impulso é entrar na briga quando se é mal caracterizado ou se é rotulado como personificação de questões alheias. Mas ao resistir às tentações de aceitar a provocação e admitir a personificação, talvez combatendo o ímpeto de dar explicações, consegue-se melhorar as chances de sobrevivência. Frustra-se o esforço dos adversários para convertê-lo no assunto e ajuda-se a deixar a responsabilidade pelo trabalho no lugar certo.

Marty recebeu sua primeira lição sobre a importância de pôr as questões no lugar certo, justamente a mais poderosa e mais dolorosa, logo no início de sua vida profissional. Ele tinha acabado de sair da faculdade de Direito. Seu amigo e mentor, Elliot Richardson, fora eleito vice-governador e o contratou para a sua pequena equipe de cinco pessoas, como assistente de pesquisa e legislação. Um dia, cerca de três meses depois de assumir o cargo, Richard pediu a Marty que fizesse algumas pesquisas sobre um assunto que estava esquecido já havia muito tempo. Marty fez o trabalho na mesma semana e resumiu-o num memorando. Duas horas depois, o trabalho estava de volta em sua mesa. Richardson não escrevera nele uma única palavra ou observação, nem mesmo uma rubrica a lápis, nada que demonstrasse que ao menos vira o documento. Marty presumiu que o trabalho lhe fora devolvido por engano e entregou-o de volta à secretária de Richardson, pedindo-lhe que o enviasse ao chefe. Antes de sentar-se à sua mesa, a uma pequena distância, o intercom de Marty estava zumbindo. "Vem aqui", disse Richardson. Pela voz, o chefe não parecia feliz.

Marty considerava Richardson uma figura imponente, mesmo quando estava de bom humor. Zangado, Richardson o deixava totalmente intimidado. Quando Marty entrou no santuário, logo percebeu que os maxilares de Richardson estavam contraídos. Sabia que aquele era o sinal mais visível de um sermão iminente.

— Isso é o melhor que você consegue fazer? — perguntou Richardson.

— Não sei — balbuciou Marty.

— Bem, espero que não seja. Não posso dar-me ao luxo de agregar mais de 5% de meu próprio trabalho ao seu melhor trabalho. Ter de adicionar mais do que isso à minha custa é perda de tempo. Portanto, não me mande isso de volta enquanto de fato não for o melhor que você for capaz de produzir.

Assim, Richardson localizou o assunto exatamente onde deveria estar, bem nos ombros de Marty. Não o assumiu como seu, embora não lhe exigisse muito tempo e esforço consertar o memorando. Mas isso teria sido uma solução técnica para um problema adaptativo: como conseguir que o novo jovem membro de sua equipe desse o melhor de si no desempenho de suas atribuições. No interior de Marty atuavam duas forças opostas; a que se empenhava para fazer o melhor trabalho possível e outra (que com muita frequência saía vencedora) que se satisfazia em fazer algo bastante satisfatório, mas aquém do ótimo.

O pior cenário no caso de se assumirem os conflitos e trabalhos alheios ocorre quando o líder se põe diretamente na linha de fogo. Foi o que aconteceu com Mark Willes, na Times Mirror Company.

Depois de um mandato bem-sucedido como vice-*chairman* da General Mills, o conglomerado gigante do setor de alimentos e cereais, Mark Willes tornou-se CEO da Times Mirror em 1º de junho de 1995. Suas metas eram reduzir os desperdícios, melhorar a rentabilidade e aumentar o preço das ações da empresa. Numa sequência muito rápida, ele presidiu a liquidação do *Baltimore Evening Sun*, fechou o *New York Newsday,* vendeu o negócio de publicações legais e médicas, livrou-se de algumas operações de cabos, e, no processo, demitiu mais de 2.000 empregados, proezas que, no conjunto, renderam-lhe o apelido de "Cereal Killer". Com o reforço de caixa daí resultante, contudo, ele recomprou ações da empresa, impulsionando seus preços, e, assim, ganhou algum tempo com o conselho de administração e com Wall Street.

A estratégia de longo prazo de Willes focava basicamente o jornal *Los Angeles Times,* nau capitania da corporação. Sua intenção era aumentar substancialmente a quantidade de leitores, numa época em que os principais jornais metropolitanos dos Estados Unidos reduziam sua circulação, pois os novos leitores eram mais caros (em termos de custos de impressão e distribuição) do que sua atratividade para os anunciantes. Ele pretendia angariar esses novos leitores por meio da criação de uma editoria latina e da colaboração com pequenos jornais latinos e asiáticos, situados em Los Angeles. Também determinou que partissem para um tipo de cobertura que tivesse como objetivo ampliar a capacidade de leitura de crianças do ensino fundamental, para aumentar a probabilidade de se tornarem adultos leitores. Chegou mesmo a mencionar a hipótese de vincular a remuneração dos editores à quantidade de vezes em que mulheres e minorias eram citadas em artigos sob sua jurisdição.

Todas essas iniciativas desafiavam os valores do jornalismo convencional sobre a santidade do produto editorial e sua separação de considerações comerciais. Porém, sua ideia mais radical, que ele alardeou aos quatro ventos, consistia em explodir a muralha tradicional e intransponível que separava o lado das notícias e o lado de negócios das empresas jornalísticas. Em seu primeiro esforço drástico para estreitar esse abismo, ele designou uma pessoa de negócios para atuar ao lado de cada editor, com a meta de promoverem, em conjunto, o aumento da rentabilidade. Sua tentativa era a de criar uma parceria entre facções que, tradicionalmente, se mantinham à distância uma da outra, dominadas por suspeitas recíprocas, se não por hostilidade aberta.

Willes conquistara algum apoio para seus objetivos no conselho de administração, em vendas e marketing e até de alguns profissionais na área editorial. Mas Willes não era jornalista e nunca trabalhara em organizações noticiosas. Todos sabiam que ele era o chefe, mas a maioria das pessoas no lado jornalístico da organização o via como um estranho, tentando mudar valores profundamente arraigados na sala de redação. Sob a perspectiva deles, a colaboração com o lado de negócios ameaçava sua independência e integridade, e, por se tratar de causa promovida por Willes, os adversários assestaram suas armas contra ele, não contra seus colegas de circulação e propaganda.

O Conselho de Administração investira muito em sua estratégia e em seu sucesso. De início, Willes contou com o apoio dos conselheiros e sobreviveu às primeiras escaramuças. Contudo, enfrentava críticas cada vez mais acirradas tanto de dentro da sala de redação do próprio jornal quanto de observadores da mídia nacional. Algumas pessoas do setor reconheciam que ele levantava questões importantes e questionava de forma adequada pressupostos até então intocáveis. Willes nitidamente se metera sozinho numa situação difícil e todos o vigiavam atentamente, dentro e fora de sua própria organização.

Em 1999, depois dos ataques iniciais, Willes transferiu o trabalho de editor para um protegido seu, de fora do jornal. O preço da ação estava em alta e o Conselho de Administração o recompensava com generosidade. Então, em janeiro daquele ano, o *Times* fez um acordo para rachar a receita de propaganda de uma edição especial de sua revista de domingo com o Staples Center, novo centro de esportes e convenções, tema daquele número. O esquema fugia muito das práticas comuns, deflagrando uma onda de protestos na sala de redação e entre os críticos externos. O redator incumbiu um repórter respeitado de conduzir ampla investigação sobre como surgira o acordo, e o editor teve de dar explicações em público para acalmar as águas. As críticas versavam sobre se o acordo com o Staples Center era a consequência inevitável do ímpeto agressivo de Willes para eliminar o abismo entre os domínios de notícias e de propaganda. Entre os críticos públicos destacava-se Otis Chandler, descendente da família que fundara o jornal e antecessor de Willes como CEO.

Menos de seis meses depois, Willes perdia o emprego. A família Chandler, que controlava o Conselho de Administração, vendeu a empresa sem que ele ao menos soubesse das negociações. Embora o tivessem recompensado quando as ações subiram, ele não percebeu que sua estratégia — ou, mais exatamente, a maneira como implementara sua estratégia — talvez o tornasse dispensável quando aumentasse o calor. Willes se deixou converter no próprio tema. Ele jamais deixou por conta da sala de redação a questão do relacionamento entre os dois lados da organização, que cuidavam, respectivamente, dos negócios e do editorial. Nunca se empenhou para transformar a colaboração com o pessoal de negócios em tema de debate entre o pessoal de notícias, forçando editores e repórteres a enfrentar a realidade vigente, a questionar uns aos outros e a explorar seus próprios pressupostos conflitantes. Nem mesmo tentou orquestrar o conflito entre as facções de notícias e de negócios, a fim de promover maior compreensão mútua. Como se mostrou disposto a suportar toda a carga nos próprios ombros, muitas pessoas em ambos os lados estavam satisfeitas em recostar-se e assistir à guerra entre ele e os jornalistas tradicionais, ansiosos por verem quem sobreviveria.

Torne suas Intervenções Curtas e Simples

O exercício da liderança envolve necessariamente intervenções. Obviamente, tais ingerências devem ser adaptadas às situações específicas, mas, em geral, é mais provável que se ouçam e se aceitem sem resistências perigosas intervenções curtas e diretas do que longas e tortuosas.

As táticas de liderança envolvem quatro tipos de intervenção: observações, perguntas, interpretações e ações. Na prática, elas combinam umas com as outras. A opção mais adequada dependerá do julgamento pessoal do líder quanto às suas próprias habilidades, aos propósitos almejados e à forma de atuação que apresente maior probabilidade de impulsionar o trabalho da organização, sem comprometer a eficácia da liderança. Evidentemente, as intervenções serão planejadas para exercer diferentes efeitos. Algumas serão concebidas para acalmar e outras para agitar; algumas atrairão a atenção, outras dispersarão o foco. E sempre ocorrerão efeitos não intencionais.

Ao afirmar, nas profundezas da Depressão, em seu primeiro discurso inaugural, que "a única coisa a temer é o próprio medo", Franklin Roosevelt interpretava o estado emocional do país e de sua economia paralisada. Seu objetivo era acalmar o povo, o que conseguiu, depois de 100 dias cheios de iniciativas. Por outro lado, em seu famoso discurso da "prostração", no apogeu da crise do petróleo, em 1979, Jimmy Carter também disse que o país sofria uma crise de confiança. Dessa maneira, interpretava que os problemas do país estavam nas atitudes das próprias pessoas. Mas, em seguida, ele agravou aquele momento de alta tensão, elevando ainda mais a temperatura. Ao enfrentar ambas as crises, o país precisava mais do que nunca que o presidente fosse uma rocha de estabilidade. Para que as pessoas aceitassem seu desafio, elas precisavam confiar no chefe da nação. No dia seguinte, ele demitiu seus ministros, sugerindo que não tinha confiança em sua própria administração. Se ele mesmo não confiava no governo, por que com o povo seria diferente? Carter foi difamado.

Observações

As observações são simplesmente afirmações que refletem de volta para as pessoas seus próprios comportamentos ou tentam descrever a situação vigente. Em outras palavras, levam o grupo momentaneamente para o camarote, a fim de que se distanciem um pouco da ação e adquiram alguma perspectiva quanto à própria atuação. Por exemplo, durante uma reunião, quando irrompe algum debate mais acalorado, alguém poderia dizer: "Espera um pouco. Acho que a tensão está ficando muito alta. Tudo corria muito bem até que o Bob fez aquele comentário."

As observações nada mais são que fotografias tiradas do camarote. Em consequência, elas tendem a ser menos ameaçadoras e menos catalíticas do que outras intervenções, embora a iniciativa do líder de simplesmente pedir "tempo" e reportar a própria percepção às vezes seja estimulante e produtiva.

Perguntas

Ao fazer uma observação, o líder dispõe da alternativa de deixar que a poeira assente, criando condições para que o grupo preencha o vazio, ou dar um passo adiante, formulando uma pergunta ou propondo uma interpretação.

Perguntas do tipo "O que está acontecendo aqui?" ou "Será que o comentário de Bob continha algo de ameaçador?" às vezes surtem o efeito de devolver o trabalho ao grupo. Pode-se fazer uma pergunta porque realmente não se sabe a resposta e, portanto, não se consegue formular uma interpretação ou porque se considera importante que as pessoas abordem o assunto à sua própria maneira ou ainda porque se pretende ficar tão afastado quanto possível da linha de fogo, ainda que mantendo o assunto em andamento.

Obviamente, quando se insere a própria compreensão dos eventos na maneira como se formula a questão, a pergunta se torna carregada de significado e insinuações. Muitas vezes, esse artifício irrita desnecessariamente os circunstantes. Em vez de entenderem que o líder está apenas apresentando sua interpretação sobre os eventos, os liderados se consideram alvo de uma tentativa de manipulação, para que presumam que essa é a versão verdadeira e comecem a discussão a partir desse pressuposto.

Interpretações

Uma alternativa mais ousada e geralmente mais útil para a pergunta carregada de significado é completar a observação com uma interpretação. Por exemplo, em vez de apenas observar a briga e fazer perguntas a seu respeito, dir-se-ia: "Não acho que esse conflito realmente seja sobre X. Tenho a impressão de que o verdadeiro tema é Y, outra questão que estamos cozinhando em fogo brando nas nossas reuniões já há uns quatro meses. Até resolvermos esse tema, não sei como progrediremos no outro."

Essa técnica pode ser útil quando se está preocupado há certo tempo com alguma questão oculta, mas se pretende esperar até que se disponha de mais informações ou que venha à tona alguma situação relevante.

Quando se oferece uma interpretação, nem sempre se está absolutamente certo de sua exatidão. As respostas em si fornecerão pistas. Ofereça a interpretação, fique firme e observe com atenção como o grupo trata sua perspectiva.

As interpretações são intrinsecamente provocantes e aumentam a temperatura. As pessoas em geral não gostam que interpretem suas afirmações e atitudes (a não ser que acabem gostando da avaliação apresentada). Ao se fazer uma interpretação, revela-se que se passou algum tempo no camarote e isso levanta suspeitas de que o intérprete "não faz parte da equipe", de que, de algum modo, está "acima" do grupo.

Ações

Toda ação exerce um efeito imediato, mas também transmite uma mensagem. As ações comunicam alguma coisa. Por exemplo, quando alguém sai da sala durante uma reunião, perde-se a sua contribuição. Mas a partida também comunica uma mensagem do tipo "Vocês não estão tratando do que, na minha opinião, é o principal ponto" ou "Essa conversa está muito tensa para mim".

Ao serem praticadas sob a forma de intervenções, as ações podem complicar a situação, pois, quase sempre, são suscetíveis de mais de uma interpretação. Por exemplo, na guerra do Golfo, quando a coalizão internacional liderada pelos Estados Unidos invadiu o Kuwait, controlado pelo Iraque, em janeiro de 1991, a mensagem para Saddam Hussein foi muito clara. Mas que tipo de mensagem estava sendo percebida pelos demais países do Oriente Médio? Será que também eles podiam confiar na intervenção das Nações Unidas para proteger suas fronteiras? Será que os Estados Unidos estavam manifestando um compromisso mais ativo com a paz na região? Será que a aliança com a Síria representava um casamento de conveniência temporário ou uma mudança de atitudes realmente relevante e duradoura para a política regional?

Os protestos de 1968 ilustram a complexidade da comunicação por meio da ação. A violência contra homens e mulheres infligida por policiais de Chicago durante a Convenção Nacional Democrática daquele ano não contribuiu para a causa dos manifestantes contra a guerra do Vietnã. Inadvertidamente, é bem possível que tenha sido mais útil para que o candidato presidencial dos falcões, Richard Nixon, ganhasse as eleições, ao dar a impressão de que o Partido Democrático estava em situação caótica, sem capacidade para conter seus adeptos, nada mais que um grupo de baderneiros e de policiais fanáticos, sobretudo quando o baluarte dos democratas, o prefeito Richard Daley, era responsável pela aplicação da lei na cidade.

Como tentativa de intervenção pela liderança, os protestos não salientaram os assuntos com suficiente clareza nem colocaram o trabalho no lugar certo. Os protestos ocorreram num contexto político em que o presidente que estava sendo responsabilizado pela guerra, Lyndon Johnson, já se retirara da presidência. Embora a polícia de Chicago tenha usado a violência sem necessidade e de maneira ultrajante, ambos os lados agiram com provocação, sem que nenhum dos dois tivesse a ver diretamente com assunto: os tiras de Chicago contra um bando de garotos, liderados por adultos, muitos deles já além da idade de alistamento militar. Em vez de chamar a atenção para as questões difíceis com que se deparava a sociedade, os manifestantes desencadearam um assunto paralelo, sob o mote lei e ordem. Não foi difícil distorcer as ações e deslocar o trabalho para o lugar errado, enquanto os espectadores de televisão assistiam às batalhas entre os representantes de facções antagônicas, em torno de temas colaterais.

Mas nem todas as ações enviam mensagens ambíguas. Quando Martin Luther King Jr. e seus estrategistas marcharam de Selma para Montgomery, no Alabama, eles transmitiram uma mensagem clara quanto à brutalidade do racismo nos Estados Unidos. Os negros tinham de optar entre a aceitação passiva e o protesto veemente. Os brancos teriam de enfrentar a contradição entre os valores proclamados pelo país e as práticas predominantes no dia a dia. Nesse caso, a ação como forma de intervenção se mostrou muito mais poderosa do que outros meios de comunicação. As cenas televisadas de policiais brancos surrando homens, mulheres e crianças negras, que agiam de forma pacífica, impingiram imagens indeléveis na consciência nacional. Milhões de cidadãos em suas casas, defronte à televisão, captaram a mensagem.

As ações chamam a atenção, mas a mensagem e o contexto devem ser claros. Do contrário, distraem as pessoas e dispersam a responsabilidade.

• • •

Os líderes mantêm-se vivos na prática da liderança ao reduzirem a extensão em que se tornam alvos da frustração dos liderados. A melhor maneira de ficar fora de alcance é empenhar-se constantemente em devolver o trabalho para as pessoas que devem assumir a responsabilidade. Transfira o trabalho para e entre as facções que enfrentam o desafio, e ajuste suas intervenções para que sejam incontroversas e tenham um contexto. Na contínua improvisação da liderança — como processo incessante no qual atua, avalia, adota ações corretivas, o líder reavalia e intervém de novo — nunca se sabe com certeza como a intervenção está sendo recebida, a não ser que se mantenha atento o tempo todo. Assim, tão importante quanto a qualidade das ações é a capacidade de manter-se firme no desfecho, a fim de avaliar os próximos movimentos.

7

Mantenha-se Firme

Analisamos por que o trabalho adaptativo gera calor e resistência, as formas de perigo resultantes dessa resistência e como responder à situação. Mas partir para a ação de modo a gerenciar relacionamentos políticos, orquestrar o conflito ou repor o trabalho no lugar devido presume que se seja capaz de enfrentar um desafio mais fundamental — manter a calma e o controle, a fim de planejar as melhores iniciativas a adotar em seguida. Manter-se firme em meio ao calor da ação é uma habilidade essencial para sobreviver e preservar o foco das pessoas no trabalho. A pressão, por vezes, é quase insuportável, fazendo com que se questionem as próprias capacidades e a trajetória adotada. Caso se demonstre hesitação ou precipitação, todo o trabalho anterior às vezes se perde em instantes.

Aguente o Calor

Aprender a aguentar o calor e a resistir à raiva alheia de modo a não solapar as próprias iniciativas é uma das tarefas mais difíceis da liderança. Quando se pede às pessoas para empreender mudanças ou mesmo suportar sacrifícios é quase inevitável provocar frustrações em alguns dos colegas ou partidários mais próximos, para não mencionar os membros de outras facções. Os aliados querem que o líder acalme a situação, pelo menos *para eles*, em vez de promover agitação. À medida que exercem pressão para que o líder recue, abandone a questão ou mude o comportamento que os aborrece, sente-se o desconforto do calor mais intenso. Nesse sentido, o exercício da liderança pode ser compreendido como desapontar pessoas na intensidade por elas tolerável.

Não existem duas pessoas com características exatamente iguais, motivo pelo qual cada um responde à sua maneira aos estímulos do ambiente. Alguns indivíduos têm maior tolerância ao calor e ao estresse do que outros; com efeito, há até quem prospere sob piques de pressão. Mas para a maioria de nós, que preferimos minimizar a oposição ou evitar qualquer de suas manifestações, a verdade é que raramente, se é que isso é possível, se consegue evitar a raiva alheia quando se lidera qualquer tipo de transformação significativa. Assim, quanto maior a resistência do líder ao calor, maior será a sua capacidade de manter o assunto vivo e garantir sua participação no jogo. Como vimos no Capítulo 5, o personagem de Henry Fonda resistiu ao calor intenso imposto por seus colegas jurados em *Doze Homens e uma Sentença* ("Twelve Angry Men"). Eles o atacaram verbalmente e o ameaçaram fisicamente, na esperança de que recuasse. Sua disposição para ser o "espírito de porco" e, depois, para suportar o calor com elegância foi essencial para a sua sobrevivência — e para a legitimidade de sua posição — na sala dos jurados. Mas o aumento da capacidade de aguentar o calor exige prática. É preciso treinar constantemente para manter a própria perseverança e frieza, quando o mundo ao seu redor está em ebulição. O silêncio é uma forma de ação.

Durante mais de uma década, Mary Selecky gerenciou programas de saúde pública para uma jurisdição de saúde que abrangia três municípios no nordeste rural do Estado de Washington.[1] Também desempenhou papel ativo em todo o Estado à frente de vários projetos legislativos bem-sucedidos, como o AIDS Omnibus Act, segundo o qual os postos de saúde locais eram obrigados a prestar atendimento aos portadores de AIDS, e a lei que criou o Departamento de Saúde estadual. O sucesso dessas iniciativas redundou em sua nomeação para secretária de saúde interina do Estado de Washington, em 1º de outubro de 1998, quando o governador Gary Locke tornou-a chefe da agência que ela ajudara a criar.

Desde o momento de sua nomeação, ela se viu em meio a uma controvérsia feroz e ininterrupta sobre se as pessoas cujos exames indicassem HIV positivo deviam ser registradas no departamento pelo próprio nome ou apenas por meio de um código numérico. Os ativistas dos direitos dos aidéticos argumentavam com insistência que o registro deveria ser apenas numérico, para proteger a identidade dos pacientes e não inibir as pessoas a submeter-se aos testes. Os funcionários da saúde pública sustentavam que os interesses sociais mais elevados exigiam a identificação nominal. Para eles, esse era o sistema de gerenciamento mais simples e exato, pois era capaz de, com rapidez e facilidade, monitorar o alastramento da doença, facilitar a notificação e o aconselhamento, além de evitar com mais eficácia a proliferação da infecção. O registro nominal era o procedimento padrão em outras cinquenta e quatro moléstias contagiosas.

Em fevereiro passado, o Comitê sobre HIV e AIDS do governador, dominado por funcionários da área de Aids e por ativistas, propôs por votação esmagadora (14-4) o uso de identificadores numéricos. Os defensores dos números esperavam que o governador aceitasse a recomendação e a enviasse com sua aprovação para o Conselho Estadual de Saúde, com autoridade estatutária pela adoção das normas referentes ao registro de doenças. O governador desfrutava de amplo apoio na comunidade gay, que compunha o núcleo dos ativistas pró-número, além de, durante toda a sua carreira, ter sido forte defensor da privacidade. Em vez disso, o governador insistiu em sua posição de neutralidade. Como saída para o impasse, tentou constituir uma comissão para resolver a questão, mas não conseguiu compor um grupo aceitável por ambos os lados.

Finalmente, pediu ao Conselho Estadual de Saúde que encontrasse uma solução, que, por sua vez, incluiu o tema na agenda da reunião de outubro, para uma votação preliminar. O Conselho era composto de dez pessoas nomeadas pelo governador, todos profissionais de saúde. Selecky era membro nato do conselho, e, portanto, teria de dar seu voto sobre essa questão altamente controversa, apenas duas semanas depois de assumir o cargo. Embora não presidisse o conselho, suas palavras e ações, como secretária estadual de saúde, exerceriam forte impacto sobre a decisão do órgão.

Em seu emprego anterior, em nível municipal, Selecky alinhara-se com seus colegas da saúde pública, assumindo posição favorável ao uso de nomes. Mas, agora, via-se num ambiente diferente. Desempenhava novo papel, com diferentes funções e novos constituintes, no qual contava com pouca orientação da autoridade nomeante. Presumiu, então, que Locke sabia de sua posição pública anterior quanto à questão pendente.

Em breve, o assunto seria debatido e decidido pelo Conselho, e ela teria de declarar seu voto. A deliberação não seria definitiva, mas serviria como base para a elaboração de uma norma, sujeita a novas discussões e a audiência pública. A movimentação política seria intensa, qualquer que fosse sua posição.

À medida que se aproximava a data da reunião, Selecky não deixava transpirar qualquer indício de suas intenções, embora seu staff demonstrasse forte propensão para o registro nominal. Na reunião, o intenso debate anterior à votação deixou claro que os profissionais de saúde, que defendiam o registro nominal, tinham feito o dever de casa. Selecky nada disse durante as conversas e esperou o voto de alguns, mas não de todos os membros. Todos os olhares voltavam-se para ela. Sua decisão foi pela abstenção. O resultado foi de 7-0 em favor do registro nominal e o departamento de Selecky estava agora incumbido de redigir o regulamento preliminar, refletindo a deliberação.

Aquela ação, ou inação, aborreceu quase todo mundo. Ambos os lados deixaram clara sua decepção por ela não lhes ter dado seu voto, mas concordaram com uma coisa: ela abdicara de sua responsabilidade. O gabinete do governador também manifestou preocupação.

Selecky passou por um período difícil depois daquela reunião. As críticas contra ela eram de várias procedências. Furiosos, os ativistas em favor dos direitos dos aidéticos protestaram em manifestações públicas. Mas Selecky resistiu ao calor e manteve-se firme, não cedendo às pressões e nem mesmo atendendo ao clamor para que assumisse uma posição.

Depois, aos poucos e, de início, hesitante, ela começou a reunir-se com os dois lados, primeiro separadamente e, em seguida, em conjunto. Nenhum deles estava satisfeito com o que ela fizera, mas os dois ficariam muito mais aborrecidos se ela tivesse ficado com o oponente. Por fim, chegaram a uma solução conciliatória. Os nomes das pessoas infectadas com HIV seriam destruídos em noventa dias. As autoridades de saúde locais registrariam os nomes, mas forneceriam ao Estado apenas a identificação numérica.

Esse caso foi um teste para Selecky, não pelos aspectos técnicos da questão, tampouco pelo certo ou errado das opções políticas, mas por sua tolerância em relação ao calor. Ela teve de, conscientemente, enfrentar e absorver a ira e a decepção de todos. Seus antigos colegas da saúde pública tinham todos os motivos para achar que as opiniões dela sobre o assunto seriam compatíveis com as que já manifestara em outras ocasiões. E os ativistas dos aidéticos sabiam que ela e o governador eram receptivos à sua causa.

Para ela, foi muito difícil atravessar a tormenta, pois teve de conviver com críticas intensas de pessoas cuja amizade, coleguismo e apoio desfrutara e valorizara no passado. Ao manter-se firme, contudo, preservou o acesso a todas as partes e, por fim, descobriu uma maneira de fazer com que ambos os lados negociassem entre si e aceitassem reciprocamente a legitimidade de suas preocupações.

Resistir ao fogo cerrado dos amigos e aliados é muito difícil. Sob certo aspecto, é mais fácil tolerar os abusos da oposição. Afinal, a fúria das forças do mal é indício de que se está fazendo algo positivo. As pessoas que discursam para multidões iradas ou que se submetem a entrevistas hostis pelo rádio ou pela televisão parecem sobremodo corajosas, mas quem já enfrentou situações desse tipo conhece o segredo de tanta ousadia: quando o inimigo lhe atira tomates, algo em seu interior sente-se enobrecido e fortalecido.

Conforme ilustram Mary Selecky e o personagem de Henry Fonda, o desafio da liderança geralmente envolve intensas pressões de pessoas cujo apoio é valorizado e necessário. Nenhum dos dois teria realizado seus objetivos sem a ajuda dos que estavam frustrando e decepcionando. A resistência a essas pressões exige amplitude de visão e doses extras de paciência, maturidade, coragem, força e elegância.

As pessoas desafiadas testarão a firmeza e avaliarão seus méritos com base nas reações do líder às suas manifestações de raiva, não muito diferentemente dos adolescentes, ansiosos por saber até que ponto podem incendiar a casa sem torrar os pais. A tolerância à raiva das diferentes partes, sem descambar para a defesa pessoal, suscita confiança. Caso seja possível aguentar o rojão durante bastante tempo, mantendo o respeito pela dor alheia e sustentando as próprias opiniões, sem defender a si próprio como pessoa, por vezes se descobre que na calmaria sobreveniente os relacionamentos ficam mais fortes.

A história exalta os personagens que demonstram essa capacidade. Nelson Mandella, Martin Luther King Jr., Gandhi, Margaret Sanger, Elizabeth Cady Stanton, Joana D'Arc, Maomé, Jesus, Moisés — todos conquistaram extraordinária credibilidade e autoridade moral ao tolerar a raiva com elegância. Assim, resistir à ira alheia é uma tarefa sagrada, pois nos submete a testes exatamente onde somos mais vulneráveis. Exige que preservemos a lealdade a certo propósito, mesmo quando tal posição libera demônios. A resistência ao calor com elegância denota respeito pelas dores da mudança.

Deixe os Assuntos Amadurecerem

No esforço de liderar uma comunidade, o líder geralmente pensa e age adiante dos liderados. Mas quando avança demais, levantando questões antes do momento certo, o líder cria oportunidades para que os liderados se desvencilhem dele e dos assuntos. É preciso esperar até que os assuntos estejam maduros, ou que o próprio líder amadureça. A paciência, sem dúvida, não é virtude típica dos apaixonados por seu trabalho ou missão. Mas aguardar até que o assunto esteja pronto às vezes é fundamental para mobilizar a energia dos liderados e fazer-se ouvir.

Obviamente, a maioria das organizações e comunidades defronta-se a qualquer momento com um amplo espectro de desafios. O bom senso sugere que não se pode enfrentá-los todos de uma vez. A disponibilidade de recursos quase sempre impõe a agenda — ataca-se um problema quando se conta com os meios. Mas a existência de recursos é apenas um fator que contribui para a disposição das pessoas para lidar com determinada questão. O principal elemento é a prontidão psicológica para pesar as prioridades e assumir as perdas. A questão política passa a ser: será que a prontidão psicológica difundiu-se entre uma quantidade suficiente de facções na organização ou na comunidade, de modo a fornecer a massa crítica?

Os assuntos estão maduros quando se constata um senso de urgência difuso no sentido de seu enfrentamento. Algo que talvez lhe pareça de extrema importância, exigindo atenção imediata, nem sempre desperta a mesma percepção nos demais membros da organização, pelo menos no momento. Mas, com o tempo, outras pessoas talvez passem a considerá-lo importante. O ativismo de certos líderes como Maggie Brooke, que assumiu o problema do alcoolismo em sua comunidade, é capaz de, com o tempo, promover o amadurecimento de determinada questão, ao atrair a atenção das pessoas para as contradições de suas vidas. Em outras ocasiões, eventos dramáticos, como os ataques de 11 de setembro de 2001, desencadeiam imediatamente todo um conjunto de atividades convergentes para determinado tema.

Mais uma vez, trata-se de uma questão de perspectiva. Lembre-se da história de Amanda e Brian, no Capítulo 3, na qual a intervenção de Amanda não levou a lugar algum, enquanto um comentário quase idêntico de Brian, pouco depois, na mesma reunião, cativou a atenção dos participantes. Você provavelmente já passou por experiência semelhante, ao levantar um assunto e encontrar ouvidos moucos, apenas para ver que, pouco depois, o mesmo assunto é levantado por outra pessoa e domina a conversa. Ainda que a situação o deixe confuso e abatido, observe o que ocorreu: o assunto ficou maduro.

A história do movimento dos direitos civis nos Estados Unidos oferece um exemplo vigoroso desse processo em âmbito nacional. Em 1965, depois de dez anos de demonstrações, o movimento dos direitos civis fora bem-sucedido em promover demanda crescente em todo o país em favor da legislação pelos direitos civis. No caso, os ativistas amadureceram o assunto por meio de manifestações que chamaram a atenção para valores americanos não respaldados pela prática cotidiana. Contudo, em muitas áreas do Sul, os negros ainda não podiam votar. Não obstante a histórica Lei dos Direitos Civis, de 1964, a questão do direito de voto dos negros ainda não estava sazonada. A legislação de 1964 deliberadamente evitou o tema — uma coisa era deixar que os negros compartilhassem com os brancos os mesmos ônibus, restaurantes e banheiros, mas permitir que os negros tivessem acesso ao poder era algo totalmente diverso.

Os homens e mulheres que se deixaram surrar pelos policiais de Alabama nas marchas de 1965 pelo direito de voto, em Selma, forçaram o amadurecimento do tema, mas só porque ilustraram o problema da injustiça social de maneira inequívoca e dramática. Não resistindo aos policiais e não permitindo que as manifestações descambassem para a violência, ninguém conseguiu desvirtuar o tema, convertendo-o em questão de lei e ordem. Os organizadores se empenharam para que as câmeras de televisão mostrassem as cenas ao público americano e a demonstração por si exibiu os principais atores do problema, encenando seus papéis: adultos negros em idade de votar e policiais brancos impedindo seu avanço. Ao suscitar vigorosa vontade política, os manifestantes abriram o caminho para o presidente Lyndon Johnson, que rapidamente aproveitou a oportunidade e enviou ao Congresso o projeto que logo se converteu em Lei dos Direitos de Voto.

Nos Estados Unidos, o uso de drogas aflorou como tema maduro no fim da década de 1980 e no início da de 1990. Outros temas, como aquecimento global, pobreza e assistência médica, ainda continuam submersos. A assistência médica veio à tona durante um curto período, entre 1993 e 1994, mas o novo governo Clinton formulou uma solução tão avançada para a época, em comparação com quaisquer das ideias então predominantes sobre o problema, que suas propostas nunca tiveram a mínima chance. Entretanto, a iniciativa de Clinton lançou as sementes de alguns frutos que em breve estariam maduros para futuras colheitas. Vários anos depois, certos aspectos do assunto — como o sofrimento das crianças sem seguro e o alto custo de medicamentos com receita médica para idosos — começaram a ganhar impulso.

O que determina se e quando um assunto fica maduro? De que maneira desenvolve-se o senso de urgência difuso, compartilhado não apenas por uma, mas por muitas facções dentro da comunidade? Não obstante a multiplicidade de fatores, identificamos quatro questões críticas: que outros interesses ocupam as pessoas que devem atuar como participantes ativos? Com que profundidade os problemas afetam os indivíduos? O quanto se precisa aprender? E quais são as autoridades seniores que se manifestam sobre o assunto?

Primeiro, quais são as outras coisas que absorvem a atenção das pessoas? Se quase todos na organização já estão lidando com algum tipo de crise, talvez seja mais difícil conseguir que se concentrem no assunto que, na opinião do líder, é o mais importante. Às vezes, consegue-se melhor receptividade adiando a questão até um momento mais oportuno. Durante a guerra do Golfo Pérsico, no início de 1991, a atenção de muitos países do mundo concentrou-se no Oriente Médio. Nesses países, outros temas que não fossem os problemas da região tinham poucas chances de conquistar a atenção popular. Nessas condições, nenhuma outra questão seria encarada com seriedade. Em contraste, na mesma época, dentro da antiga União Soviética, a agitação da economia capitalista começava a despertar expectativas. A insatisfação crescente ameaçaria a economia capitalista incipiente se os soviéticos não conseguissem atender às demandas dos cidadãos, garantindo a disponibilidade de mercadorias básicas, a preços razoáveis. No entanto, por causa da crise do Golfo, teria sido muito difícil chamar a atenção dos países da OTAN para as agruras dos soviéticos. E, no sentido oposto, em face da crise econômica na antiga União Soviética, também teria sido muito improvável fazer com que os soviéticos se preocupassem com a paz no Oriente Médio.

Às vezes, é preciso manter-se firme e ficar atento às oportunidades. Contudo, se o líder perceber que nunca chega a hora de levantar sua questão, talvez seja preciso criar a oportunidade, desenvolvendo alguma estratégia para a promoção do senso de urgência. Quando Lyndon Johnson disse a Martin Luther King Jr., depois da aprovação da Lei dos Direitos Civis, em 1964, que ele teria de esperar alguns anos até que alguém se dispusesse a fazer alguma coisa pelo direito de voto dos negros, King respondeu que seus constituintes já haviam esperado muito tempo e que iniciaria as manifestações em Selma em janeiro. Johnson desaconselhou-o a fazê-lo, mas disse-lhe que se King e os organizadores despertassem no público o senso de urgência, ele próprio recorreria aos poderes da presidência para aproveitar o momento, o que fez.[2]

Segundo, com que intensidade as pessoas são afetadas pelo problema? Quando não se sente o aperto da realidade é menos provável que perceba a premência da mudança. E por que cargas d'água seria diferente? Às vezes, acontecimentos fortuitos aceleram o amadurecimento de uma questão, ao acentuar a gravidade de um problema. Exploradas de maneira adequada, as crises fornecem oportunidades de aprendizado.

Por exemplo, quando o presidente Richard Nixon e o chefe dos Correios dos Estados Unidos, general Winton Blount, tentaram, em 1969, reverter duzentos anos de influência política na instituição, convertendo-a em empresa pública, poucas pessoas se importavam o suficiente com o assunto para defender reforma tão radical. A influência política era algo sensível ao coração dos congressistas, que, afinal, seriam os responsáveis pela aprovação da proposta. Mas os membros do Congresso ouviam muitas reivindicações dos empregados dos Correios, em seus distritos, por aumentos salariais, e quase nada sobre a premência da reestruturação.

Entretanto, a paralisação dos trabalhadores postais na cidade de Nova York, seguida de uma greve nacional por aumento salarial, mudou todo o cenário. Muita gente, sobretudo pessoas de negócios, sentiu os efeitos imediatos e devastadores da situação. Perderam-se milhões de dólares, importantes documentos caíram no limbo, e os cheques da previdência social chegaram com atraso. Falou-se muito em decisão judicial para pôr fim à questão e, finalmente, em 23 de março de 1970, Nixon ameaçou incumbir a Guarda Nacional da distribuição da correspondência. A iminência de intervenção militar surtiu o efeito de quebrar a resistência dos grevistas, fazendo com que os trabalhadores dos Correios, em sua maioria, voltassem ao trabalho em 25 de março.

A greve dos Correios transformou-se em principal notícia em todo o país. Como boa parte do público apoiava o aumento salarial, o governo receava que aquela situação acabasse frustrando os esforços de reforma. Mas não haviam previsto que a greve avivaria a percepção de como se dependia do bom funcionamento dos serviços postais. Como o público sentira os efeitos da interrupção da entrega de correspondências, o governo conseguiu pressionar o sindicato a apoiar a reforma em troca do aumento salarial. Assim, em 6 de agosto de 1970, o Congresso enviou à Casa Branca um pacote composto de aumento salarial e proposta de reestruturação. Embora a greve não tivesse nada a ver com a reestruturação dos serviços postais, o transtorno no cotidiano tornou relevante a questão da eficiência dos Correios. Experimentou-se o problema e sentiu-se pela primeira vez a necessidade de fazer alguma coisa para garantir que a entrega da correspondência estaria em mãos de profissionais capazes.[3]

Os acontecimentos também amadureceram a questão da segurança nuclear em 1978, quando os reatores de Three Mile Island entraram em colapso. Durante muitos anos, as advertências sobre os riscos de colapso dos reatores nucleares eram sempre provenientes de grupos de interesse marginalizados, havia muito tempo considerados antinucleares. Seus argumentos não eram levados a sério e o público esbanjador de energia aceitava ansiosamente as garantias do governo e das empresas de que tudo era seguro e sem riscos. Porém, depois daquele acidente assustador, as alegações do setor de energia nuclear a respeito da segurança de suas instalações passaram a soar de maneira muito diferente (embora a ocorrência em si não tenha resultado em mortes e suas consequências não tenham ido além de danos muito pequenos e de longo prazo). Coincidentemente, o filme *Síndrome da China*, relato ficcional de um desastre numa usina de energia nuclear, foi lançado mais ou menos na mesma época do acidente, amadurecendo ainda mais a questão. De repente, a construção de usinas nucleares tornou-se muito problemática. O tema segurança *versus* necessidade de mais energia estava maduro, iniciando a fase das opções.

Terceiro, quanto se deve aprender para formular julgamentos? A ignorância sobre um assunto quase sempre é inversamente proporcional ao grau de amadurecimento. Mas as crises mudam rapidamente a situação. Os riscos da energia nuclear não eram bem compreendidos até os acidentes de Three Mile Island e Chernobyl. Esses acontecimentos precipitaram o aprendizado público em ritmo intensivo. Em escala ainda maior, os ataques terroristas de 11 de setembro de 2001 e seus resultados foram uma lição contundente para os Estados Unidos e, em grau significativo, também para a comunidade internacional, a respeito dos graves riscos e dos efeitos potenciais do terrorismo, tornando pouco questionável a necessidade de maior regulamentação e de ampla cooperação em âmbito mundial. Em contraste, o aquecimento global é uma questão que, apenas aos poucos, de maneira muito gradual, inculca-se na consciência pública. Com a mudança nos padrões climáticos e com o surgimento de novas tendências, influenciando a vida das pessoas, a questão torna-se mais conhecida, em longo processo de amadurecimento. Sem dúvida, o aprendizado seria muito mais intenso, se assistíssemos a uma sucessão de fenômenos climáticos inusitados e catastróficos.

Como as crises e tragédias geram senso de urgência quanto à abordagem das questões, não raro a única maneira de concentrar o foco sobre determinado tema e avançar em busca de soluções é deflagrar uma crise. Às vezes, basta algo pequeno, como as crises orçamentárias, que em geral são úteis para focar a atenção na necessidade de reavaliar prioridades e trajetórias. Outras vezes, precisa-se de alguma coisa maior. Martin Luther King Jr. receava o tempo todo por sua vida, mas, em Selma, criou, de propósito, uma situação que quase certamente resultaria em violência. Sabia que estava pondo em risco não só a própria vida, mas também a de muitas outras pessoas. Os manifestantes, sem dúvida, estavam conscientes do perigo, mas isso não facilitava a decisão de King, sobretudo quando três pessoas foram assassinadas.

Quando o líder não leva em conta a dificuldade do aprendizado, a organização ou comunidade o segrega como visionário pouco prático e como excluído social, não raro impondo sansões ainda mais graves. É preciso ir devagar. O assunto por vezes demora anos para amadurecer na organização ou comunidade, até o ponto em que se compreende o que está em jogo e se é capaz de decidir o seu destino. Como vimos no Capítulo 1, a cultura organizacional da IBM, em 1994, não reconheceu o novo desafio de fazer negócios pela Internet. Na época, a IBM operava com uma agenda cheia, que não tinha espaço para lidar com aquela realidade. As pessoas estavam ocupadas com outras coisas. Assim, coube ao engenheiro Grossman, ao gerente de nível médio Patrick e a outros voluntários, todos com pouca autoridade, a incumbência de amadurecer gradualmente as questões, durante um período de cinco anos.

Quarto, o que as pessoas investidas de autoridade estão dizendo e fazendo? Embora a retórica e até mesmo o envolvimento das autoridades não sejam, em geral, suficientes para amadurecer os assuntos, seu papel é sempre importante. A autoridade formal confere legitimidade e alavancagem ao direcionamento da atenção.

Observa-se importante distinção entre a reestruturação dos Correios dos Estados Unidos e as marchas de Selma. No caso dos Correios, o governo Nixon tirou proveito de um evento fortuito para concentrar a atenção em determinado assunto de seu interesse e, assim, torná-lo maduro para a ação política. Já em Selma, o próprio King tomou a iniciativa de amadurecer a questão. Pior do que carecer de autoridade, o líder do movimento dos direitos civis teve de desafiar as autoridades de todo o país — primeiro a polícia de Alabama, depois os tribunais federais e, finalmente, o Congresso. Quanto menos preparado o grupo estiver para resolver o problema, maior será a necessidade de desafiar as autoridades.

Obviamente, King contava com poderoso aliado entre as autoridades do país, a saber, Lyndon Johnson, o presidente. Assim, seria de perguntar: "Será que o próprio presidente não deveria ter tomado a iniciativa de persuadir o Congresso de que a lei estava errada ao proibir o voto dos negros?" Afinal, espera-se que as autoridades convençam as pessoas a fazer o que deve ser feito. Além disso, a sociedade dispõe de normas e procedimentos formais para que as autoridades assumam suas responsabilidades. O secretário da reunião prepara a pauta. O presidente lê a mensagem do Estado. O chefe do sindicato trabalhista propõe um conjunto de reivindicações a serem apresentadas na abertura das negociações.

Não se espera que a autoridade apenas defina a agenda, mas também que selecione os temas que merecem mais atenção. Perde-se a própria autoridade quando se insiste em projetos que não contam com o respaldo da organização. Em outras palavras, as pessoas investidas de autoridade correm o risco de perdê-la se insistirem em assuntos ainda não amadurecidos. Por exemplo, ao fazer *cooper*, de madrugada, durante sua primeira semana na Casa Branca, em 1993, Bill Clinton foi assediado pelos repórteres para comentar sobre a presença de "gays entre os militares". Ao assumir uma posição muito antes de o público, o Congresso ou os militares terem tido a chance de lidar com o tema, Clinton inadvertidamente converteu-se em para-raios e em imagem negativa. Forçado a despender enorme quantidade de energia no desenvolvimento e defesa de sua posição, sacrificou boa parte da credibilidade e da boa vontade de que precisava para definir outras prioridades e lançar sua presidência.

Em contraste, Lyndon Johnson abordou estrategicamente a questão dos direitos civis. Não partiu na frente para assumir uma posição. Em vez disso, ajudou outras pessoas a amadurecerem o assunto, de modo a preservar sua liberdade para orquestrar o conflito subsequente. Por exemplo, a fim de angariar votos republicanos suficientes para derrotar táticas protelatórias adotadas pelos democratas do Sul, na aprovação do Projeto de Direitos Civis de 1964, Johnson pessoalmente instigou Roy Wilkins e outros líderes dos direitos civis a atrair o senador Everett Dirksen, líder republicano, com a possibilidade de apoio eleitoral dos negros nas próximas eleições presidenciais e em outras oportunidades. Johnson de modo algum dispunha de autoridade para atuar por baixo da mesa como estrategista dos direitos civis, orientando os ativistas sobre como conquistar o apoio dos republicanos. Se fosse pilhado nesse tipo de atividade, teria perdido sua credibilidade. Assim, ele ultrapassou seu limite de autoridade, mas o fez de maneira a minimizar o risco de solapar sua posição. Não convocou, por exemplo, uma reunião com a imprensa, para posicionar os direitos civis como tema prioritário. Em vez disso, ajudou outras pessoas a amadurecerem o assunto.

Quando se exerce a liderança sem autoridade ou além dos limites da própria autoridade, as questões tornam-se mais difíceis, exigindo medidas mais drásticas e, portanto, mais arriscadas. Por exemplo, numa reunião com a pauta já definida, você conclui que sua melhor chance de chamar a atenção para um assunto importante é pôr-se diante dos participantes e abordar a questão, mudando o rumo dos trabalhos. Quando chega a hora de tratar de novos negócios, você levanta e começa a falar. Naquele momento, você é o centro das atenções, provável para-raios e personificação do tema. As pessoas em diferentes lados da questão o perceberão como ameaça para o *status quo*. Algumas provavelmente se empenharão para restaurar o equilíbrio, descobrindo maneiras de silenciá-lo, talvez criticando seu estilo ou observando que já é hora de terminar a reunião. Também é possível que recorram à autoridade para rechaçar o desafio. Mas se você ficar firme, resistindo às pressões imediatas e mantendo sua intervenção breve e clara, suas chances de sucesso aumentam. Sua posição será ouvida e os participantes provavelmente o respeitarão por assumir riscos. Mas, se logo recuar, nada terá conseguido além de reforçar sua falta de credibilidade.

Concentre a Atenção no Assunto

Conseguir que as pessoas concentrem a atenção em problemas árduos pode ser uma tarefa complexa e difícil, sobretudo em grandes organizações e comunidades, nas quais com o tempo desenvolveram-se maneiras de evitar temas dolorosos — os chamados mecanismos de evasão ao trabalho. O exemplo mais óbvio de evasão ao trabalho é a negação. Até mesmo nossa linguagem está cheia de expressões que lembram esse mecanismo: "O que os olhos não veem o coração não sente", "Varrer para debaixo do tapete", "Não se mexe em time que está ganhando". Outros mecanismos típicos de evasão ao trabalho são a busca de bodes expiatórios, as reestruturações, a procrastinação, a descoberta de inimigos externos, a inculpação da autoridade e o assassinato de personagens. Os assassinatos físicos reais geralmente são um ato extremo de evasão ao trabalho.

Esses mecanismos reduzem o nível de aflição nas organizações ou comunidades, ao desviarem a atenção das questões mais difíceis ou afastarem a responsabilidade das pessoas que precisam mudar. Ao exercer a liderança, é preciso manter-se firme em face dessas dispersões, contrapondo-se a elas e redirecionando a atenção para os assuntos realmente relevantes. Sob alguns aspectos muito importantes, este livro trata da sensibilidade e da reação do líder aos mecanismos de evasão ao trabalho, que podem representar perigo para si próprio e para as respectivas posições.

Mais uma vez, as autoridades têm mais facilidade para redirecionar a atenção do que alguém em posição hierárquica inferior. Em geral, as autoridades dispõem de mecanismos predeterminados para convergir o foco: convocar uma reunião, enviar um memorando, realizar uma reunião com a imprensa. Contudo, esses métodos nem sempre são bem-sucedidos. Quando se empregam mecanismos rotineiros para chamar a atenção, é provável que o problema também seja encarado como rotina. Portanto, até quem dispõe de autoridade precisa encontrar meios criativos de sinalizar que a nova situação é diferente.

Ao assumir como secretário da Marinha dos Estados Unidos, em 1981, John Lehman enfrentou o desafio muito sério de reafirmar o controle da instituição sobre seus principais contratados, inclusive a General Dynamics e sua subsidiária, a Electric Boat, que produzia submarinos.[4] A Electric Boat ainda não havia entregado nenhum dos navios prometidos para 1980, além de estar incorrendo em enormes excessos de custos, que pretendia repassar para a Marinha. Na opinião de Lehman, o problema era uma questão tanto de dinheiro quanto de produção, pois o principal objetivo de sua gestão era deixar o cargo com uma Marinha de 600 navios. Ele precisava não só que a General Dynamics renunciasse às suas reivindicações financeiras, mas também que acelerasse drasticamente sua velocidade de produção, mas sabia que nada disso aconteceria se não exercesse alguma pressão sobre a empresa.

Inicialmente, Lehman recorreu a estratégias convencionais na tentativa de concentrar a atenção dos principais atores na questão relevante. Enviou um vice-almirante para depor numa audiência do Congresso. Chamou ao Pentágono David Lewis, CEO da General Dynamics, e disse-lhe que estava cancelando uma licitação pública para a produção de novos submarinos de ataque e negociando os contratos exclusivos com o único concorrente de Lewis. Com o objetivo de não assumir responsabilidade pelos atrasos e excessos de custo, a General Dynamics contra-atacou da maneira previsível, angariando apoio de seus senadores e deputados favoritos. Entre eles estava o falecido John Chafee, deputado por Rhode Island, e ex-secretário de defesa, cujo estado auferia benefícios econômicos significativos com a presença da Electric Boat em Croton, Connecticut, perto da fronteira com Rhode Island. Chafee arrastou Lehman até Croton e o forçou a falar em tom mais conciliatório, sob pena de perder um importante aliado no Senado.

E a situação evoluiu e regrediu durante boa parte da primavera e do verão. Sucederam-se reuniões, relatórios, ameaças e contra-ameaças, a maioria relatada pela imprensa. Lehman quase que vacilava, parecendo crítico, oferecendo ramos de oliveira e depois retirando as ofertas. Lewis e Lehman competiam em complexo jogo de xadrez, no qual ambos seguiam os manuais muito de perto. Mas, então, em princípios de agosto, Lewis passou por cima da cabeça de Lehman e procurou o assessor presidencial Edwin Meese III, na Casa Branca, numa tentativa de forçar o recuo de Lehman. Este percebeu que, se não fizesse algo dramático, corria o risco de perder a parada. Em vez de manter o padrão de avanços e retrocessos, naquela sequência sem fim de reuniões com a imprensa, de relatórios enfadonhos e de vazamentos de memorandos, que havia caracterizado os últimos seis meses, Lehman decidiu fazer um discurso no National Press Club, em Washington. O Press Club era um canal que garantiria ampla cobertura, forçando todos os protagonistas — General Dynamics, Casa Branca, Congresso — a dar passos definitivos. Pela mesma razão, a manobra era extremamente arriscada, pondo em jogo sua credibilidade. Se ele não contasse com apoio suficiente dentro da Casa Branca, do Congresso e de grupos de interesse, sua estratégia podia sair pela culatra, redundando em solução que comprometeria seus objetivos e solaparia seu mandato.

O discurso no Press Club foi uma importante ruptura com a rotina. Em geral, alguém na posição de Lehman jamais falaria lá. A cobertura do discurso, que Lehman complementou com uma sinopse na página de opiniões do *Washington Post*, forçou todas as partes envolvidas a transferir o assunto para o alto de suas agendas. Pela primeira vez desde que ele entrara em conflito com a empresa, em março, a atenção de todos tornou-se mais aguda. Uma semana depois do discurso, Lehman e Lewis tiveram uma reunião intensa e difícil, que levou, um mês depois, a um acordo entre a Marinha e a General Dynamics, limitando a exposição financeira do governo e impondo à Electric Boat indicadores de desempenho claros, em troca de mais trabalho.

Numa maneira mais rotineira de sinalizar o não rotineiro, a gerência sênior da Xerox Corporation chamou a atenção, no início da década de 1990, para o enorme desafio de converter-se em organização sensível às demandas dos clientes, mediante a realização de uma série de retiros de três dias, com seus principais gerentes. Além disso, num período de contenção de despesas, contrataram um consultor caro, capaz de defender a necessidade de mudar as normas culturais. Na época, o pessoal de linha de frente das áreas de vendas e serviços da Xerox dispunham de muito pouco espaço para atender com criatividade e rapidez às necessidades dos clientes. Ao contrário, esperava-se que seguissem os manuais, ainda que, em consequência, irritassem os clientes sem necessidade. Controlava-se o pessoal de linha, em vez de confiar-se neles.

Teria sido fácil para a gerência sênior reunir as equipes na sede corporativa, onde, de qualquer maneira, já interagiam com regularidade. Mas se agissem assim, o sinal seria no sentido de que a mensagem não tinha nada de incomum. Ao promoverem a reunião fora do local de trabalho, com as apresentações e as discussões coordenadas por pessoal de fora, que já haviam passado meses em entrevistas e avaliações na empresa, criou-se um clima de seriedade e foco para o trabalho adaptativo da empresa.

Quando não se está em posição de autoridade, chamar a atenção envolve riscos e desafios ainda maiores. Nesse caso, é possível formar alianças com pessoas investidas de maior autoridade e direcionar a atenção para questões consideradas mais importantes. Por exemplo, na IBM, Grossman teve a sorte de encontrar Patrick, que, por desfrutar de muito mais autoridade e credibilidade, era capaz de chamar a atenção de toda a empresa para o desafio da Internet, de maneira muito menos provocativa do que invadir sozinho a sede corporativa de Armonk.

Para conseguir a atenção do pessoal mais graduado, o mais provável é que seja necessário aumentar a contundência de seu comportamento e de sua retórica para um nível que crie algum risco pessoal. Por exemplo, uma das alternativas é gerar alguma reportagem na imprensa. O vazamento de notícias para um repórter é às vezes recurso eficaz para focar o público no tema relevante, mas, se a fonte for descoberta, o fato provavelmente será considerado ato de deslealdade institucional. Dirigir-se ao CEO com uma pergunta provocante num jantar para gente de toda a empresa decerto atrairá a atenção, mas também é possível que as atenções se voltem para o perguntante, não para o tema. Dependendo do grau de impertinência, o custo da ousadia talvez seja o seu emprego, ou, quem sabe, o distanciamento de alguns de seus colegas, ante o receio de investidas semelhantes.

Uma amiga narrou-nos uma situação em que sua falta de autoridade pareceu-lhe uma barreira intransponível na mobilização de pessoas em torno de um assunto importante. Ela participava de uma reunião da alta gerência de uma pequena empresa, quando um novo chefe de departamento fez uma pergunta que parecia perfeitamente razoável. O CEO reagiu com um acesso de cólera, atacando a ideia como "a coisa mais absurda que eu já ouvi". A reação surpreendeu a todos, e a pergunta ficou no ar. A reunião deteriorou, pois todos ficaram em silêncio. Ela percebeu que haviam tocado num nervo sensível e que algum tema proibido tinha vindo à superfície, mas se sentiu incapaz de abordá-lo na condição de apenas mais um membro do grupo. Também se deu conta de que a pergunta importante e apropriada do chefe de departamento não seria tema de discussões. Mais tarde, ela descobriu que a questão subjacente ao ataque do CEO era a sua esperança de que o novo chefe de departamento o aliviaria de algumas de suas atribuições. Ele se considerava sobrecarregado e recebeu a pergunta como um indício profundamente frustrante de que o novo colega não dispunha de conhecimento ou experiência para ajudá-lo de maneira significativa.

Será que nossa amiga tinha condições de intervir naquela situação, sem expor-se ao risco? Será que conseguiria reapresentar a pergunta do chefe de departamento em outros termos? Ainda mais importante, será que dispunha de meios para ajudar o CEO e o grupo a lidar com o problema da sobrecarga do principal executivo e da necessidade de contratação de mais talentos? De que maneira conseguiria reconquistar a atenção do grupo?

Umas poucas possibilidades: ela poderia esperar um pouco e depois reformular a pergunta, de maneira diferente. Uma alternativa seria observar que a resposta violenta do CEO parecia incompatível com a pergunta ou quem sabe até fosse o caso de perguntar-lhe por que reagira com tanta indignação. Talvez, depois da mudança de rumo na reunião, ela poderia simplesmente afirmar o que já era de conhecimento geral, ou seja, que algo estava comprometendo a produtividade.

Conseguir que o grupo se concentre num assunto difícil quando não se dispõe de autoridade é sempre um negócio difícil. Mas é possível diminuir o perigo, atuando de maneira tão neutra quanto possível e relatando apenas fatos observáveis e acessíveis por todos, em vez de partir para interpretações mais provocativas. Às vezes, é mais do que suficiente apenas fazer uma pergunta direta, de modo a trazer à tona um assunto submerso.

Quando se atua além do próprio limite de autoridade, caminha-se numa trilha muito estreita entre sair do próprio papel, de modo a atrair a atenção das pessoas e assumir posição tão extremada que o tema em si (e talvez a própria pessoa) seja descartado. O falecido Silvio Conte, congressista americano de Massachusetts, um dia fez um discurso na Câmara dos Deputados, usando uma máscara de porco, para questionar determinada proposta orçamentária que, em sua opinião, continha muito fisiologismo.* Na condição de membro do partido minoritário, Conte tinha poucas esperanças de angariar votos suficientes para eliminar os itens questionáveis. Além disso, uma vez que os congressistas, em sua maioria, não estavam dispostos a entrar no mérito da

---

* Trata-se de encenação envolvendo "pig mask" (máscara de porco) e "pork" (carne de porco). "pork", como gíria, tem a acepção de mamata, negociata, fisiologismo. (N.T.)

questão, ele corria o risco de tornar-se objeto de ataques e zombarias, como profissional e homem público. Mas, com aquela atitude, tocou numa corda sensível e atraiu a atenção dos repórteres e de alguns colegas importantes — precipitando algumas mudanças no orçamento.

Mais uma vez, Martin Luther King Jr. fornece um exemplo do jogo de provocações. Nos primeiros dias do movimento dos direitos civis, sem autoridade para dirigir-se formalmente à nação americana em oposição à injustiça racial, ele desenvolveu uma ampla agenda de manifestações públicas e de desobediência civil pacífica. Embora não tivesse certeza de que ocorreriam atos de violência ao longo do percurso, ele sabia que, se os protestos se repetissem durante muito tempo, era muito provável que surgissem problemas. O máximo a seu alcance era garantir que, se houvesse violência, a imprensa estaria presente. Quando o xerife Bull Conner atiçou os cães de ataque contra a multidão, King dispunha de audiência nacional. Contando com a atenção do público, já não precisava ser tão provocativo. Ou seja, começou a investir-se de autoridade moral e, à medida que aumentava seu poder como líder, também passava a dispor de um espectro mais amplo de alternativas para atrair a atenção. Em 1963, eram os números, não a violência, que focavam o país nos direitos civis, quando 240.000 marcharam com ele em Washington, D.C., e o ouviram proclamar "Eu tive um sonho".

· · ·

Sem dúvida, você já deve ter experimentado e observado o refluxo das pressões contra a sua atuação, ao abordar numa organização ou comunidade assuntos delicados, conflituosos ou impregnados de valores. Apesar das dificuldades, manter-se firme permite a realização de várias coisas ao mesmo tempo. Ao tolerar o calor, preserva-se um nível produtivo de desequilíbrio, ou tensão criativa, na medida em que as pessoas assumem o peso da responsabilidade de enfrentar seus conflitos. Ao aguentar o rojão, também se ganha tempo para que o assunto amadureça ou, de outro modo, para desenvolver uma estratégia que amadureça o assunto, em relação ao qual ainda não se constata um senso de urgência generalizado. Além disso, também se ganha tempo para melhor compreender o posicionamento das pessoas, de modo a redirecionar a atenção delas para as questões relevantes.

Segurar a barra sob o fogo cruzado das críticas não é apenas uma questão de coragem. Também requer habilidades. Na Parte Dois deste livro, sugerimos uma série de abordagens para preservar o equilíbrio quando se enfrentam tiroteios intensos. Por exemplo, assistir de camarote, encontrar padrões, ajustar o termostato, cadenciar o trabalho, fazer intervenções inequívocas e oportunas, atrair a atenção de volta para o tema, e mostrar às comunidades relevantes um futuro diferente do convencional são métodos para lidar com o desequilíbrio resultante da atuação do líder. Além dessas maneiras de avaliar e agir, contudo, sugerimos uma série de perspectivas e práticas que tratam dos desafios pessoais para resistir à ansiedade própria da liderança. Exploramos esses recursos na Parte Três.

PARTE TRÊS

Corpo e Alma

8

Gerencie seus Anseios

Com base em nossas próprias observações e em algumas experiências pessoais dolorosas, sabemos que a maneira mais limpa para que uma organização derrube alguém é deixar que a vítima se derrube sozinha. Assim, ninguém se sente responsável. Com muita frequência, as pessoas se autodestroem ou fornecem munição para serem destruídas.

A toda hora, as pessoas são derrotadas porque, embora estejam dando o melhor de si, cometem erros na avaliação e no engajamento do respectivo meio ambiente, conforme analisamos nas Partes Um e Dois deste livro. Mas, às vezes, nos abatemos por não prestar atenção a nós próprios. Emaranhamo-nos na causa e esquecemos que o exercício da liderança é, no fundo, uma atividade pessoal, que nos desafia nas dimensões intelectual, emocional, espiritual e física. Mas, com o bombeamento da adrenalina, imbuímo-nos da crença de que somos, de algum modo, diferentes e, portanto, não estamos sujeitos às fragilidades humanas normais que derrotam simples mortais, em missões medíocres. Começamos a agir como se fôssemos indestrutíveis, sob os pontos de vista físico e emocional.

Marty lembra-se de uma época especialmente tensa, muitos anos atrás, quando gerenciava boa parte de uma campanha política de âmbito nacional. Chegava ao escritório cedo e saía tarde. Sua semana de trabalho era de setenta horas ou mais, quando, aos poucos, porém inexoravelmente, a qualidade de seu trabalho começou a cair, refletindo seu mais absoluto estado de exaustão. Mas ele foi o último a se dar conta da situação. Finalmente, um importante assessor da campanha o chamou à parte, ordenou que tirasse uma semana de férias e disse-lhe que, se não conseguisse fazer o trabalho durante uma semana de sessenta horas, iam procurar alguém para substituí-lo.

Bill Clinton chegou à Casa Branca em janeiro de 1993, com carência de sono e fisicamente extenuado. De acordo com David Gergen, assessor e observador da presidência, em vez de "preparar-se fisicamente para o sufoco que o aguardava", Clinton passou o período entre a eleição e a posse trabalhando, divertindo-se e comemorando, em jornadas sem fim de 24 horas.[1] Quando chegou a Washington, parecia "esfalfado, obeso e superexcitado. Sua capacidade de atenção era tão curta que era difícil manter uma conversa séria durante mais de cinco minutos". Gergen está convencido de que os tropeços iniciais de Clinton resultaram, em parte, das condições físicas do novo presidente. Ele se recusava a repousar. É bem possível que Clinton realmente tivesse energia suficiente para manter aquele ritmo. Mas todos estamos sujeitos a nos tornarmos vítimas de nossos próprios anseios. O autoconhecimento e a autodisciplina são os pilares da sobrevivência.

Todos temos anseios, que são manifestações de nossas necessidades humanas normais. Mas, às vezes, esses anseios destroem nossa capacidade de agir com sabedoria e propósito. Talvez, uma de nossas necessidades seja forte demais e nos torne vulneráveis. Ou, quem sabe, o contexto em que atuamos exacerbe o nível de nossos apetites, acentuando nossos desejos e neutralizando nossos mecanismos de autocontrole. Também é possível que nossos anseios estejam descontrolados, na hipótese de nossa vida pessoal não atender às nossas necessidades humanas.

Todos os seres humanos precisam de algum grau de poder e controle, de auto afirmação e auto estima, assim como de intimidade e prazer. Não conhecemos ninguém que prefira sentir-se totalmente sem poder, sem importância ou refratário às realidades da vida. Entretanto, cada uma dessas necessidades humanas normais é capaz de criar problemas, quando perdemos a sabedoria e a disciplina pessoais necessárias para gerenciá-las com produtividade e para supri-las de maneira adequada.

O reconhecimento e o gerenciamento de nossos anseios são atividades tipicamente individuais, pois cada um de nós é absolutamente singular. Recorrendo a uma metáfora musical, você pode pensar em si próprio como uma harpa cujas cordas estejam afinadas de maneira absolutamente singular, tanto por herança genética, quanto por educação. Como cada um de nós tem suas próprias cordas diferenciadoras, conclui-se que cada indivíduo reage de maneira diferente aos mesmos estímulos. Não existe essa história de harpa perfeitamente afinada. Cada um de nós é altamente sensível a diferentes dinâmicas sociais e a diferentes questões relevantes, e cada uma dessas sensibilidades torna-se fonte de força e fraqueza. Você talvez se dê conta de determinado tema crítico e esteja pronto para a ação antes de qualquer outra pessoa, mas também é possível que veja algo que já não existe e reaja de maneira imprópria ou na hora errada. Além disso, é igualmente provável que perca outras partes da música para as quais seu ouvido não é muito atilado.

Ao liderar pessoas, é importante que o líder entre em sintonia com as necessidades alheias e também com as próprias. Ao conectar-se com as esperanças e frustrações alheias, é fácil transformar-se em repositório dos anseios dos outros. Contudo, o desejo de satisfazer às necessidades de outras pessoas pode converter-se em vulnerabilidade, caso alimente suas próprias carências de poder, de auto estima e de intimidade. A afirmação é ainda mais procedente se, para começar, seus apetites forem intensos ou se suas próprias necessidades não estiverem sendo atendidas de maneira adequada. Assim, com muita frequência, os líderes acabam destruindo-se a si próprios. Tornam-se tão enleados na ação e de tal forma se deixam levar pela própria energia, que perdem a sabedoria e a autodisciplina, escapando ao próprio controle.

Não estamos sugerindo que a liderança exige que se reprimam as próprias paixões humanas normais. (Muito pelo contrário, como se verá adiante.) Mas, voltando à nossa metáfora original, é crucial voltar repetidas vezes ao camarote, para retomar a perspectiva, para ver como e por que suas paixões estão sendo cevadas. Ao assumir os encargos da liderança, o líder sempre repercute os muitos sentimentos expressos pelas pessoas a seu redor. Sem dúvida, alguns dos sentimentos com que se depara no contexto profissional são "herdados"; todos somos portadores da bagagem recebida de nossos pais e das gerações anteriores. Mas muitos outros sentimentos são produzidos pela maneira como o líder repercute o ambiente de trabalho. Em cada uma de suas simultâneas ou sucessivas atividades profissionais, é preciso tomar cuidado com suas inclinações emocionais, no sentido de não se deixar levar pelos sentimentos e problemas alheios na organização e de estar alerta quanto às maneiras como outros atores afetam seu próprio desempenho.

Ao liderar, participa-se das emoções coletivas, que por sua vez geram numerosas tentações: convites para acumular poder em relação aos outros, apelos à vaidade pessoal, oportunidades para intimidade emocional e para satisfação sexual. No entanto, estar sujeito a essas emoções é diferente de render-se aos seus fascínios. A submissão a essas emoções destrói a capacidade de liderança. Não raro o poder se transforma em fim em si mesmo, desviando a atenção dos objetivos organizacionais. A insuflação do sentimento de vaidade às vezes fomenta a auto ilusão e estimula dependências disfuncionais. Interações sexuais inadequadas comprometem a confiança, criam confusão e fornecem justificativas diversionistas para alijar o líder e abafar suas perspectivas sobre questões relevantes. Passemos agora à análise dessas tentações e da maneira como nossos anseios normais podem tornar-se distorcidos.

Poder e Controle

O anseio por poder é humano. Todos querem exercer algum controle sobre a própria vida; todos desejam experimentar o senso de realização. Porém, algumas pessoas, talvez em consequência da educação, apresentam desmedida necessidade de controle. É possível que tenham crescido num ambiente familiar rigidamente estruturado ou atipicamente caótico, reagindo com intensidade a qualquer perturbação social, por terem passado muitos anos satisfazendo às próprias necessidades de assumir o controle. Sua destreza em dominar o caos reflete uma necessidade mais profunda de ordem.

Tal necessidade e as habilidades daí decorrentes podem converter-se em fonte de vulnerabilidade. Pense no que acontece quando alguém com esse perfil se conecta ao circuito de uma organização de alta tensão. Imagine a cena: as pessoas estão experimentando alto nível de desequilíbrio enquanto lutam com questões difíceis; o caos e os conflitos são generalizados. Rhonda entra em cena, montada em seu cavalo branco, pronta e disposta (e desesperada, por instinto) para assumir a situação. Nesse cenário, desponta ao longe como enviada de Deus aos ímpios da organização. E, sem tardança, de fato restaura a ordem.

Com efeito, sua chegada é uma bênção inicial, pois, ao se sentirem subjugados, os membros de um sistema social tornam-se incapazes de aprendizado adequado. O aprendizado social exige alguns desafios à ordem, mas dentro de uma faixa de desequilíbrio produtiva. Assim, alguém capaz de imprimir uma aparência de ordem no caos, reduzindo a aflição a níveis toleráveis, presta um serviço vital. Nossa messias, no caso, evita a explosão da panela de pressão.

Mas o anseio por controle pode levar Rhonda a confundir os meios com os fins. A pessoa cuja necessidade de controle é desmedida, que tem muita fome de poder, está sujeita a perder de vista o trabalho. Em vez de manter-se atenta ao esforço contínuo imprescindível para a mobilização do progresso nas diferentes áreas, é provável que Rhonda se concentre na manutenção da ordem como um fim em si mesma. No entanto, o retorno ao trabalho político de esclarecer compromissos e enfrentar difíceis acordos significaria a volta ao caos, algo para ela insuportável. Assim, ela diria a si própria: "Tudo deve estar ótimo, pois a situação está sob controle." As pessoas na organização transmitem uma impressão de felicidade, pois preferem a calma à agitação. Tudo parece bem. Infelizmente, Rhonda agora se tornou vulnerável ao desejo da organização de evitar assuntos contenciosos e passou a atuar como agente desse anseio.

James Kerasiotes foi um dos mais bem-sucedidos gerentes de serviços públicos que já conhecemos. Era um empreendedor de grandes realizações. Em meados da década de 1990, o maior desafio de Kerasiotes era gerenciar o Big Dig, projeto de obras públicas em Boston, envolvendo mais de US$14,5 bilhões, destinado a converter a Central Artery — via expressa que divide a cidade — em pista subterrânea e construir um terceiro túnel submarino para o Aeroporto de Logan. Sob todos os aspectos, seu trabalho foi excelente e duradouro, até que sua necessidade de sentir-se no controle pegou-o de jeito. O projeto ultrapassou de longe o orçamento, mas Kerasiotes não revelou a situação a ninguém. Não informou nem mesmo o governador, que concorria à reeleição. Ele achava que estava sendo nobre e fazendo a todos um grande favor, controlando a situação e mantendo o problema em segredo, até que conseguisse consertar a situação sozinho.

Se tivesse revelado o problema logo de início, as energias das autoridades federais, estaduais e locais, assim como dos cidadãos, teriam sido arregimentadas em busca de uma solução. Em vez disso, o problema tornou-se conhecido em consequência do escrutínio externo. Em breve, a gestão de Kerasiotes transformava-se no tema principal, situação que culminou com a sua demissão. Seu anseio por controle converteu-se em seu propósito motriz, cegando-o e impedindo-o de encontrar uma solução de compartilhamento do trabalho, que teria possibilitado sua sobrevivência e preservado sua reputação.

Talvez mais do que qualquer outra instituição, as forças armadas preparam as pessoas para operar em meio ao caos e para exercer o poder em busca da restauração da ordem. Em face dessas características, a carreira militar tende a atrair pessoas que têm necessidade de controle e, com efeito, as prepara para assumir o controle. Quando se é parte de um grupo recém-formado, em plena fase de organização, do qual também participa um militar, este logo se destaca pela capacidade e pela necessidade de ação. Numa situação heroica, quando os passageiros do voo 93 da United Airlines descobriram, por meio de conversas pelo telefone celular, sobrevoando a Pensilvânia, que os sequestradores provavelmente lançariam o avião contra algum alvo em terra, com o objetivo de matar muitas pessoas, o homem que partiu para a ação, a fim de reassumir o controle, tinha treinamento em artes marciais e antecedentes nas forças armadas.[2]

Em escala muito mais ampla, quando um governo em meio ao caos político não mais parece capaz de conter os conflitos e atenuar a aflição dentro do país, as forças armadas geralmente atuam como força estabilizadora — o ambiente de sustentação de última instância. Tal função por vezes se revela de extrema importância, capaz de salvar muitas vidas, em situações imprevisíveis e perigosas. Mas, por serem treinados para eliminar o caos e manter a ordem, os militares também podem ir longe demais, suprimindo a diversidade de opiniões, fator imprescindível para o progresso em importantes questões políticas, econômicas e sociais. A contenção do conflito e a imposição da ordem criam algumas das condições para o progresso, mas não são o progresso em si.

Caso você esteja empreendendo algum esforço heroico para restaurar a ordem, é importante ter em mente que a autoridade é produto das expectativas sociais. Acreditar que a autoridade emana do próprio líder é ilusão. Jamais permita que essa ideia encontre guarida em sua mente. Os liderados conferem poder ao líder na esperança de receber em troca algum tipo de serviço. Ao se perder no usufruto da aclamação e na vertigem do poder, em vez de prestar os serviços necessários para que os liderados restaurem a própria capacidade de adaptação, o líder acaba comprometendo sua fonte de autoridade.

Auto afirmação e Vaidade

Ao assumir a liderança, o líder logo se depara com diferentes iniciativas de oposição e de apoio às suas ideias. Conforme discutimos no Capítulo 4, muitos são os bons motivos para manter a oposição por perto. É preciso compreender a oposição, aprender com ela, questioná-la de maneira produtiva e, decerto, manter-se alerta contra os ataques. Mas é igualmente importante ficar atento ao *feedback* positivo recebido. Todos precisamos de auto afirmação, mas a acolhida indiscriminada da bajulação pode descambar para o delírio de grandeza, ou seja, para uma percepção inflada e ilusória de si próprio e de sua causa. Os liderados dão a impressão de atribuir poderes mágicos ao líder, e o grande risco é o líder começar a achar que de fato tem poderes mágicos. Quanto mais intensa a aflição, maiores a expectativa e a esperança na capacidade do líder de fornecer soluções. O provável é que passem a encará-lo com excesso de fé.

Às vezes, dispõe-se de boas razões estratégicas para fomentar ilusões, pelo menos durante algum tempo. Em épocas de graves rupturas, as pessoas precisam nutrir expectativas sem muita base racional. Nessas situações, o líder deve ostentar mais confiança do que realmente sente. Depois do ataque terrorista de setembro de 2001, o presidente George W. Bush manteve o próprio equilíbrio e ofereceu as garantias tão necessárias para o país. Proclamou que os responsáveis por aquele ultraje seriam capturados e submetidos à justiça e que, embora o combate ao terrorismo fosse longo e difícil, os americanos poderiam e deveriam preservar a normalidade da vida cotidiana. Seus índices de aprovação quase dobraram. Enquanto isso, obviamente, algumas opções muito difíceis o esperavam logo adiante.

Como autoridade sênior durante uma crise organizacional, o líder talvez ache melhor reter certas más notícias e permitir que os liderados o reverenciem durante algum tempo. Essa estratégia dá condições ao líder para melhor conhecer os liderados quanto à tolerância ao conflito e à rapidez com que se prepararão para enfrentar os novos desafios. Mas nesses casos é importante cultivar o raciocínio nítido e estratégico e não se deixar influenciar pelo excesso de complacência e confiança, em face da necessidade de auto afirmação. Tão cedo quanto possível, as pessoas precisam conhecer a verdade, de modo a enfrentar as questões relevantes e empreender as mudanças necessárias. Com o tempo, se o líder fingir ter mais respostas do que de fato tem, acabará atropelado pela realidade. Em última instância, arrisca a própria credibilidade por simular sabedoria.

De modo semelhante, é possível que haja fanáticos entre os liderados, indivíduos apaixonados pelas mesmas causas e ansiosos por influenciar o líder. Em sua exuberância, talvez argumentem que a estratégia cadenciada do líder é uma forma de evitar as questões relevantes. Os fanáticos são ótimos em forçar a barra, mas quase sempre adotam um ritmo inadequado, por não respeitar as opiniões, os interesses e as perdas potenciais dos adversários. Na verdade, uma das maiores seduções da liderança é a pressão insidiosa dos fanáticos, que exploram a necessidade de auto afirmação do líder e o induzem a tomar iniciativas drásticas — às vezes empurrando-o involuntariamente para o abismo. Algo parecido com isso deve ter ocorrido com o presidente Bill Clinton, ao exercer muita pressão e manifestar muita pressa pela aprovação de seu projeto de assistência médica.[3]

Na Roma Antiga, os imperadores eram sempre acompanhados por um ordenança, que os lembrava o tempo todo de que eram mortais. Para uma figura de autoridade, que atuava num ambiente de astúcia e selvageria política desenfreadas, a presença de alguém a adverti-la continuamente quanto à própria vulnerabilidade era algo necessário à sobrevivência no dia a dia, para não falar no sucesso em seus empreendimentos. A situação não é muito diferente no caso dos líderes modernos, que se empenham por mudanças profundas, talvez indesejáveis. Sugerimos que também você encontre alguém para exercer essa função — uma pessoa que não esteja sujeita à sua autoridade.

A capacidade do líder de contrapor-se a qualquer tendência no sentido de exaltar a própria grandiosidade caminha de mãos dadas com a autoconsciência de que é visto pelos liderados mais em seu papel na organização ou na comunidade do que como indivíduo dotado de valores próprios. Com efeito, o que os liderados percebem no respectivo contexto profissional é a contribuição do líder para a consecução de seus objetivos ou, em sentido contrário, os obstáculos decorrentes de suas questões perturbadoras. Não veem o rosto do líder, mas o reflexo de suas próprias necessidades ou preocupações, que dominam suas percepções. A crença no poder intrínseco do líder é uma armadilha, tanto para ele próprio, quanto para os liderados. No longo prazo, a dependência enleia as pessoas e o líder precisa controlar seu desejo de fomentá-la, pois ela rapidamente pode converter-se em desprezo, quando o grupo descobre as graves deficiências do líder. Na verdade, o anseio por ser importante às vezes leva o líder a desprezar indícios óbvios de perigo. Em *Júlio César*, de Shakespeare, quando alguém da multidão adverte o imperador "Cuidado com os idos de março", ele ignora o aviso, dizendo: "É um sonhador; deixemo-lo: passe." César tinha excesso de confiança em si próprio, pois acreditava que ele, não o seu cargo, era o centro do mundo.[4]

O gerenciamento da ostentação significa abrir mão da ideia de ser um heroico guerreiro solitário, o salvador da pátria. É até possível que os liderados lhe implorem que desempenhe esse papel; mas não se deixe seduzir. Isso os priva da oportunidade de desenvolver suas próprias forças e de resolver suas próprias questões. Não comece a acreditar que lhe compete carregar e resolver o problema. Se por acaso você vier a assumir a situação, faça-o apenas por muito pouco tempo, enquanto as pessoas se acostumam com as próprias necessidades e desenvolvem a capacidade de enfrentar o desafio.

Pete, nosso amigo do Capítulo 4, que pretendeu criar um abrigo para os portadores de incapacidade mental, foi derrotado em parte porque a importância que atribuía a si próprio tornou-o vulnerável. Ele sofria de uma espécie de arrogância aguda. Perguntamos-lhe por que não percebera a chegada da oposição. Eis o que respondeu: "Achei que a lei estava do nosso lado. Poderia ter ganhado nos tribunais. Imaginei que estivéssemos com o porrete. Baseava-me em minha experiência de 1992, quando os vizinhos tentaram impedir-nos de assumir o controle de uma base abandonada do exército. Nós nos reunimos durante um ano e eles se mostraram inflexíveis. Portanto, a via amigável não se mostrou assim tão eficaz. Desta vez, tinha todo o poder político do meu lado, o que me transmitiu uma falsa impressão de invulnerabilidade. As vozes que me davam orientação diziam que essa era a melhor forma de agir e a melhor opção de localização. Vários membros do meu conselho de administração estavam com o pé atrás, mas nunca dei ouvidos às suas preocupações." Cego pela impaciência e certeza, ele ouvia apenas as vozes concordantes, fazendo-se de surdo às críticas — e assim acabou caindo.

Obviamente, todos os seres humanos anseiam por importância e afirmação. Todas as pessoas querem fazer alguma diferença na vida, pelo menos para alguém; mas alguns são mais vulneráveis do que outros sob esse aspecto. Ron se inclui nesse grupo. Ele adora sentir-se necessário e relevante. Como muitas pessoas com a mesma carência, passou muitos anos de sua vida aprendendo a resolver problemas alheios, investindo enorme quantidade de energia e muita disciplina em educação formal e em treinamento no trabalho. Se for capaz de resolver o problema de alguém, passa a ser importante para essa pessoa, pelo menos essa é a lógica.

Pessoas com necessidade exagerada de serem necessárias perscrutam o horizonte em busca de situações que envolvam problemas a serem resolvidos. Não estão felizes se não estiverem ajudando alguém a enfrentar alguma dificuldade, e quanto mais árduo o caso, maior a sensação de importância. Seu mote é "Você tem um problema difícil... eu tenho a solução". Sob certo aspecto, são uns chatos (imagine um consultor), fuxicando em feridas recentes, fazendo com que sangrem um pouco mais, e depois afirmando: "Temos o remédio!" Não se engane, essas pessoas em geral são maravilhosas e oferecem ótimas contribuições. Apenas saiba que parte dessa compulsão para servir aos outros é a necessidade de ser importante. Quando comedida, a ideia de que se está aqui por algum motivo dá significado à vida e estimula a solidariedade humana, mas o risco é a facilidade com que se converte em fonte de vulnerabilidade. Imagine-se no lugar de alguém que sinta a necessidade irresistível de ser necessário. Ao entrar numa empresa enferma, você logo faz uma ou duas correções expressivas. Seu pessoal comenta: "Puxa, você é incrível!", e começam a atrelar-se a você, num estado de dependência irrestrita — exatamente o que você quer! O problema é que de repente você passa a compartilhar essa percepção errônea, acreditando de fato que tem todas as respostas e é capaz de atender a todos os tipos de necessidades. Se as pessoas a seu redor não o questionarem e você perder a capacidade de autocrítica, inicia-se um conluio inconsciente, em que um cego guia outro cego.

Esse conluio pode assumir características muito mais ameaçadoras. A história está repleta de autoridades carismáticas que, com ares de arrogância e empáfia, arrebatam pessoas que estão em busca de respostas. Figuras místicas, como Jim Jones, David Koresh e, mais recentemente, Osama bin Laden e seu bando de fanáticos religiosos, são apenas exemplos mais contundentes e trágicos. Hitler é o arquétipo, representando em escala quase inimaginável a perigosa dinâmica em que um povo sofrido e desorientado, na busca desesperada de alguém que "saiba o caminho", mancomuna-se com a ostentação e a demagogia.

A maioria dos pregadores e professores já sentiu na carne esse tipo de apelo. É forte a tentação de acreditar em quem proclama: "Você é fabuloso."

Obviamente, é até possível que o indivíduo seja um repositório de valiosa sabedoria, mas a necessidade de ser especial cria uma situação perigosa, na qual a orientação pode transformar-se em desorientação.

Algumas pessoas tiveram a grande sorte de passar por alguma experiência traumatizante, que as despertou para a realidade logo no início de suas carreiras, antes que alguém mais saísse contundido. Tony Robinson, sacerdote da Plymouth Congregational Church, em Seatle, descreve a experiência de como caiu de seu pedestal. "No começo, mudei-me para Honolulu para assumir uma igreja onde meu predecessor cometera suicídio. Quando cheguei, perguntei a mim mesmo: 'Qual o meu propósito aqui?' Porém, como muitos colegas que se dedicam ao sacerdócio, não raro eu agia como Deus. Imaginei que tivesse consertado a situação, quando, ao contrário, a situação é que me consertou. A experiência desse meu fracasso como líder ajudou-me a compreender com mais clareza quem eu era, para que fora convocado e o que não era capaz de fazer." No mesmo tom, Pete Powel, outro sacerdote, repete seu conselho a muitos jovens padres, durante os programas de treinamento: "Se vocês agirem como se fossem Cristo, acabarão como ele."[5]

Mas algumas pessoas nunca aprendem. Quando Ferdinand Marcos tornou-se presidente de Filipinas, em 1965, o povo o saldou como salvador. Ele prometeu combater a pobreza e liderar o país no rumo certo. Entretanto, depois de duas décadas de dominação política, em que sempre se considerou fonte indispensável de sabedoria e ordem, o povo continuava miserável (e a senhora Marcos tinha todos os sapatos do mundo). Os anseios do déspota e esposa estavam totalmente descontrolados e o povo finalmente os expulsou do país, em 1986.

A sensação de grandeza condena o líder ao fracasso, pois o isola da realidade. Em especial, o líder se esquece da contribuição importante da dúvida para o progresso da organização ou comunidade. A dúvida revela os componentes da realidade às vezes deixados de lado. Quando se perde a capacidade de duvidar, percebe-se apenas os aspectos que confirmam a própria competência.

Evidentemente, a experiência de ir além da própria competência é ingrediente necessário da liderança. Como é possível que o líder se julgue detentor de conhecimentos e habilidades suficientes para lidar com os numerosos e incessantes desafios adaptativos com que se defrontará na organização ou comunidade? Na verdade, é da própria natureza do trabalho adaptativo situar-se na fronteira entre territórios conhecidos, de um lado, e realidades novas e complexas, de outro. Se tudo se encontrasse na área de competência do líder, a vida nada mais seria que uma sucessão de problemas técnicos. Porém, ousadia não é o mesmo que bravata. O líder é capaz de desbravar corajosamente territórios inexplorados, ainda que não conheça exatamente o rumo certo. Admitir as próprias limitações é manter-se aberto ao aprendizado, à medida que se rasgam novas trilhas.

Em seu apogeu, a Digital Equipment Corporation (DEC) rivalizava-se com a IBM no setor de computadores, empregando 120.000 pessoas. Ken Olsen fundou a empresa, mas, ao contrário de muitos empreendedores, também foi bem-sucedido em promover seu crescimento e em liderar o negócio até uma posição de destaque no mercado. Profundamente generoso em sua comunidade, dispensava ótimo tratamento aos empregados e experimentava todos os tipos de políticas de recursos humanos, para promover a criatividade, o trabalho em equipe e a satisfação da força de trabalho. Em face de seu sucesso espantoso, a alta gerência sempre recorria a Ken na hora das principais decisões. Ele sempre parecia conhecer o caminho e "fazer a coisa certa". Afinal, não foram poucos seus acertos no passado.

Mas essa sucessão de vitórias também semeou a sua queda. No início da década de 1980, ele previu, com muita lógica, que ninguém jamais gostaria de ter um computador pessoal. Simplesmente não havia motivos suficientes. Sempre seria mais eficaz em relação ao custo, argumentava, usar computadores de grande porte, aos quais se conectariam terminais disponíveis em cada mesa. Assim, manteve a DEC fora do mercado de computadores pessoais, até quando já era tarde demais.

Evidentemente, todas as pessoas de negócios fazem previsões e tomam decisões certas e erradas. A vulnerabilidade, nesse caso, não foi a decisão de Olsen em si, mas a dependência que fomentara ao seu redor, o que fez com que sua decisão não fosse questionada pelos colegas durante muito tempo. Em contraste, uma década depois, Bill Gates tomou a decisão errada de manter a Microsoft fora dos negócios de Internet, apenas para dar uma virada de 180º pouco depois. Ao observar a rápida transformação da indústria de computadores e ao ouvir atentamente os colegas, ele reverteu completamente o ponto de vista anterior, sem qualquer dano em seu orgulho pessoal e, provavelmente, até melhorando sua reputação, pela notável agilidade na mudança de curso.

Finalmente, quando ansiamos por reconhecimento e recompensas em nossa vida profissional, corremos o risco de colocar antolhos que nos levam a cavalgar céleres sobre nossos valores e compromissos sociais. Ron passou por essa experiência, depois de escrever seu primeiro livro. Após investir dez anos no empreendimento, ele o promoveu em todo o país, exaltando aos quatro ventos como todos precisavam de seus conselhos. Durante seis meses, dava aulas dois dias por semana e saía em campo nos outros dias, participando de entrevistas em jornais, rádio e televisão e falando a quem estivesse disposto a ouvi-lo.

Uma noite, chegou em casa depois de uma viagem para promoção do livro e sua esposa, Sousan, sugeriu que tomassem banho juntos, depois de acomodarem as crianças. "Uau!", pensou, "um pouco de prazer depois de toda essa trabalheira para vender o livro. Bem que eu mereço!"

Com entusiasmo e cheio de expectativas, ajudou a lavar e a escovar os filhos, leu histórias e os fez dormir. Finalmente, marido e mulher caminharam juntos para a suíte. Deixaram a água correr, adicionaram-lhe aromatizantes diversos, despiram-se e entraram na banheira. Entretanto, mal se sentou, suas fantasias intumescidas rapidamente ficaram murchas. Dominado pela mais aguda decepção, ele logo se deu conta de que aquilo não seria um ritual dionisíaco, apenas uma conversa séria entre marido e mulher.

Passaram duas horas na banheira, esfriando os ânimos, por assim dizer. Ela lhe mostrou o que estava acontecendo em casa e no escritório, enquanto ele se mostrava tão preocupado e desvanecido com as suas proezas de autor. O mundo continuava girando, disse ela, e se ele não prestasse atenção, tudo estaria muito mudado quando retornasse à realidade.

Ron resistiu à mensagem de todas as maneiras possíveis. "Ouviu-a." Interpretou "a hipersensibilidade dela à sua ausência". Ficou aborrecido. Enquanto isso, ela agia com doçura e sedução. Ele tentou raciocinar e fazer concessões. Assumiu ares dramáticos. Sousan recusou-se a cair na defensiva ou deixar-se levar, mantendo-se firme. Na segunda hora da reunião, quando a água já estava menos quente, iniciou-se o aprendizado. Ele começou a compreender o que ela queria dizer quando afirmava: "Você está de fato se perdendo. Voa o tempo todo; participa de um programa de rádio, mas se queixa de não ter sido convidado para outro. Aparece no *New York Times*, mas reclama por ainda não ter sido mencionado no *Washington Post*. Além disso, está tão distante, tão voltado para si próprio, que parece não participar da vida de nossos filhos; e, desse jeito, *nunca vou terminar meu Ph.D.!.*"

Assim, naquela banheira ainda tépida, ele começou a descobrir o que chama de sua "zona de instabilidade", aquela área em seu interior na qual, por mais que faça e por melhores que sejam os resultados, nada é suficiente. Para alguém como ele, com a necessidade exacerbada de ser necessário, foi simplesmente horrível ter de responder à pergunta: "O que é valioso e o que é dispensável?" Obviamente, aquela conversa se repetiu ao longo de muitos meses. Ron tinha de optar entre seus valores como pai zeloso e como marido carinhoso, de um lado, e certos aspectos de seu comportamento, de outro, que pareciam estar colocando sua carreira à frente desses valores. Ron queria tudo ao mesmo tempo. Exatamente no momento em que seus negócios começavam a decolar, em que o telefone tocava muitas vezes, com pessoas dizendo que precisavam dele, oferecendo ótimos honorários, também lhe estavam pedindo para avaliar o que realmente era importante. Bem no instante em que seu avião iniciava a decolagem, sua mulher lhe dizia, em tom decisivo, para esfriar os ânimos.

Ron implorou: "Como você pode fazer isso com os meus sonhos?" Mas não tardou a perceber que ela lhe atirava o salva-vidas. Perdido em sua zona de instabilidade, quase sufocado pela necessidade insaciável de valorização e afirmação, é até possível que conquistasse o mundo, mas talvez morresse sufocado.

Intimidade e Prazer

Os seres humanos carecem de intimidade. Precisamos ser tocados e acariciados, emocional e fisicamente. Mas, às vezes, nos tornamos vulneráveis pela maneira como saciamos essa necessidade. É possível, por exemplo, que sejamos demasiado sensíveis à solidão, por termos ficado órfãos muito cedo, correndo em busca de algum tipo de consolo, sempre que somos dominados por algo próximo desse sentimento. Ou, talvez, tenhamos grande suscetibilidade à rejeição, de modo que, à primeira sensação de abandono, deixamos de lado o bom senso e corremos à procura de alguém que esteja disposto a oferecer qualquer tipo de aceitação, às vezes confundindo sexo com outras formas de intimidade.

Com base em suas próprias experiências, é bem provável que você realmente tenha desenvolvido habilidades extraordinárias no sentido de fornecer um ambiente de sustentação às pessoas a seu redor, diminuindo as tensões durante os processos de mudança organizacional, política ou social. Também é possível que você tenha cultivado a enorme energia emocional e mental necessária para manter a coesão grupal, em meio a visões conflitantes e valores antagônicos. De fato, como a tampa de uma panela de pressão, o ambiente de sustentação exige resistência e resiliência.

Mas, o que ampara os pilares, qual é o ponto de apoio da viga-mestra? Em seus momentos de exaustão pelo desempenho constante do papel de válvula de escape, quem lhe aliviará a tensão e lhe oferecerá meios para atender às suas necessidades de intimidade e prazer?

Como resposta às nossas várias manifestações de distensão emocional, de exaustão mental, de hiperexcitação ou de apenas cansaço, às vezes adotamos práticas autodestrutivas. Vejamos o sexo, por exemplo. Não há dúvida de que ser o repositório de esperanças pode ser estimulante, o que, por vezes, induz os líderes a adotar comportamentos sexuais deletérios. Evidentemente, as implicações são diferentes para homens e mulheres. Quando um homem é visto como alguém especial, a situação por vezes infla não só seu ego, mas também seus apetites. Assim, alguns homens, em estado de necessidade, acabam envolvendo-se em atividades sexuais que ultrapassam as fronteiras da propriedade, causando danos para si próprios, para as suas causas e para o ambiente de trabalho.

Bill Clinton talvez seja o exemplo mais notório dessa história americana. Mas ele não é, de modo algum, único. Conhecemos muitos casos similares. Por apenas um minuto, esqueçamos Clinton, o presidente dos Estados Unidos, suas políticas e sua posição. Consideremo-lo apenas como mais um cara de meia idade, com muito poder, numa organização grande e importante. Tentemos compreendê-lo, e sua situação na época, nos termos até aqui analisados: um homem que causou danos irreparáveis a si próprio e quase se destruiu por não ter sido capaz de gerenciar seus próprios instintos.

Bill Clinton passou uns bons trinta anos, quase toda a sua vida adulta, sonhando com a presidência. E lá estava ele, em janeiro de 1993, entrando na Casa Branca como presidente, imbuído de um nível de excitação pessoal de difícil avaliação por observadores externos.

Mas ele não está apenas excitado, sua agenda também é ambiciosa: recuperação econômica, reformulação do sistema de assistência médica, redução da criminalidade, controle do deficit público, reforma do deficit federal, aprovação da NAFTA, proteção do meio ambiente, e muito mais. É um homem de grandes apetites e, como outros presidentes, comete o erro de tentar muitas coisas, com enorme rapidez. Aborda os desafios adaptativos como se fossem problemas técnicos, superestima sua autoridade e erra no cálculo da estratégia e do ritmo da mudança.

Contudo, dezoito meses depois, ele está no fundo do poço. Nas eleições de 1994, os eleitores alijam do Congresso democratas em quantidade suficiente para conferir a Newt Gingrich e a seu Contrato com a América um mandato extraordinário, além do controle da Câmara dos Deputados dos Estados Unidos.

Em 1995, Gingrich arrebata a imaginação pública, enquanto Clinton tenta recuperar-se. Pateticamente, insiste em que, como presidente, ainda tem "relevância" para as políticas públicas. Entretanto, mal consegue transmitir sua mensagem, com todos os olhares voltados para Gingrich e para os republicanos. As esperanças e os sonhos de Clinton estão quase destruídos. Ele apenas se empenha para não sair totalmente de cena.

Depois de doze meses em que foi ignorado e evitado pela imprensa e pelo público, Clinton, quase no fim de 1995, tenta um jogo político desesperado, como último recurso, em que lança na mesa todas as cartas. Envolve-se numa briga de foice com os republicanos, que acaba paralisando o governo. Era como andar na corda bamba. Ao fazer sua aposta, Clinton não sabia como manobrar os republicanos para que parecessem os bandidos e levassem a culpa pelo emperramento da máquina federal. Aquilo seria o fim da linha ou o início da recuperação.

Finalmente, o governo para de funcionar em novembro de 1995, com um efeito colateral não intencional. Boa parte do staff, dos aliados e dos confidentes de Clinton, que servem para garantir a disciplina do presidente, não comparecem ao trabalho. Assim, depois de doze meses de extrema prostração em sua presidência, em que apostou todo o seu capital político remanescente, Clinton vê-se sem o apoio de seus colegas da Ala Oeste da Casa Branca. Ademais, sua principal confidente, sua âncora mais resistente, Hillary Clinton, está fora da cidade. Para manter-se em funcionamento, a Casa Branca, com uma equipe precária, recorre a estagiários (cujo pagamento não é afetado pela paralisação) para trabalhar no Salão Oval.

Agora, coloque-se no lugar de Clinton. Você está quase num beco sem saída, jogando a última cartada de sua carreira, com o bem-estar de milhares, talvez de milhões de pessoas em jogo. Além disso, não tem ninguém em volta; seus guardiões estão ausentes. É apenas você, aguentando a barra sozinho, em tempos de grande risco. E sua mulher, sua confidente mais importante, está fora da cidade.

É bem possível que você seja dominado por uma frivolidade irreal, e talvez, sob a superfície, por um desespero excruciante. Pelo menos, você está de volta ao jogo, depois de demonstrar enorme poder, mantendo em impasse o Congresso dos Estados Unidos. Em momentos de tal magnitude, qualquer um talvez precisasse da proteção que Ulisses deu a si próprio. O rei de Ítaca, perdido nos mares, sabia que ficaria privado de suas forças se ouvisse o canto sedutor das sereias e que, a exemplo de muitos outros marinheiros antes dele, mergulharia nas águas para a sua destruição. Também estava consciente de que, se ficasse sozinho, sucumbiria aos seus apetites. Assim, preparou-se para submeter-se à tentação, ordenando que sua tripulação o amarrasse firmemente ao mastro e que depois cada um colocasse cera nos próprios ouvidos, para que também não fossem tentados por aquele som irresistível. Ainda determinou que ignorassem seus protestos, quando gritasse e esperneasse, ordenando que cortassem as cordas que o mantinham preso. E assim navegou por aquelas águas perigosas, ouviu as sereias entoando seus cantos inebriantes, ficou fora de si e furioso, ordenou que o libertassem, mas foi salvo por suas providências prévias, pois a tripulação não ouvia seus gritos e ignorava seus gestos. Também Clinton devia conhecer-se bastante bem para pedir a alguém que o amarrasse ao mastro.

No próximo capítulo, exploramos várias âncoras que o impedem de navegar em águas não mapeadas e arriscadas. Por enquanto, o importante é apenas compreender com mais compaixão nossos anseios e vulnerabilidades. Em meio a um jogo político empolgante e desesperador, sem a mulher ou os colegas mais íntimos por perto para mantê-lo amarrado ao mastro, Monica Lewinsky entra em cena e age de maneira sedutora. O presidente perde toda a noção de disciplina, rende-se aos apetites e, por um momento de intimidade e prazer, sofre danos incríveis.

Também o comportamento de Lewinsky foi o resultado de um impulso irrefreável. Poucas dinâmicas humanas são mais previsíveis do que a atração de homens e mulheres por alguém com poder, fama e status. Quase todos nós sentimos alguma excitação quando chegamos perto de alguém extraordinário. Não é preciso trabalhar ao lado do Salão Oval para conhecer a agressividade com que os indivíduos lutam para se aproximar de alguém no cume do poder.

Também conhecemos esse apetite em primeira mão. Ambos nos fizemos de bobos em várias ocasiões, ao seguirmos o ímpeto de nos aproximarmos de homens e mulheres em altas posições, sacrificando até certo ponto nossa integridade ou, ao menos, nossa dignidade. Na verdade, nosso palpite é que muita gente compreende muito bem a vulnerabilidade que teria acometido Monica Lewinsky: a ilusão de que aumentaria ou reforçaria seu amor próprio, insinuando-se para alguém "especial". Em sua forma mais ostensiva, muitos homens insuflam a auto estima, tratando as mulheres como troféus, e algumas mulheres fazem o mesmo. E todos guardamos suvenires desses momentos de intimidade com o "poder", como fotografias, autógrafos e vestidos manchados. A mesa de Marty está cheia de fotografias que o mostram ao lado de pessoas famosas, da época em que estava na política e no governo. Com efeito, já bem avançado na casa dos sessenta, ainda é um caçador de autógrafos.

Obviamente, tudo isso é miragem. O valor duradouro das pessoas não é função de seus relacionamentos, sobretudo os efêmeros. Entretanto, tanta gente se enpreveda tão profundamente nessa ilusão que se perde no labirinto, sem o senso real de sua própria identidade. Pergunte a alguém de mais idade, que já esteve lá, que fez isso, e esses indivíduos dirão que foi divertido e interessante chegar perto de pessoas "especiais", mas que apenas isso não preenche a sensação de vazio interior.

E essa dinâmica não mudará tão cedo. As tentações continuarão a desafiar nossa disciplina interna e a testar a resistência de nossas âncoras. Precisamos conhecer melhor a índole sexualmente provocante da liderança e da autoridade. Clinton não é raridade. Muitos homens em posição de autoridade, formal ou informal, têm dificuldade em conter seus impulsos sexuais exacerbados. Não foi por acidente que Franklin Roosevelt, John Kennedy, Martin Luther King Jr., e numerosos senadores e deputados nos Estados Unidos arriscaram a sua carreira em escapadas sexuais de um tipo ou de outro. Mohandas Gandhi foi muito aberto e explícito sobre seu esforço prodigioso para controlar o apetite sexual. O mesmo provavelmente é verdade em relação a muitos homens de negócios. A luta por essa disciplina interna é responsabilidade dos líderes e autoridades. Embora possa ser verdade que homens e mulheres com fortes impulsos sexuais busquem posições de poder, também é inegável que, como disse Henry Kissinger, o poder é o grande afrodisíaco. Mas render-se aos apetites é indicador inquestionável de que se perdeu o controle, tirando proveito das pessoas e abusando da própria posição.

Nem todos os homens e mulheres padecem de tal vulnerabilidade, mas temos percebido alguns padrões básicos nas numerosas histórias que já ouvimos a esse respeito. Com a perda de controle, o estímulo assume duas feições básicas. Os circunstantes reagem aos seus impulsos, com investidas sexuais em direção à autoridade, ou esta abusa de seu poder e exige "favores" sexuais dos circunstantes. Mas o assédio sexual aos líderes é enganoso, pois a atração é menos pela pessoa em si, do que por seu papel e poder. Quem não acreditar, que se desvencilhe do personagem, para ver se continua irresistível. Ao fazer exigências sexuais, o líder não só viola a confiança de que foi depositário e destrói um ambiente de trabalho produtivo, mas também compromete a si próprio e às suas causas. Ainda que se consiga manter o caso em segredo, o ambiente de trabalho nunca será o mesmo.

Algumas mulheres nos descreveram diferentes dinâmicas sexuais. Muitas delas se perdem na ilusão de que ter relações com um homem poderoso ratifica o próprio valor. E, às vezes, para manter a proximidade, usam todas as suas forças sedutoras. Contudo, a rendição a tais seduções deixa em sua esteira uma sensação de vazio, de perda e de decepção.

O poder pode ser um potente afrodisíaco e fonte de atração para as mulheres tanto quanto para os homens. Porém, em face das normas sexuais predominantes em nossa cultura, as mulheres geralmente se sentem mais ameaçadas do que os homens, quando ascendem a posições de autoridade. Em nosso mundo ainda machista, a promiscuidade é vista diferentemente para cada sexo: no caso dos homens, geralmente é encarada como sinal de proeza e poder; no caso das mulheres, é indício de debilidade e motivo de vergonha. Será que Clinton sobreviveria se fosse mulher? Duvidamos. As mulheres no poder sabem que o envolvimento em casos sexuais acarreta o alto risco de minar sua credibilidade e autoridade, ainda que o caso permaneça como assunto particular. Se uma mulher permite que um homem ultrapasse os limites, as fronteiras da autoridade, ela sabe que provavelmente perdeu a autoridade com aquele homem, ainda que ninguém mais saiba do assunto. E se a coisa se tornar de conhecimento comum, ela corre o risco de perder sua autoridade também com os outros. Num sentido primitivo, se a mulher se deixar levar, sua autoridade entre os liderados, não importa o sexo, estará ameaçada.

Assim, as mulheres se empenham ao máximo para preservar as fronteiras. Todos os dias, muitas profissionais, de maneira consciente ou inconsciente, mantêm-se atentas e mais ou menos em alerta quanto a quem a procura e por quê. Depois de algum tempo, essa vigilância torna-se parte da intuição feminina, e ela talvez nem perceba que está em guarda.

Para manter intactas as fronteiras, as mulheres têm de gerenciar não só a maneira como se comportam em relação aos homens, mas também os próprios sentimentos. Os apetites dos homens e das mulheres ficam mais aguçados quando trabalham juntos intensamente, em ambientes fechados. Para manter o controle sobre os próprios sentimentos e conter a intensidade dos relacionamentos no trabalho, as mulheres às vezes se tornam assexuadas. Nesses casos, assumem papéis de filha, irmã ou mãe, o que é mais seguro do que agirem como fêmeas tridimensionais. Outras criam uma "bolha" ou "concha", fechando-se aos próprios sentimentos, de modo a zelar por sua segurança.

Assim, principalmente como produto de nossa história e de nossas normas culturais, as mulheres e os homens por vezes são imagens reflexas do mesmo problema. Os homens, com mais frequência, enfrentam a dificuldade da falta de contenção. Seus apetites, espicaçados no ambiente de trabalho, ficam à solta. Até há pouco, tais situações talvez doessem na consciência e na família, mas tinham pouco impacto sobre sua posição de autoridade no trabalho. Em alguns ambientes, até melhoravam sua reputação.

Em contraste, as mulheres raramente são recompensadas quando transpõem os limites. Em consequência, muitas nos disseram que assumem posições de excesso de contenção. Por gastarem muita energia durante todo o dia, para se manterem atentas e cautelosas quanto a possíveis assédios, algumas têm dificuldade em abandonar o papel profissional no fim do dia, relaxando na intimidade emocional e sexual.

Sabemos que estamos entrando em searas que, como homens, não são nossas. De mais a mais, esse terreno está minado por estereótipos. Contudo, mencionamos os padrões, tais como descritos por várias mulheres, para que os leitores de ambos os sexos sejam capazes de melhor compreender certos aspectos que, às vezes, são considerados inabordáveis. Para que a mulher se deixe tocar em sua intimidade emocional e sexual, a confiança no parceiro é requisito imprescindível. Mas é difícil abrir o corpo e a alma quando se passa o dia inteiro em guarda. Assim, não são poucas as que não se deixam satisfazer em suas necessidades humanas e não conseguem restabelecer a própria feminilidade, mesmo quando deixam o trabalho e chegam em casa.

Muitas mulheres, quando assumem posições de autoridade e se convertem em centro das atenções, reagem tão instintivamente quanto os homens. Ao perceberem que são vistas sob lentes especiais, seus anseios por intimidade e prazer ficam mais intensos. E, do mesmo modo como os homens poderosos exercem maior atração, as mulheres em posições de autoridade exalam maior sedução. As tentações são fortes. Mas, ainda que tudo isso pareça estimulante, esses sentimentos também são um sinal de perigo. Alguns homens, sob o domínio de seus próprios desejos, percebem o apetite das mulheres no poder e, como fez Monica Lewinsky, adotam comportamentos sedutores. Umas poucas respondem, transpõem as fronteiras e infligem-se prejuízos.

Por exemplo, lembra-se de nossa amiga Paula, no Capítulo 3, que não sobreviveu às suas tentativas para reformar aquela agência estadual? As pressões e a posição a tornaram vulnerável ao desejo de companhia. Ela aceitou o cargo numa fase de grande insatisfação quanto suas necessidades pessoais de afirmação e intimidade. Sua vida em casa não era fácil: seu casamento parecia frágil e ela se sentia estressada pelas exigências impostas pela criação de dois filhos. Além disso, ainda tinha algumas dúvidas incômodas quanto à sua vida profissional e ficava pensando se cumpria os requisitos para exercer uma alta posição de autoridade, onde é preciso "segurar a peteca".

Mas ela não tinha conhecimento dessas necessidades. Pelo menos, não estava consciente de como esses anseios a tornariam vulnerável. Inadvertidamente, ao tentar atender a essas necessidades de maneira inadequada, desenvolvendo um relacionamento muito íntimo com um colega, entrou em conluio com os adversários, transformando-se em alvo fácil para críticas pessoais. Ao converter-se em assunto principal, os debates desviaram-se para a natureza de seus apetites, afastando-se das importantes questões que ela pretendia abordar.

O que Fazer a Respeito?

Como aprender a gerenciar esses apetites viscerais? Primeiro, conheça-se, diga a verdade a si mesmo sobre suas necessidades, e então atenda a essas exigências de maneira apropriada. Todos os seres humanos precisam exercer poder e controle, carecem de auto afirmação e de auto estima, necessitam de intimidade e prazer. Não se pode liderar e sobreviver simplesmente instalando um silencioso em si próprio. O gerenciamento de seus apetites exige o conhecimento de suas vulnerabilidades e a adoção das medidas cabíveis para mantê-las sob controle. O ponto de partida é o respeito aos próprios anseios. Eis duas que podem ser úteis quanto à necessidade de intimidade sexual. Focamos essa necessidade, em especial, por ser uma área de vulnerabilidade muito comum, embora nem sempre abordável.

Rituais Transicionais

Tanto os homens quanto as mulheres necessitam de rituais transicionais que lhes permitam descamar-se de seus papéis profissionais, para que sejam capazes de sentir de novo a própria pele. Do contrário, nossas personalidades profissionais bem protegidas podem imiscuir-se em nossas vidas pessoais. É muito fácil manter a máscara, justamente por ter sido proteção tão eficaz durante a jornada de trabalho. Praticamente qualquer ato simples serve para marcar a transição entre sua vida pública e privada. A fim de restaurar o próprio eu, além de qualquer papel circunstancial, basta, às vezes, mudar de roupa, tomar um banho, fazer ginástica, caminhar ou correr, meditar ou rezar, beber um copo de vinho. Qualquer tipo de atividade que se converta em ritual e se associe a algum propósito firme contribui para a passagem de um para outro estado mental e sentimental. É preciso experimentar e verificar qual a alternativa mais eficaz.

Evidentemente, algumas pessoas identificam-se tão intensamente com determinado papel, que parece assustador ou impossível abandonar o personagem. Com efeito, na era do e-mail, a sedução da auto estima, com todo o seu poder, está disponível em tempo integral e nos sentimos conectados o tempo todo. "Será que alguém está querendo falar comigo agora?", dizemos a nós mesmos.

Talvez precisemos de permissão para parar de trabalhar. Quantas mães e pais enfrentam problemas para se aquietarem, mesmo depois de porem os filhos para dormir? Ironicamente, precisamos de disciplina para desligar, para diminuir o ritmo e para criar momentos de transição todos os dias. Necessitamos de empenho consciente para nos recuperarmos, de modo a conhecer e a atender nossas necessidades de intimidade.

No outro lado desses momentos de transição, contudo, às vezes encontramos a dura experiência da fome, na forma de solidão e vazio. Assim, às vezes não é suficiente apenas garantir a transição. Talvez seja necessário renovar a capacidade de usufruir a intimidade, reconstruindo padrões familiares e comunitários que durante muito tempo foram negligenciados. A transição em si não basta, caso não se tenha um lugar onde desfrutar a intimidade.

Reavive as Fagulhas

Todos nós temos a necessidade humana de sermos tocados fisicamente, assim como em nossa alma e coração. Em nossa tribo, os judeus devem fazer amor aos sábados (com o marido ou com a esposa), pois as delícias do amor despertam a sensação de paraíso atemporal. O sabor da eternidade e da união divina destina-se não apenas ao homem; de acordo com a lei judaica, o homem deve proporcionar prazer pleno e intenso à mulher.

Relacionamentos de intimidade duradouros e intensos não raro secam aos poucos e acabam desaparecendo por completo. No entanto, durante os períodos de atividade profissional mais frenética, quando a sobrevivência do espírito está em risco, é extremamente importante que se saciem os apetites. E caso eles se tornem incontroláveis, recorra à ajuda externa ou a qualquer outro tipo de assistência para dispensar a devida atenção às possibilidades de intimidade na vida. Do contrário, como vimos, os apetites extravasam de maneira destrutiva ou ignoramos totalmente esse aspecto de nossa própria condição humana.

Vivemos, talvez pela primeira vez na história, numa era em que deixou de ser tabu obter ajuda a fim de desvencilhar-se da falta de confiança, de descamar-se dos vários papéis, de reacender as fagulhas. Não há razão, nestes dias de todos os tipos de terapias e oficinas, para entregar-se a relacionamentos improdutivos. Estamos até aprendendo a curar as feridas de abusos difusos. Como sociedade, mal estamos começando a retirar a sexualidade das sombras da ilicitude, mediante o aprendizado de maneiras mais proveitosas e mais honestas de desfrutar essa ventura. Quando realmente o conseguirmos, haverá menos vergonha em buscar o tipo de ajuda de que muita gente necessita em suas vidas particulares.

Evidentemente, é preciso coragem para remover os embaraços e os tabus culturais do passado. Nutrimos profunda lealdade pelas duas pessoas que nos amaram da melhor maneira que conheciam, mas que também nos transmitiram muitas restrições à arte de viver. Por exemplo, em algumas culturas ensina-se às mulheres que não há deleite no contato físico. A intimidade sexual não passa de um serviço a ser prestado aos homens, com a certeza de que dias melhores virão, pois, com o tempo, os parceiros perderão cada vez mais o interesse. Ouvimos muitas variações sobre o mesmo tema: "Ele não me procura há quatro anos; graças a Deus, pois assim não tenho mais de servir-lhe daquela maneira!"

Contudo, qualquer trabalho adaptativo, mesmo no nível individual, exige a investigação de nossas lealdades, extraindo o melhor do passado e descartando o dispensável. Abrir mão da oportunidade de experimentar as fagulhas divinas na entrega e na alegria da união parece um preço muito alto pela preservação de nosso orgulho ou lealdade. O restabelecimento da seiva fecunda de um relacionamento parece ser a maneira mais saudável de gerenciar nossas necessidades.

• • •

Não fomos concebidos para controlar as correntes emocionais produzidas pela vida em meio a enormes redes sociais. Ao contrário, fomos projetados para viver em pequenas comunidades, sob condições mais ou menos estáveis. Assim, é absolutamente natural que nos sintamos subjugados e oprimidos. Com efeito, não importam quão perfeita tenha sido a nossa criação e quão magnífico o "software" de que nossos pais, nossa cultura e nossa comunidade nos dotaram, todos precisamos de práticas contínuas para compensar nossas vulnerabilidades. Precisamos de âncoras.

9

Ancore-se

Para nos ancorarmos nos mares turbulentos dos vários papéis que assumimos na vida real, em termos pessoais e profissionais, concluímos que é profundamente importante distinguir entre o ego, que podemos ancorar, e nossos papéis, que não podemos ancorar. Os papéis que desempenhamos em nossa organização, comunidade e vida privada variam sobretudo em função das expectativas das pessoas a nosso redor. O ego depende de nossa capacidade de observar e aprender durante toda a vida, de refinar os valores essenciais que orientam nossas decisões — não importa que correspondam ou não às expectativas.

Muita gente experimenta um brusco despertar, ao se despir de posições investidas de autoridade. Ex-CEOs e ex-políticos descobrem que seus telefonemas para pessoas importantes e ocupadas já não são atendidos com a mesma presteza, seus e-mails não são respondidos com a mesma rapidez, seus pedidos de favores e de tratamento especial aos "amigos" não são tão eficazes. É a dura constatação de que os benefícios que desfrutaram no passado eram, na melhor das hipóteses, consequência tanto do papel que exerciam e da posição que ocupavam, quanto das qualidades de seu caráter e do encanto de sua personalidade.

Diferenciando entre Papel e Ego

É fácil confundir o ego com os papéis desempenhados na organização e na comunidade. O mundo compactua com a confusão, ao reforçar a *persona* profissional. Colegas, subordinados e chefes tratam-se reciprocamente como se os papéis fossem a essência, o verdadeiro ego.

Na década de 1980, Alan Alda estrelou o filme *A Vida Íntima de um Político* (*The Seduction of Joe Tynan*). Seu personagem é um senador dos Estados Unidos, que contempla a possibilidade de concorrer à presidência. A sedução assume duas formas. No enredo tradicional de uma sedução física, Meryl Streep representa uma ativista liberal, não ficando claro quem seduz quem. Mas o título tem outro significado, à medida que Alda emaranha-se cada vez mais no papel de senador populista e de possível candidato à presidência. Em seu delírio, passa a fazer discursos para os próprios filhos, da mesma maneira como no plenário do Senado, e trata a esposa como membro de seu staff, que precisa seguir a linha partidária. Em outras palavras, começa a confundir-se com o personagem público e profissional. O filme termina sem que saibamos se Alda conquista a presidência e se seu casamento sobrevive à ilusão. Mas o perigo é claro: a armadilha muito comum de perder-se no papel.

A indistinção entre o papel e o ego é de fato uma arapuca. Ainda que mergulhemos integralmente no papel — com todas as paixões, valores e capacidades — os circunstantes reagem, basicamente, não a nós mesmos, mas ao papel que assumimos em suas vidas. Mesmo quando as respostas *parecem* muito pessoais, devemos interpretá-las primeiro como reações a quão bem estamos correspondendo às expectativas alheias. Na verdade, é vital para nossa própria estabilidade e paz de espírito que compreendamos essa realidade, para interpretar e decifrar as críticas recebidas, antes de internalizá-las como pessoais.

Portanto, dispomos de meios para verificar quando a auto estima está em jogo. Ao levarmos para o lado pessoal o que é dito, a questão passa a ser nosso amor próprio. "Você é um palhaço" não é necessariamente um ataque pessoal, ainda que formulado em tais moldes. Talvez signifique que não estão gostando da maneira como desempenhamos o papel. Também é possível que não estejamos sendo muito hábeis na apresentação do desafio.

E quem sabe não elevamos demais ou com muita rapidez a temperatura ou abordamos algum assunto que as pessoas preferem deixar de lado. Com efeito, os circunstantes podem estar certos ao criticar nossa sensibilidade e cadência e é provável que tenhamos muito a aprender para a melhoria de nosso estilo, mas a crítica versa basicamente sobre o tema, não sobre nós como pessoas. Ao nos atacarem pessoalmente, as pessoas estão tentando neutralizar a ameaça que percebem em nosso ponto de vista.

Na verdade, digamos que apresentemos uma proposta e sejamos atacados. Ao aceitarmos a ideia de que o propósito de nossa intervenção é estimular o trabalho do grupo, o ataque torna-se uma forma de trabalho. É uma oportunidade. A resistência não é uma crítica, nem mesmo uma contestação de nosso ponto de vista. Ao contrário, sugere que vale a pena reagir ao nosso input, que a intervenção provocou o envolvimento do grupo com o tema.

Elizabeth Cady Stanton descreveu a reação ao que veio a ser a primeira convenção sobre direitos das mulheres nos Estados Unidos.[1] Na narração de Stanton, numa tarde de verão de 1848, ela conversou com um grupo de amigas sobre suas experiências a respeito das posições arraigadas e infames dos homens, inclusive adolescentes, operários e policiais, quando ela planejou e gerenciou a reforma de uma propriedade imobiliária em Seneca Falls, Nova York. A conversa deixou claro, para pelo menos algumas das presentes, que alguma coisa devia ser feita para mudar a maneira como a sociedade encarava as mulheres. Decidiram não só reunir-se de novo na semana seguinte, mas também começar a redigir uma declaração dos direitos das mulheres.

Depois de vários encontros, concluíram o documento e emitiram vários manifestos, exigindo que os americanos mudassem a legislação vigente, para permitir o voto feminino. Stanton descreveu o tumulto daí resultante em todo o país: "Tão intenso foi o clamor público contra nós, no parlamento, na imprensa e nos púlpitos, que quase todas as senhoras que participaram da convenção e assinaram a declaração dos direitos das mulheres retiraram, uma a uma, seus nomes e influência, juntando-se aos algozes. Nossas amigas nos deram o seu desprezo e se julgaram desgraçadas em face de toda aquela ousadia."[2]

Aquela reação, com todos os seus custos pessoais, dificilmente não seria levada para o lado pessoal. "Se eu tivesse tido a mais leve premonição de tudo que se seguiria àquela convenção, receio que não seria bastante corajosa para correr o risco, e confesso que foi com muito medo que aceitei participar de outra reunião, um mês depois, em Rochester"[3], comentou Stanton, na época.

Ancorar-se talvez lhe dê condições para suportar a oposição furiosa até de seus amigos e ex-colaboradores, capaz de transformar o seu papel, da noite para o dia, de ídolo em excluído. Porém, ao ancorar-se, você talvez reúna energia suficiente para manter-se gentil, concentrado e persistente. O progresso pode demorar algumas décadas. A convenção de Seneca Falls, em 1848, foi o começo da campanha de Stanton pelo voto feminino. Ela levou mais de trinta anos para superar as restrições constitucionais ao sufrágio das mulheres nos Estados Unidos. Em 1878, Stanton redigiu uma proposta de emenda constitucional federal, rejeitada por todas as legislaturas nos quarenta anos seguintes. Quando, em 1918, a Câmara dos Deputados finalmente aprovou a essência do projeto de Stanton, ela já estava morta havia dezesseis anos.

Como Stanton, para ser autêntico e eficaz, você deve desempenhar o seu papel de acordo com as suas crenças, de modo a infundir as suas paixões no trabalho. É preciso aceitar que não se pode ter tudo ao mesmo tempo. Ao ser atacado, desacreditado, isolado ou demitido, seu sentimento talvez seja o de que foi vítima de uma espécie de assassinato. Mas você não pode esperar que levem a sério suas ideias sem aceitar a possibilidade de que as questionem. A aceitação do processo de engajamento como algo inerente à liderança o libera como pessoa, permitindo que se envolva na promoção de suas ideias, como os demais participantes, sem bater em retirada ou meter-se nas trincheiras, em defesa de suas posições pessoais.

Novamente, distinguir-se do papel é muito importante em relação tanto aos elogios quanto às críticas. Ao começar a acreditar em tudo de bom que dizem a seu respeito, você talvez se perca em seu papel, distorcendo seu senso de identidade pessoal e sua auto-imagem. Além disso, as pessoas podem controlá-lo com base em seu anseio por aprovação. Confundir-se com o papel é sinal de que se depende da organização ou da comunidade para atender a muitas das próprias necessidades pessoais, o que é perigoso, como vimos no Capítulo 8.

Não subestime o desafio de diferenciar papel e ego. Quando o atacam pessoalmente, sua reação instintiva é encarar o ataque como algo pessoal. Todos temos enorme dificuldade em ir para o camarote no meio de um ataque pessoal, assumindo uma posição interpretativa e analisando como nossas mensagens afligem outras pessoas. Como no caso de Stanton, a situação é ainda mais difícil quando o ataque parte de nossos amigos ou de parceiros cujo apoio consideramos importante. Mas ser criticado por pessoas que temos em alta conta é quase sempre parte do exercício da liderança. Quando Bill Clinton, em 1993, conseguiu ultrapassar as linhas partidárias para elaborar com Newt Gingrich um projeto de lei crucial para a redução do déficit orçamentário, que aumentava os impostos e reduzia os gastos governamentais (contribuindo para uma década de prosperidade), sua esposa Hillary "desfechou um ataque cerrado e impiedoso" contra o marido e seus assessores.[4]

Com efeito, a liderança muitas vezes significa ir além das fronteiras dos próprios constituintes, para demarcar territórios comuns com outras facções, divisões e *stakeholders*. O trabalho adaptativo raramente é feudo exclusivo de apenas uma facção. Cada uma tem de executar seu próprio trabalho de ajuste. Ao transpor as fronteiras, o líder talvez pareça traidor de seu próprio pessoal, cuja expectativa era a de que defendesse as perspectivas dos liderados, em vez de virar a casaca e questionar seus pontos de vista. Essa violação das expectativas dos liderados gera uma sensação de deslealdade e talvez manifestações de indignação. Contudo, pouco de tudo isso é pessoal, mesmo quando proveniente de compatriotas, amigos, esposa ou parceiros.

Ao levar para o lado pessoal os ataques "pessoais", contribui-se sem querer para uma das maneiras mais comuns de alijar o líder — transformá-lo na questão em si. Embora, nas campanhas eleitorais, o caráter e os traços pessoais dos candidatos sejam aceitos como legítimos temas de debate, na maioria das situações, mesmo em política, o ataque é uma forma de defesa contra as perspectivas representadas pelo líder, que ameaçam as próprias posições e lealdades de outras pessoas. Como já perguntamos antes, será que alguém já criticou seu caráter ou seu estilo quando você está dando boas notícias ou distribuindo cheques polpudos? Achamos que não. As pessoas atacam o estilo do líder quando não gostam da mensagem.

Atacar a pessoa em vez da mensagem é uma saída fácil. Por exemplo, talvez acusem uma mulher corajosa de agressiva e entrona, se ela tentar empreender alguma mudança na cultura organizacional. Ao transformar o caráter ou o estilo de nossa heroína no assunto em si, quem se sente ameaçado afasta da mensagem a atenção da organização. Ao desacreditarem-na, reduzem a credibilidade de sua perspectiva.

Embora Bill Clinton tenha fornecido muita munição aos seus opositores, será que ele teria sido atacado com tanta insistência se não fizessem sérias restrições a seus pontos de vista sobre as questões com que se defrontava os Estados Unidos? Não por acaso, os principais detratores de seu caráter eram os que mais discordavam dele em relação a muitas políticas públicas e, principalmente, os que estavam furiosos com ele por ter assumido algumas das posições dos adversários, ao deslocar-se para o centro político. Também não é surpresa que os indivíduos mais condescendentes quanto às falhas de caráter de Clinton concordassem com os principais elementos de sua agenda. As feministas foram quase unânimes em defendê-lo no escândalo de Mônica Lewinsky, ao invés de atacá-lo por exploração sexual, em face de seu amplo apoio à causa da defesa dos direitos das mulheres. Como se vê, nada pessoal.

Ironicamente, embora os Clintons e seus consultores políticos se orgulhassem de ter montado uma defesa rápida e eficaz, sua dinâmica de ataque-defesa concentrada no caráter foi de pouca valia. Sempre que conseguiam provocar uma resposta defensiva da Casa Branca, os agressores desviavam, ao menos por uns tempos, a atenção pública até então concentrada nas causas. Quanto mais os Clintons agiam defensivamente (retendo documentos, formulando argumentos jurídicos, usando linguagem legalista ou mentindo), mais contribuíam para o ímpeto e a intensidade do ataque.[5] A reação defensiva à substância literal dos ataques pessoais reforça a posição dos agressores, ao dispersar ainda mais a atenção. Esse mecanismo de evasão ao trabalho quase sempre produz resultados, quanto mais não seja por ser extremamente natural levar para o lado pessoal os ataques pessoais.

Obviamente, todos poderiam desenvolver melhores estilos de comunicar mensagens desafiadoras. Infelizmente, não há como contornar o fato de que é muito difícil transmitir más notícias. É fácil, até agradável para um médico, dizer a um paciente: "Tome este remédio e amanhã você não estará sentindo nada." Mas e se a notícia for a pior possível? "Infelizmente, não há muito que fazer nesse caso. Acho que vocês precisam enfrentar a realidade e atenuar o sofrimento tanto quanto possível." É difícil imaginar mensagem mais dolorosa do que essa tanto para quem transmite quanto para quem recebe. Quase todos os professores preferem dar um A a um C. Praticamente todos os chefes acham melhor contratar do que demitir pessoal. Mas se o médico, o professor ou o chefe se afastarem do objetivo de ajudar seu público a decodificar a mensagem e, em vez disso, se transformarem no próprio tema, não se concluirá o trabalho, com enorme perda de tempo.

Até mesmo os homicídios, na acepção literal do termo, a forma extrema de ataque, não são pessoais. Embora essa constatação não seja conforto para a vítima, talvez ajude a família a compreender a tragédia e sobreviver às suas consequências. Além disso, a consciência de que nem mesmo os ataques físicos são pessoais talvez reforce a coragem, ajudando os líderes a assumir os riscos necessários. Ao compreender essa realidade, é possível que, bem no fundo de seu coração, você sinta que, mesmo perdendo a vida, a substância de sua causa continuará a infundir significado em outras vidas.

Martin Luther King Jr., por exemplo, foi assassinado por não outro motivo senão para eliminar o papel por ele desempenhado no combate à hipocrisia americana. Yigal Amir, assassino de Itzhak Rabin, alegou que seu propósito era silenciar Rabin, e matá-lo era a única maneira de fazê-lo. A ameaça era a mensagem de Rabin — seu papel — não o próprio Rabin.[6]

A indiferenciação entre papel e ego também redunda em negligência dos níveis adequados de defesa e proteção do papel. Rabin arriscou a vida muitas vezes durante sua carreira de soldado. Ao tornar-se primeiro ministro de Israel, estava acostumado ao perigo físico. Assim, quando o serviço secreto o informou do risco crescente de um atentado e o aconselhou a usar colete a prova de bala antes de presidir um grande comício público, ele não atendeu à recomendação. Por haver transposto os limites do risco, anos atrás, no exército, e talvez por ainda preservar algum resíduo de orgulho em face de sua coragem física e pessoal, ele não só ficou mais vulnerável, mas também enfraqueceu seu papel. A ironia foi trágica.

Se Rabin houvesse discernido entre papel e ego, talvez tivesse usado o colete, não para proteger-se, mas para resguardar o papel — e quem sabe até tivesse reconhecido a necessidade crescente de proteger a função que vinha exercendo no processo de paz no Oriente Médio. Se tivesse retrocedido por um instante, para ir ao camarote e de lá descortinar uma visão panorâmica do que estava em risco, ele decerto teria concordado com os guarda-costas. Em vez disso, no momento crucial da decisão, avaliou a situação com base em seu nível pessoal de tolerância ao risco, em vez de estimar o perigo para seu papel histórico na determinação do futuro de Israel e do Oriente Médio.[7]

Obviamente, um exemplo mais comum de proteção do papel ocorre quando os pais de recém-nascidos tornam-se avessos ao risco em consequência do significado de seu novo papel. Felizmente, a maioria dos líderes não está sujeita a risco de vida. As ameaças físicas não parecem tão grandes na reação rotineira dos liderados às propostas de ideias controversas.

Para atrair a atenção de volta às questões relevantes, quando se é atacado ou bajulado, é preciso defletir o foco que passou a convergir sobre a personalidade, sobre o julgamento pessoal ou sobre o estilo. A melhor defesa em longo prazo, de eficácia inquestionável, contra os ataques pessoais é ser perfeito e não cometer erros na vida privada. Mas ninguém é perfeito. Nossos apetites e debilidades estão sempre presentes, induzindo-nos a perder a calma em público; a clicar no botão "enviar", sem pensar duas vezes nos efeitos de um e-mail; a reagir com mentiras, quando nos sentimos encurralados; a fazer observações precipitadas que ofendem o público almejado. Como todas as pessoas normais, nós próprios temos sucumbido a esses comportamentos. O segredo, contudo, é responder ao ataque de modo a recolocar o foco onde deveria estar, sobre a mensagem e sobre os temas.

Durante suas campanhas para a presidência, a imprensa acusou Gary Hart e Bill Clinton de má conduta sexual. As reações foram muito diferentes. Hart contra-atacou. Criticou os repórteres que o estavam perseguindo e questionou a ética da imprensa. Em outras palavras, assumiu posição defensiva. Bill Clinton seguiu o rumo oposto. Compareceu ao *60 Minutes* logo depois do Super Bowl, sentou-se diante das câmeras de mãos dadas com a esposa e basicamente admitiu que errara o caminho de casa. Hart respondeu em tom pessoal; Clinton, estrategicamente, e com mais honestidade.

Nenhum observador de Hart ou Clinton sabia exatamente com quantas mulheres qualquer um dos candidatos havia tido casos amorosos. O que todos podiam saber e julgar era como ambos lidavam com a situação. Os eleitores avaliaram esses homens não com base em análises exaustivas dos relatos de suas aventuras sexuais, mas observando os dados disponíveis. O que importa é o que se vê. *A maneira como você gerencia um ataque, mais do que a substância das acusações, determina seu destino.* Embora os ataques fossem profundamente pessoais, Clinton os encarou como investidas contra as perspectivas por ele representadas e contra o papel que pretendia desempenhar. Sua resposta foi eficaz, em estilo compatível com o papel de um aspirante à presidência, redirecionando a conversa para os temas políticos da campanha.

Lembra-se de nossa amiga Kelly, que tentou ficar fora da briga, a fim de garantir sua nomeação para a Comissão de Serviço Público de Denver? Embora, durante o processo, tenha sido criticada várias vezes pela mídia, ela percebeu que as críticas (e os elogios ocasionais) não eram de fato contra ela, mas contra o que ela representava para diferentes facções da comunidade. Se tivesse encarado os ataques como algo pessoal, talvez reagisse defensivamente, colocando-se no meio de uma crise que não era dela. Provavelmente, teria posto em risco a própria nomeação.

Sob uma perspectiva mais ampla, também existe um benefício em longo prazo na diferenciação entre o ego e o papel. O papel um dia chega ao fim. Quando se está muito envolvido no papel, a ponto de achar que ele passou a absorver o próprio ego, o que acontecerá quando a cortina descer e o público for embora? Será que Jack Welch encontrará seus próprios liames, depois de desempenhar por tanto tempo o papel de "Jack Welch: CEO da General Electric"? Será que ele conseguirá ser ele próprio ou encenar novos personagens, após tantos anos como protagonista desse sucesso de bilheteria?[8]

Embora a paternidade seja parte da vida pessoal, essa experiência é um exemplo poderoso da necessidade da distinção ego/papel, em todos os aspectos da vida. Quando Ron foi pai pela primeira vez, Marty comentou com ele: "Você realmente terá certeza de que foi bem-sucedido como pai quando seu filho disser: 'Eu odeio você, papai' e você não levar a coisa para o lado pessoal. E você só chegará a esse ponto com o segundo filho."

Depois disso, Ron teve várias oportunidades para constatar a verdade dessa observação. Em seus piores momentos como pai, ele encara como ofensa pessoal as atitudes malcriadas e desrespeitosas dos filhos em relação a ele. Primeiro, lamenta consigo mesmo: "Por que vocês não valorizam tudo que faço pela família e tudo que lhes proporciono?!" Em breve, essa lamúria lacrimosa extravasa. Começa a gritar, perde a cabeça, dá vexame; logo depois, sentindo-se culpado, piora a situação, gritando com os filhos ainda mais alto, por terem feito com que perdesse a compostura. "Por que vocês me estão fazendo gritar, vocês não sabem que eu detesto ficar descontrolado!" Depois de alguns minutos dessa loucura, ele se oculta, derrotado, no escritório, onde lambe as feridas. Minutos depois, ao se juntar à família, já não se lembra do que precipitou o incidente.

Em seus melhores momentos, Ron mantém a calma. Em vez de levar para o lado pessoal o comportamento dos filhos, ele se lembra de seu trabalho: corrige o comportamento das crianças, estabelecendo algum tipo de limite, e então começa a ouvir para identificar o problema. Se continuar ouvindo por um dia ou dois, a história acaba aflorando: inevitavelmente, algo desagradável aconteceu, no campo das amizades, dos esportes ou dos estudos. Depois de descobrir o motivo, está em condições de ajudar o filho a resolver o problema, qualquer que seja. Em vez de voltar a atenção para si mesmo, para curar os machucados, desloca o foco para fora, assumindo uma atitude mental de diagnóstico e de terapêutica.

Talvez, depois desse exemplo, já tenha ficado óbvio, mas vale a pena enfatizar, que não estamos falando em desempenhar um papel à distância de si próprio, de segregar-se dos personagens. Usamos o termo distinguir porque queremos que se *diferencie* entre ego e papel, não que o ator se afaste ou se mantenha à parte do personagem. Na verdade, queremos que você descubra maneiras de imergir de corpo e alma na maioria dos papéis relacionados com as pessoas e instituições de sua vida. Em outras palavras, a distinção entre ego e papel não significa que você não deva *personificar* questões importantes, embora essa atitude envolva perigos, como já vimos antes. Há certas situações em que não se tem escolha. Queira ou não queira, você sem dúvida personificará alguns assuntos aos olhos dos circunstantes, que algumas vezes o atacarão, quando o virem com a bola. Outras vezes, você decidirá incorrer nesses riscos, por ser a única maneira de empurrar o assunto para frente.

A prática dessa distinção ego/papel torna-se muito difícil, quando a violência de um ataque de surpresa chega quase aos ossos. Nessas ocasiões, fica mais difícil ir até o camarote e perceber que os desafios que representamos para os outros não se confundem com nossa própria identidade básica.

Por exemplo, quando Geraldine Ferraro concorreu à vice-presidência em 1984 e foi atacada impiedosamente por causa dos negócios de seu marido, ela convocou uma grande reunião com a imprensa. Disse aos repórteres que resistiria até o fim e que responderia a cada uma das perguntas, por mais que demorasse, até limpar o seu nome. E, de fato, a reunião durou horas.

Mas será que essa atitude de fato redirecionou a atenção para os assuntos relevantes? Não. A mídia, em nome de seu público, continuou inventando novas versões do mesmo tema, mesmo depois que ela respondia a todas as dúvidas, pois as finanças da família não eram a verdadeira questão. Com efeito, não passavam de fator de dispersão, e conceder à mídia e ao público espetáculo de tal monta, por meio de uma aparatosa reunião com a imprensa, talvez tenha sido a manobra mais errada. As causas que ela personificava eram reais, e tremendamente provocantes para a América: o que significa para uma mulher atuar como profissional e ser poderosa? O que representaria para uma mulher ser a segunda na linha sucessória do cargo mais poderoso do mundo? O que a revolução sexual fez com nossas famílias? Essas questões ainda são desafiadoras em nossa sociedade, conforme percebemos pelos debates públicos durante toda a década de 1990.

Com resultados desastrosos, os gerentes da campanha de 1984 aconselharam-na a manter-se distante dos assuntos por ela personificados. Disseram-lhe para ater-se a segurança internacional, pobreza, impostos e orçamento, mas para não adotar uma perspectiva feminina; além disso, recomendaram que evitasse assuntos de especial urgência para as mulheres, como igualdade de oportunidades. Ironicamente, ao seguir esses conselhos, expressando um ponto de vista genérico sobre os assuntos, em vez de assumir uma posição mais autêntica, modelada por sua própria experiência, é possível que, indiretamente, tenha estimulado a mídia a buscar algo dispersivo em sua vida pessoal.

Como primeira candidata do sexo feminino à vice-presidência, não conseguiria fugir ao papel, mesmo que quisesse, pois, aos olhos do país, personificava questões referentes à capacidade e à perspectiva das mulheres. Como líder, precisava desempenhar o papel em toda a sua plenitude, o que ela por fim se permitiu, com grande inspiração, nos últimos quatro dias da campanha:

> Podemos ganhar medalhas de ouro nas Olimpíadas *e* podemos treinar os times de futebol de nossas filhas. Podemos caminhar no espaço *e* ajudar nossas crianças a dar os primeiros passos. Podemos negociar acordos comerciais *e* gerenciar orçamentos familiares... As escolhas são ilimitadas. Podemos ser tudo isso. Mas não temos de ser nada disso... Minha candidatura não é apenas por mim; é por todos. Não é apenas um símbolo. É um avanço. Não é apenas uma afirmação. É um vínculo entre as mulheres de toda a América. Minha candidatura diz que a América acredita na igualdade. E a hora da igualdade é agora.[9]

Joseph Lieberman, primeiro candidato judeu à vice-presidência dos Estados Unidos, aprendeu com ela. Ele desempenhou integralmente o papel de judeu religioso durante toda a campanha de 2000. Em quase todos os discursos e ocasiões, ele falou sobre a função da fé na América. Em vez de esquivar-se dos assuntos e evadir-se do papel que o público lhe atribuíra, falou sobre o tema que personificava. Se tivesse agido de outra maneira, teria ficado vulnerável a ataques pessoais.

Lembre-se, quando se lidera, não se é amado nem odiado. A maioria das pessoas nem mesmo conhece o líder. Elas amam ou odeiam as posições representadas pelo líder. Com efeito, todos conhecemos a rapidez com que as idealizações se convertem em desprezo, quando de repente se desaponta alguém. Decerto, se Mônica Lewinsky tivesse cruzado com Bill Clinton num supermercado, empurrando um carrinho de compras, ele seria apenas mais um cara de meia idade, comprando cerveja.

Ao conhecer-se e valorizar-se, como alguém que não se confunde com seus vários papéis, ganha-se a liberdade de assumir riscos nesses diferentes papéis. Sua auto estima não se vincula tão estreitamente às reações de outras pessoas, que discordam de suas posições a respeito de determinada questão. Além disso, ganha-se a liberdade de assumir novos papéis, depois que os atuais saírem de cena, por terem chegado ao fim ou por terem atingido um beco sem saída.

Nenhum papel é bastante grande ou importante para absorver todo o seu ego. Cada papel que se assume — pai, esposa, filho; profissional, amigo, vizinho — é um veículo que expressa diferentes facetas do ego. Ao ancorar-se em si próprio e ao reconhecer e respeitar os diferentes papéis, fica-se muito menos vulnerável às dores da liderança.

Mantenha Confidentes, e não os Confunda com Aliados

Exercer a liderança como guerreiro solitário às vezes é um suicídio heroico. Talvez ninguém consiga ancorar-se o suficiente em si mesmo, durante muito tempo, sem aliados, conforme vimos no Capítulo 4, e sem confidentes, como veremos agora.

Os aliados são pessoas que compartilham muitos de seus valores, ou, pelo menos, sua estratégia, e que atuam do outro lado das fronteiras organizacionais ou faccionais. Como estão além-fronteiras, nem sempre lhe asseguram fidelidade, pois também estão comprometidos com outras pessoas. Com efeito, um dos aspectos críticos que tornam os aliados extremamente úteis é exatamente essa característica de terem outras lealdades. Isso significa que são capazes de ajudá-lo a compreender interesses conflitantes, visões antagônicas e elementos ausentes na sua percepção de determinada conjuntura. Eles têm condições de arrastá-lo até o camarote e dizer: "Preste atenção àquele pessoal ali. Você não está aprendendo nada com seus inimigos." Além disso, se forem persuasivos, conseguem envolver as equipes deles em seu programa, reforçando a coalisão.

Às vezes, contudo, cometemos o erro de tratar um aliado como confidente. Os confidentes estão pouco sujeitos a lealdades conflitantes, se é que chegam a tê-las. Geralmente, atuam fora das fronteiras da organização, embora, por vezes, alguém muito próximo, cujos interesses estejam perfeitamente alinhados com os seus, também seja capaz de desempenhar esse papel. Você realmente precisa de aliados e confidentes.

Mas os confidentes fazem algo que está além da capacidade dos aliados. Eles proporcionam ao líder um porto seguro onde é possível abrir seu coração e sua mente, sem o risco de ser pré-digerido e embalado. As emoções e as palavras podem sair sem pé nem cabeça ou na mais absoluta desordem. Depois, quando toda a confusão já está espalhada pela mesa, você pode organizar a desordem, facilitando as concatenações e descartando o irrelevante.

Os confidentes são capazes de juntar os seus pedaços, no fim do dia ou depois de um combate mais extenuante. Além disso, podem lembrá-lo dos motivos pelos quais, para começar, vale a pena estar lá e assumir riscos.

Quando você lhes pede para ouvir, eles estão prontos para lhe dar mais atenção do que à sua causa. Das duas, uma: ou compartilham totalmente seus interesses ou, melhor ainda, não dão a mínima para a sua causa.

Os confidentes são pessoas que lhe dirão o que você não quer ouvir e não deve ouvir de ninguém mais; são pessoas em quem você pode confiar, sem que suas revelações se espalhem pela arena de trabalho; são pessoas a quem você pode recorrer quando uma reunião não dá certo, na certeza de que ouvirão sua narrativa dos acontecimentos e lhe dirão onde foi cometida a besteira. Por merecerem confiança, não hesite em revelar suas emoções a eles, sem ter medo de que tal espontaneidade afete sua reputação ou solape seu trabalho. Na presença deles, não é preciso gerenciar as informações. Nada o impede de falar com franqueza.

Ao empreender um trabalho adaptativo, você está sujeito a muito calor e talvez sofra dores e frustrações intensas. O papel do confidente é ajudá-lo a passar por todo esse processo e tratar de suas feridas ao longo do percurso. Entretanto, quando tudo parecer ótimo, você também precisa de alguém que o previna do excesso de presunção e o advirta dos sinais ominosos logo adiante, caso esteja muito enleado em autocongratulações para perceber o perigo iminente.

Quase todas as pessoas de nossas relações, que vivenciaram experiências de liderança mais difíceis, dependeram de confidentes para superar os obstáculos. Um governador que precisa fazer escolhas dolorosas, para tirar o estado de perigosa situação financeira, joga cartas à noite com uns poucos amigos dos velhos tempos, que moram na mesma rua. Uma mulher de negócios, que tenta mudar os valores e a cultura de sua empresa para enfrentar a nova competição, mantém longas conversas por telefone com sua irmã, tarde da noite. Um burocrata que procura liderar difícil processo de mudança em sua organização troca e-mails com um novo colega de profissão, a milhares de quilômetros de distância, com quem esteve apenas uma vez, durante um seminário intensivo de duas semanas. Também a esposa pode ser excelente confidente, exceto quando, evidentemente, os temas são sobre relacionamento conjugal ou dinâmica familiar. Às vezes, engaja-se o confidente de maneira explícita. "Estou prestes a iniciar um processo difícil aqui no trabalho. Você se importa se eu o procurar uma vez ou outra para lhe expor algumas dificuldades e ouvir os seus comentários?" Geralmente, contudo, a dinâmica é mais espontânea.

Quando estiver desmotivado e por baixo, pense num velho amigo, num colega de quarto dos tempos de estudante que você não vê há uma década ou mais, num empregador ou professor que contribuiu para o seu desenvolvimento — alguém que se importe com *você*, não com algum de seus papéis. Dê-lhe um telefonema. Peça-lhe para ouvir as suas lamúrias. Se a pessoa concordar, conte-lhe a história, sem censura, e exponha seus sentimentos, de maneira que ela disponha de uma imagem completa do que está acontecendo ao seu redor e no seu interior.

Quando se precisa de alguém com quem conversar sobre tempos difíceis, passa-se pela tentação de converter um aliado de confiança em confidente pessoal. Não é uma boa ideia.

Lembra-se de Sara, a projetista de jornais que lhe apresentamos no Capítulo 4? Ela compreendeu que sua equipe, os projetistas que recrutara para trabalhar no jornal e executar o trabalho, era composta de aliados — tão comprometidos quanto ela com as metas. Realmente, eram advogados terríveis e soldados eficazes, introduzindo bom design em todos os aspectos do jornal, criando relacionamentos próprios e fazendo amigos entre os jornalistas e editores, que aprendiam com relutância a conviver com a era visual.

Mas o trabalho de Sara era difícil e solitário. Ela estava muito longe de seus velhos colegas no Meio Oeste. Não tinha família. Na verdade, não tinha ninguém fora do jornal em quem confiar. Assim, começou a recorrer aos jovens recrutas como confidentes, falando-lhes de suas frustrações, de como era difícil lidar com alguns membros da gerência sênior e com alguns editores e repórteres recalcitrantes. Em especial, ela se queixou dos veteranos operadores de impressora, que não tinham paciência ou inteligência, disse, para enfrentar nem mudanças em andamento no jornal nem seus altos padrões de qualidade.

Ocorre que os operadores de impressora tinham enorme prestígio no jornal. A maioria era de origem modesta e tinham grande orgulho de sua herança e de seu ofício. Em geral, trabalhavam no jornal havia muitos anos, tendo passado por bons e maus bocados. Muitos tinham parentes no jornal, filhos e filhas que trabalhavam na área administrativa, ou mesmo como repórteres e editores. Constituíam uma grande família.

Ao recorrer aos jovens colegas, Sara confundiu aliados com confidentes. Don, seu assistente, era um deles. Tratava-se de um jovem talentoso, exigente, muito sensível e nervoso, e tão comprometido quanto ela com a ênfase no novo visual do jornal. Um bom aliado, sem dúvida, mas isso não significava que, pessoalmente, estivesse do lado dela. Ao contrário, Don considerava Sara grosseira e difícil e achava que a personalidade dela dificultava o problema já difícil de mudar as atitudes e hábitos das pessoas.

Além disso, Don cobiçava o cargo de Sara. Estava convencido de que seria capaz de fazer muito mais, em bem menos tempo, para promover o novo design do jornal. Infelizmente, induzida pela necessidade de um confidente, ela não percebeu alguns indícios das aspirações e da inveja de Don. Na verdade, ele aproveitava todas as oportunidades para prejudicá-la. Quando ela expressava suas críticas aos colegas, ele as repetia para outras pessoas, às vezes para os próprios. Enquanto ela confiava nele como um porto seguro onde podia manifestar seus sentimentos, ele a criticava pelas costas, comentando seu mau humor e suas atitudes inadequadas. Às vezes, essas fofocas criavam problema para ela, mas apenas por uns tempos. Os editores do jornal achavam que se tratava de rumores sem fundamento e continuavam a dar-lhe apoio.

Até que um dia Sara deu uma entrevista a uma revista especializada. Falava à sua própria comunidade e baixara a guarda. Em geral, os operadores de impressora não leem aquele tipo de revista; assim, não se preocupou com o conteúdo e a forma de suas declarações aos entrevistadores. Entre outras impropriedades, fez alguns comentários muito depreciativos sobre os operadores de impressora, ridicularizando a inteligência e a competência deles. Don, assinante da revista, leu a entrevista e percebeu as declarações ofensivas. Tirou várias cópias, sublinhou os trechos mais provocantes e distribuiu-as entre os gerentes seniores.

O editor, agora, dispunha de provas concretas, entregaram-lhe a arma do crime, ainda fumegante. Apesar do sucesso de seu programa de mudança no jornal, Sara não tinha mais defesa. Semanas depois, desligou-se da empresa e Don assumiu o seu lugar.

Sara cometeu um erro comum. Quando se enfrenta solidão, insegurança, ansiedade e outras pressões, a necessidade de abrir-se com alguém pode ser quase esmagadora. Nessas condições, é muito fácil confundir aliados com confidentes. Sara achou que, como ela e Don estavam no mesmo barco, ele também a apoiava pessoalmente. Na tentativa de converter aliados em confidentes, nunca se sabe se as circunstâncias os forçarão a escolher entre seus compromissos com as próprias prioridades e com outras pessoas e seus compromissos com os aliados. Como, em geral, seus compromissos anteriores com a causa são considerados prioritários, é provável que prevaleça a lealdade mais antiga.

Por que forçar os aliados a exercer essas opções? Para Don, foi fácil. Para começar, ele não gostava de Sara e achava que o tema comum seria mais bem desenvolvido e progrediria com mais rapidez se ele estivesse no comando. Era apenas uma questão de tempo até que uma de suas balas atingisse o alvo. Mas, se seu aliado estiver tão comprometido com você quanto com o assunto, você o deixará em situação difícil se lhe pedir para ser leal a ambos. É melhor, sempre que possível, preservar a distinção.

Os aliados podem ser ótimos amigos. Talvez conversem entre si sobre muitos aspectos de sua vida pessoal. No trabalho, contudo, seus interesses e lealdades se sobrepõem, não são idênticos. Para proteger seus relacionamentos, é crucial que também observem suas fronteiras e que respeitem as lealdades uns dos outros, nas situações de conflito. Isso é mais fácil de falar do que de fazer em quase todas as profissões, exceto em política legislativa, na qual os representantes costumam explicitar de início os conflitos entre as pressões dos constituintes. Tom Edwards e Bill Monaham, que apareceram no Capítulo 4, demonstraram capacidade incomum, ao conversarem abertamente, depois do jantar, sobre seus interesses conflitantes e, assim, proteger sua amizade. Com muito mais frequência, seus aliados, ao se verem entre duas lealdades, não saberão como agir. A consequência mais provável é o distanciamento entre as partes.

Com base em nossa experiência, quando se tenta converter aliados em confidentes, cria-se uma situação difícil, põe-se em risco um relacionamento valioso e, em geral, perde-se um aliado e não se ganha um confidente. Falham como confidentes e deixam de ser aliados confiáveis.

Busque Santuários

Assim como com os confidentes, possuir santuários disponíveis a qualquer hora significa contar com âncoras físicas e com fontes de sustentação indispensáveis. Jamais se tenta escalar uma montanha difícil sem comida e água, embora muita gente pretenda exercer a liderança sem reservar e conservar um lugar onde possa recobrar o ânimo e recuperar as forças.

Os santuários são lugares de reflexão e de renovação, onde se consegue ouvir a si próprio, longe do salão de baile e da estridência da música, onde se reafirma o senso mais profundo do ego e do propósito. É diferente do camarote, aonde se vai para ter uma visão mais ampla da dinâmica do esforço de liderança. A perspectiva do camarote exige esforço consciente e reiterado. Já no santuário, o isolamento em relação ao mundo é total. Lá, a segurança é grande, sob os pontos de vista físico e psicológico. As regras e as tensões da vida cotidiana saem do ar durante algum tempo. Não é um lugar onde se esconder, mas um porto onde se esfriam os motores, onde se absorvem as lições dos momentos dolorosos e onde se restauram as forças para retornar à ação.

Com muita frequência, em face da tensão constante e da premência do tempo, os santuários são nossas primeiras renúncias, pois, ao primeiro pretexto, são vistos como luxo supérfluo. Exatamente no momento em que mais precisamos de retiros, desistimos da prática de esportes ou da caminhada pela vizinhança, apenas para ganhar um pouco mais de tempo no escritório. No entanto, quando passamos por uma fase extremamente difícil no trabalho é que mais precisamos reforçar as estruturas que preservam nossa identidade essencial e protegem nossa saúde.

Não estamos vendendo nenhum tipo de santuário. Pode ser uma pista de *cooper* ou a mesa da cozinha de um amigo. Pode ser o escritório de um terapeuta, algum grupo de apoio ou um canto em sua casa onde você senta e medita. Pode ser um parque ou uma capela no caminho para o trabalho. Pouco importam, no caso, a aparência, as características e o lugar do santuário. Nem precisa ser um local tranquilo; pode ser tão barulhento quanto uma quadra de vôlei. O importante é que seja um lugar que, no seu caso específico, estimule a reflexão e que você o frequente diariamente. Uma vez por semana não é suficiente.

Numa época extremamente difícil da vida de Ron, quando se sentia pressionado em muitas direções, em termos pessoais e profissionais, ele passou a pegar os filhos no colégio todos os dias. (Na verdade, isso aconteceu logo depois daquela "reunião na banheira".) Na ocasião, deixou de participar de vários comitês e reduziu as obrigações de viagem. As crianças geralmente saíam às 15h30. Estavam no primeiro e no segundo ano do ensino fundamental e, para ele, aquela experiência foi desafiadora.

De fato, à medida que chegava a hora, ele tinha de escapulir do escritório — sempre havia telefonemas "importantes" aguardando resposta, projetos "maravilhosos" a serem analisados, oportunidades de ganhar dinheiro talvez inaproveitadas. (Não raro o viam passar correndo pela porta lá pelas 15h10.)

Dirigia como um louco, mas, quando chegava à escola, geralmente tinha de esperar numa longa fila de carros. Com o telefone celular numa das mãos e o gravador na outra, tentava desesperadamente extrair o máximo do momento. "O que eu estou fazendo aqui? Tenho tantas coisas importantes me esperando no escritório!", lamentava-se consigo mesmo. Por fim, depois de avançar lentamente até a porta do colégio, finalmente avistava os rostos redondos dos filhos. Pedia que entrassem, um de cada vez, mas eles ouviam? Atiravam as mochilas de qualquer jeito e arrastavam-se aos empurrões até chegar a seus lugares favoritos. E, então, era a hora das histórias, histórias que Ron nunca escutava na hora do jantar, porque, aparentemente, eles só contam uma vez, não importa quem fosse o ouvinte. (Depois ele descobriu que, se ele ficasse quieto na hora de dormir, eles às vezes as narravam uma segunda vez.)

Muito rapidamente, Ron se transformava. Deixava para trás o profissional agitado e se recuperava no papel de pai. Depois de apenas três ou quatro minutos de histórias, as risadas e, às vezes, até os problemas das crianças exerciam sua mágica curativa. Ele se sentia ancorado, num mundo diferente.

• • •

Qualquer pessoa que pretenda exercer a liderança precisa de santuários, como parte de suas âncoras. Talvez Bill Clinton devesse praticar *cooper duas vezes* por dia. É uma vergonha que tantas, dentre as pessoas que o ancoravam, não estivessem na Casa Branca na semana da paralisação do governo. Todos precisamos de âncoras que impeçam que sejamos levados pelas distrações, pela enxurrada de informações, pelas tensões e tentações. Quando se pretende liderar pessoas, deve-se preparar para lidar com emoções dificilmente controláveis, caso não se tenha tempo e espaço para enfrentá-las.

Como os seres humanos não foram feitos para viver nesse mundo moderno, sem escalas, precisamos compensar, de algum modo, o excesso de pressão. Desenvolver e manter as próprias âncoras são, no fundo, uma questão de amor próprio e de disciplina. Trata-se do reconhecimento sério de que precisamos cuidar de nós mesmos, a fim de fazer justiça a nossos valores e aspirações. Sem proteções contra o mundo moderno, perdemos a perspectiva, comprometemos nossas causas e arriscamos nosso futuro. Esquecemos o que está em jogo.

10

O que Está em Jogo?

Nosso foco neste livro concentrou-se em fornecer conselhos práticos que respondessem à pergunta "Como liderar e sobreviver?". Propusemos várias respostas, nenhuma delas fácil. Algumas decorrem da capacidade que o líder tem de analisar determinada situação e compreender os temas subjacentes, os interesses nem sempre explícitos e o ritmo de mudança mais compatível com a situação. Outras consistem em criar ambientes de sustentação estratégicos para os conflitos. Ainda há as que emergem da habilidade tática do líder em reagir rapidamente a situações cambiantes, a padrões de evasão ao trabalho e a desvios do plano. Finalmente, algumas soluções têm origem na força da vida pessoal, dos relacionamentos e das práticas de renovação do líder.

Mas ainda não exploramos a questão básica: Por que liderar? Se o exercício da liderança é tão difícil, por que se incomodar? Por que se arriscar? Por que continuar pressionando para avançar, quando as resistências parecem insuperáveis? Onde encontrar forças para continuar progredindo, como Lois naquele círculo de cadeiras, quando ninguém atende às suas convocações?

Nenhum de nós dois é teólogo. As primeiras atividades de Marty foram em política e imprensa, os antecedentes de Ron foram em medicina e música. Mas acreditamos, pura e simplesmente, que a única maneira de responder a essas perguntas é descobrir o que dá significado à vida.

Para a maioria de nós, sobreviver não é suficiente. Se sobreviver fosse o ponto, todos, no final das contas, fracassaríamos: não vivemos para sempre. Contudo, aceitar esse fato óbvio nunca é fácil. Talvez pareça irônico que, num livro cujo tema é permanecer vivo, acabemos promovendo a ideia de aceitar a morte. Mas a liberdade para assumir riscos e alcançar vitórias significativas decorre em parte da constatação de que a morte é inevitável. Até a palavra "lead" (do inglês, liderar) tem uma raiz indo-europeia que significa "avançar, morrer".[1] Conforme nos lembra Hugh O'Doherty, nosso colega norte-irlandês, "No fim, acabam pegando você". Nada é eterno; o ponto é tornar a vida significativa, enquanto é tempo.

Pense mais uma vez nos passageiros do voo 93, da United Airlines, cujo avião caiu nos campos da Pensilvânia, em 11 de setembro de 2001. Ao contrário dos passageiros dos aviões que se chocaram contra o World Trade Center, os do voo 93 sabiam que morreriam. Encarando a morte como certa, deram um significado profundo e heroico às suas vidas, atrapalhando o plano dos sequestradores e salvando enorme quantidade de pessoas no solo.

Felizmente, muitas são as fontes de significado que não ocorrem em contextos de morte: a fascinação dos biólogos que revelam os mistérios da síntese do DNA; a exultação de um pianista tocando uma suíte de Bach; a satisfação de um empresário que cria empregos e prosperidade para homens e mulheres de sua comunidade; a profunda tranquilidade da respiração de uma criança dormindo.

Algumas fontes de significado são raras; outras dependem dos talentos, das oportunidades e das experiências com que deparamos no caminho. Todos, porém, contamos com pelo menos uma fonte disponível o tempo todo, em quaisquer circunstâncias. As pessoas encontram significado em relacionamentos recíprocos, cujas características tornem a vida melhor.

Pessoas que estão vivendo o fim de suas vidas nunca dizem "Gostaria de ter passado mais tempo no escritório". Em vez disso, elas se referem, sob as mais variadas formas, a outras alegrias: família, amizade, situações em que suas vidas e seu trabalho foram importantes para outras pessoas. Quando alguém se percebe na iminência de perder a vida, o grande anseio é ter mais tempo para experimentar essas conexões.

A absoluta simplicidade desse significado revela-se no caldeirão do campo de batalha. O que induz um soldado a arriscar a vida? Não é a obediência à autoridade, embora esse fator sempre exerça alguma influência. Não são os altos ideais, ainda que também sejam importantes. Não é nem mesmo a própria sobrevivência, conquanto obviamente isso também seja importante. Os soldados se arrastam das fronteiras para o campo de batalha porque estão interessados nos companheiros. Se não forem, prejudicarão os colegas. A lealdade e os sentimentos em relação aos camaradas os impelem para frente.[2]

Nas palavras de Phil Jackson, "A maneira mais eficaz de forjar uma equipe vencedora é recorrer à necessidade dos jogadores de conectar-se com algo maior do que eles próprios". Para Maggie Brooke, foi salvar sua comunidade de americanos nativos, ajudando seus amigos e vizinhos a abandonar o álcool. Para Itzhak Rabin, foi mobilizar a comunidade israelense para ajustar-se à realidade de que seria impossível preservar, ao mesmo tempo, todas as terras das origens bíblicas, de um lado, e a existência pacífica tão ansiada, de outro. Para John Patrick e David Grossman, da IBM, foi ajudar uma empresa outrora grande — uma comunidade na qual trabalhavam e pela qual tinham grande zelo — a adaptar-se a um mundo em mutação, para que fosse capaz de prosperar de novo.

Em cada um desses casos e em todas as demais histórias narradas neste livro, o líder foi induzido pelo desejo de ajudar as pessoas com que vivia e trabalhava.

Assim, a resposta à pergunta "Por que liderar?" é ao mesmo tempo simples e profunda. As fontes de significado mais essenciais da natureza humana se alimentam de nosso anseio por relacionamentos com outras pessoas. O exercício da liderança dá à vida significados que vão além dos interesses usuais do dia a dia — aprovação pelos amigos e pares, ganhos materiais ou sucesso imediato — pois, como arte prática, a liderança cria condições para que nos relacionemos com outras pessoas de maneira significativa. O termo que usamos para esse tipo de conexão é amor.

Para algumas pessoas, falar em amor nesse contexto talvez pareça piegas e não profissional, mas o fato de que o amor se situa no cerne do que faz a vida valer a pena ser vivida é inegável. O amor confere significado ao que fazemos, seja numa empresa, numa comunidade, numa sala de aula ou na família. Assumimos riscos por uma boa razão: Esperamos fazer diferença na vida das pessoas.

Amor

Os seres humanos sempre criaram comunidades, a começar pelas grandes famílias que constituíram a unidade social básica da existência humana durante mais de um milhão de anos. Recentemente (de uns dez mil anos para cá), as comunidades abandonaram a vida nômade. Os seres humanos começaram a radicar-se nas localidades, acumularam riqueza, formaram grandes organizações e criaram assentamentos e sociedades. A base duradoura de qualquer civilização, contudo, consiste na formação de vínculos entre os indivíduos, e essas lealdades, por sua vez, se alicerçam na capacidade de amar, de cuidar e de interessar-se por outras pessoas. Os vínculos familiares são os pilares da vida social. E o bloco rochoso sobre o qual se assentam os vínculos familiares é o instinto animal de nutrir e defender a prole.

O desafio imposto pela complexidade crescente da civilização durante os últimos dez mil anos foi a ampliação de nossa esfera de lealdades além da família, da cidade, da tribo. De fato, no momento em que o mundo ingressa no terceiro milênio, a humanidade está explorando e experimentando os riscos e oportunidades da globalização das sociedades humanas. A União Europeia, por exemplo, é um experimento ousado de criação de uma arquitetura que possibilite o florescimento de ampla diversidade nacional, sob um guarda-chuva institucional comum. Será que é possível sustentar lealdades tão difusas entre países tão diferentes, envolvendo tantas fronteiras culturais, étnicas, religiosas, linguísticas e históricas? O flagelo do terrorismo que atingiu os Estados Unidos em setembro de 2001 é um atestado pavoroso das dificuldades desse desafio.

Nesse sentido, a epopeia humana é um experimento de amor e relacionamento. À medida que aprendemos a tolerar e, depois, a desfrutar a diversidade crescente, empenhamo-nos em desenvolver comunidades nas quais contingentes cada vez mais numerosos e mais diversificados sejam capazes de prosperar juntos. Quando um CEO se deleita com o sucesso corporativo, que possibilita a criação de novos empregos, nova riqueza ou novas fontes de eficiência ou de prazer, o senso de significado decorre, sob alguns aspectos relevantes, de ter feito diferença na vida de outras pessoas: clientes, empregados e acionistas. Fazer diferença, em sua essência, haure as recompensas do amor.

Na Medtronic, empresa de grande sucesso que produz marca-passos cardíacos, defibriladores, e outros aparelhos médicos, o valor para os acionistas cresceu entre 1885 e 2001 a uma taxa composta de 37% por ano. Bill George, CEO, conhecido na imprensa por declarar com ousadia nas assembleias gerais dos acionistas que "os acionistas estão em terceiro lugar", assim se manifesta: "A Medtronic não atua no negócio de maximizar o valor para os acionistas. Estamos no negócio de maximizar o valor para os pacientes a quem servimos. O valor para os acionistas decorre da prestação de serviços superiores aos clientes, por meio de empregados que os servem com paixão." Como ele diz, "A missão da Medtronic — restaurar a plenitude da vida das pessoas — transcende as lutas cotidianas, as batalhas por participação no mercado, as vicissitudes do mercado de ações, as mudanças rotineiras nas fileiras executivas. Sua luz se projeta sobre os 25.000 empregados da empresa como a Estrela Polar, fornecendo um ponto de referência constante, com base no qual calibramos nossas bússolas internas".[3]

O norte que orienta as pessoas com mais intensidade, mesmo quando se é lançado fora de curso, é amar e ser amado. Esse é o instinto animal, as ligações da fêmea com a prole, a partir da qual os seres humanos desenvolveram extraordinária capacidade de amar, a distâncias cada vez maiores de casa. As contribuições de seu trabalho talvez sejam menos diretas do que as de nossos amigos da Medtronics, que, literalmente, mantêm os corações batendo, mas você precisa apenas arranhar a superfície de sua imaginação para perceber que seus êxitos restauram seus liames com as expectativas e o orgulho de seus pais, de seus professores, de sua família ou de seus amigos. O sucesso funciona como que um sucedâneo desse amor. Em outras palavras, parte importante, talvez a própria essência, do sentimento de autorrealização deriva do restabelecimento dos vínculos com as pessoas amadas.

Nas atitudes de liderança, ao alcance de qualquer pessoa, em suas diversas formas, encontram-se copiosas fontes de significado, justificando que se repitam aqui as palavras de abertura deste livro. Todo dia deparamos com oportunidades para o exercício da liderança, e recusamos a maioria. Por quê?

Dedicamos boa parte deste livro à análise dos perigos da liderança, que nos fazem recuar, assim como das maneiras para atenuar esses obstáculos e reduzir os riscos. Em nosso trabalho com milhares de homens e mulheres nos últimos vinte anos, constatamos a alegação cada vez mais frequente de mais dois motivos para hesitação:

- O emaranhamento no mito da mensuração.

- O esquecimento de que a forma de contribuição é irrelevante.

O Mito da Mensuração

Para algumas pessoas, transpor as fronteiras vale a pena somente se o sucesso for visível, tangível, sensível e, acima de tudo, quantificável. Mas restringir a satisfação na vida à produção de números estridentes é, em última instância, tão insensato quanto adotar como propósito a própria sobrevivência.

O senso de significância é imensurável. Ainda assim, vivemos imersos numa atmosfera de mensurações tão difusa e penetrante que até a maioria de nossas instituições religiosas medem o sucesso, sugestivamente, pela participação no mercado. Quem está à frente na competição missionária? Os católicos, os mórmons, os evangélicos, os muçulmanos, os budistas, os hindus? Quantos judeus abandonaram a fé?

Chegamos ao ponto de presenciar organizações religiosas que distorcem sua missão, ao adotar o objetivo de "alcançar cada vez mais pessoas", como se almas fossem mercadorias contáveis. Com efeito, o propósito de incutir em nossa vida cotidiana manifestações espirituais que, por sua própria natureza, são imensuráveis, como parte do esforço de viver de maneira honrosa e meritória, parece asfixiar-se na competição desenfreada, que é fomentada pela mensuração obsessiva. Quase sempre, as "declarações de missão" servem apenas a propósitos externos, em vez de ser a força impulsora do trabalho dentro da comunidade. Às vezes, parecemos esquecer que "se salvamos uma vida, salvamos o mundo".[4]

Evidentemente, a mensuração é uma prática extremamente útil, mas não tem o condão de indicar o que faz a vida valer a pena. O desafio consiste em recorrer aos instrumentos de mensuração em nossas atividades cotidianas, embora conscientes o tempo todo de que é impossível medir os valores essenciais. Em medicina, por exemplo, muitas vezes somos obrigados a adotar métodos de triagem, pois não dispomos de recursos e de tempo para tratar de todos os pacientes que necessitam de ajuda. Nesses casos, selecionamos aqueles com melhores chances de aproveitar qualquer forma de ajuda. Mas não se pode imaginar a prática da medicina sem ferramentas de mensuração da pressão arterial, dos batimentos cardíacos, da química sanguínea, e assim por diante. Salvamos vidas sob a orientação dessas ferramentas. Em negócios e em políticas públicas, mensuramos constantemente o valor de nossos produtos e adotamos iniciativas compatíveis com os resultados, de modo a aumentar o valor para os clientes. Nos orçamentos domésticos, concentramos os recursos nas atividades que, para nós, são mais valiosas. Contudo, por mais úteis que sejam essas ferramentas, elas são enganosas quando aplicadas de forma indiscriminada, apenas por uma questão de hábito.

Será que ocorre a alguém que, na hora da verdade, os Anjos do Juízo Final lhe indagarão: "Por que você ensinou apenas cinco crianças a ler, em vez de dezesseis? Por que você criou 803 empregos, e não 23.421? Por que você salvou 433 vidas, e não 718?" Os historiadores estimam que Herbert Hoover salvou mais de 100.000 vidas, ao organizar equipes de socorro de emergência durante a Primeira Guerra Mundial. Será que essa iniciativa foi ofuscada por sua incapacidade, anos mais tarde, de promover a recuperação da economia americana, como presidente dos Estados Unidos, depois do colapso do mercado de ações, em 1929, e durante a Grande Depressão? Aprendemos muito com seus erros como presidente, mas será que alguém pode questionar o valor de sua vida?

Antes de formar-se pela Universidade de Columbia, Ron procurou o professor Ernst Nagel, um dos maiores expoentes do século XX em filosofia da ciência. Durante a conversa, perguntou-lhe: "Quais são as suas indagações?" Já em idade avançada e com gestos brandos, Nagel respondeu: "Perguntamos, por exemplo, 'O que pode ser medido?'", com a conotação nítida de que nem tudo é mensurável. William Shakespeare captou essa ideia na declaração de Julieta a Romeu, "... quanto mais lhe dou, mais eu tenho, pois ambos são infinitos"[5].

Poucas vezes conhecemos alguém que, depois de anos de vida profissional, não tenha caído na esparrela da mensuração, debilitando-se em consequência. Afinal, nossa cultura impõe fortes pressões para que mensuremos os frutos de nosso trabalho, induzindo-nos a sentir enorme orgulho quando assumimos "maior" responsabilidade e nos investimos de "maior" autoridade, acumulando "mais" riqueza e prestígio. E até certo ponto é bom que seja assim. Mas recorrer às ferramentas de mensuração não é o mesmo que acreditar na capacidade da mensuração de captar o valor essencial de qualquer coisa. Não se mede o bem que se pratica.

Talvez nenhuma atividade nos Estados Unidos ensine mais às crianças sobre a arte da mensuração do que o beisebol. Com efeito, todos os aspectos do jogo são medidos e cada jogador é um repositório ambulante de estatísticas. As crianças em todo o país memorizam e intercambiam os números referentes a cada jogador.

Com base nessas estatísticas, Hank Greenberg foi um dos maiores jogadores de beisebol de seus dias e seus admiradores das décadas de 1930 e 1940 sabiam de cor as estatísticas referentes ao astro. Entre 1937 e 1946, com exceção dos anos de guerra (Greenberg foi um dos primeiros grandes jogadores a se alistar), conseguiu mais "home runs" do que qualquer outro em beisebol. A média de "batting" de sua carreira, os totais de "RBI" e os "home runs" converteram-no em presença certa no "Hall of Fame". Ainda hoje está entre os recordistas de todos os tempos em certas categorias. Indicado para o Hall of Fame, em 1956, recebeu 85% dos votos. Num esporte no qual a mensuração é uma obsessão, os números de Greenberg são extraordinários, entre os melhores de seu tempo, ou de qualquer outra época. Porém, uma de suas maiores realizações, decerto uma de suas maiores contribuições para o jogo, foi imensurável.

Greenberg passara toda a sua carreira no Detroit Tigers. Em 1946, embora, sem dúvida, tivesse decaído um pouco, ainda batia bem, liderando a liga tanto em "home runs" como em RBIs. Os Tigers terminaram o campeonato em honroso segundo lugar. Entretanto, depois da temporada de 1946, em parte por causa de um mal-entendido entre Greenberg e o proprietário do Tigers, Walter Briggs, o time, de maneira chocante e sem qualquer cerimônia, colocou-o em disponibilidade, abrindo mão de seus direitos. Nenhum dos proprietários de equipes da American League o reivindicou para si, sugerindo, obviamente, que Briggs primeiro chegasse a um acordo com o jogador. Mas o Pittsburgh Pirates, da National League, ficou com o contrato. Para um dos maiores jogadores de todos os tempos, qual teria sido o significado de um final de carreira tão degradante? Sob todos os aspectos, ele fora rebaixado de uma equipe competitiva para um dos piores times do ranking nacional; da American League para a National League; de Detroit, onde passara toda a sua carreira, para Pittsburgh, onde não conhecia ninguém. Quem gostaria de terminar daquela maneira uma carreira tão brilhante?

Mas o ano era 1947, quando Jackie Robinson rompeu a barreira da cor, ao assinar contrato com o Brooklyn Dodgers, tornando-se o primeiro negro a jogar beisebol pelas grandes equipes. Em toda a liga, torcedores e adversários tratavam Robinson com desrespeito. Greenbert, judeu, fora vítima de muitas situações embaraçosas em sua própria carreira. Agora, depois de converter-se em figura reverenciada, graças à sua persistência e sucesso, terminava seus dias num novo time, dando o melhor de si. Embora soubesse que as dificuldades de Robinson eram piores do que as suas, também ele fora vítima, no início de sua carreira, de preconceitos raciais perversos, que o identificavam com o colega. "Sei como ele se sente", disse Greenberg, no início da temporada.[6]

Robinson e o Dodgers vieram a Pittsburgh para jogar contra os Pirates, pela primeira vez, em meados de maio. Logo no início, Jackie Robinson foi assediado e insultado, não só pelos torcedores, mas também por alguns dos colegas de equipe de Greensberg, no Pirates.

Eis como Greenberg se lembra da atmosfera naquele dia: "Jackie entrou em campo numa tarde de sexta-feira, com o estádio lotado. Estávamos em último lugar e o Dodgers no primeiro. Nossos jogadores sulistas, um bando de reservas, ficaram gritando para Jackie 'Olha aqui, crioulo; ei, carvoeiro, escuta bem, negão, nós vamos te pegar. Você não vai conseguir jogar... seu negro burro, filho da puta.'"

Durante toda partida, Robinson exibiu um tipo de jogo agressivo, mas limpo, que o converteria em superstar e membro do Hall of Fame. Em determinado momento, deslizou em cima do primeira base, Greensberg, com violência, mas sem infringir as regras.

A multidão ficou em silêncio. Em geral, um jogador na posição de Greensberg reagiria de maneira impulsiva, inclusive com gestos e palavras ameaçadoras. No mínimo, retrocederia, deixando que o adversário, estendido no chão, se levantasse e sacudisse a poeira sozinho. Em resposta ao jogo agressivo de Robinson naquele ano, muitos jogadores do Pittsburgh e de qualquer outra equipe teriam ficado enfurecidos, assediando e xingando o adversário, enquanto ele se erguia do chão.

Mas Greenberg não agiu assim. Num gesto simples, inclinou-se e deu a mão a Robinson, ajudando-o a levantar-se. Todos na arquibancada e em ambos os bancos nada fizeram, senão observar em silêncio.

Na próxima vez em que Robinson chegou à primeira base, ele e Greenberg bateram papo. Este perguntou àquele se ele se machucara na jogada anterior e lhe disse para não dar bola ao assédio da torcida e dos demais jogadores, convidando-o inclusive para jantar naquela noite.

Depois do jogo, Robinson descreveu Greenberg como herói. "Classe é classe. Transpira por todos os poros."

O gesto de Greenberg não só significou muito para Robinson pessoalmente, mas também contribuiu para que os Pirates e o público percebessem que aquele jogador negro estava lá para ficar. Se tudo estava bem para Greenberg, é porque a coisa era para valer.

Não há como quantificar a importância do gesto de Greensberg. O valor de toda uma carreira de "home runs" e "RBIs" conferia-lhe credibilidade para fazer diferença na vida de Robinson, no beisebol e na sociedade americana. Os torcedores e seus colegas de equipe perceberam a situação porque o grande "Hankus Pankus", como ele era apelidado, defendeu a justiça. Mas também é possível que suas atitudes naquele último ano, jogando por um time perdedor, tenha dado contexto e significado à sua carreira anterior, algo que jamais seria traduzido por números que meramente refletiam os "home runs" e os "RBIs" de um grande esportista.

As mensurações são ferramentas extremamente úteis. Não pretendemos diminuir sua importância. Três quartos dos cursos nas escolas em que lecionamos baseiam-se em mensurações: análises de custo-benefício, análise econômica, análise política, análise financeira. O mesmo é verdade nas escolas médicas e nas escolas de negócios. Mas a mensuração é apenas um artifício, entre muitos, incapaz de captar a essência que justifica a própria razão de ser de nossas vidas e das organizações.

O que acontece com quem adere ao mito da mensuração, após vinte ou trinta anos numa organização? Depois de tornar-se poderoso e importante, com um título pomposo e imponente, o que ocorre quando se deixa de desempenhar aquele papel? O provável é que se suponha que o próximo cargo, o próximo papel, será tão grandioso quanto o anterior. Do contrário, não valerá a pena; se não for assim, perde-se a própria identidade, fica difícil encontrar-se a si mesmo. Quando se "compra" o mito da mensuração, fica mais difícil definir novas formas de amor e de zelo, de dar e de fazer diferença, a não ser que esses atributos sejam mensuráveis pelos mesmos padrões do trabalho anterior. Todos conhecemos pessoas que encolheram por dentro depois da aposentadoria ou de alguma mudança de carreira, porque não conseguiam vislumbrar sua próxima tarefa grandiosa.

Felizmente, há quem escape da armadilha.

O pai de Ron, Milton, é considerado um dos dez mestres vivos de seu ofício — neurocirurgia. Seu trabalho é projetar instrumentos cirúrgicos a serem utilizados por neurocirurgiões em todo o mundo. De forma direta e indireta, salvou milhares de vidas.

Ao aposentar-se, ele voltou a praticar uma das atividades que amava em sua juventude — observação de estrelas. Mas ao concluir que os livros disponíveis sobre o assunto eram insatisfatórios, decidiu escrever o seu próprio.[7] Destinado especialmente a crianças, Milton dedicou o livro a seus sete netos, que, obviamente, abrangiam os dois filhos de Ron e Sousan.

Na noite de Halloween, pouco depois da publicação do livro, os pais de Ron foram visitá-lo. As crianças saíram de casa em casa, em busca de "travessuras ou gostosuras" (*trick-or-treat*), com um velho amigo da família, Rick Stemple, professor de música, que morou num quarto na casa deles, durante os anos de estudante. Ao fim de uma noite animada, quase na hora de Rick ir embora, Ron decidiu dar-lhe de presente um exemplar do livro do pai. Com toda a família ao redor, Rick folheou o livro, virou-se para Milton e pediu-lhe uma caneta. Milton sorriu, pensando no que escreveria ao autografar o livro para Rick.

Rick pegou a caneta, mas não entregou o livro a Milton. Em vez disso, ajoelhou-se com uma das pernas, abriu o livro na página da dedicatória, onde apareciam os nomes dos netos, e pediu às crianças que o assinassem.

Naquele momento, ao olhar para cima, Ron percebeu lágrimas nos olhos do pai, enquanto os netos apunham suas assinaturas, ao lado de seus nomes, com dois centímetros de altura. Depois de quarenta anos de medicina clínica, durante os quais salvara tantas vidas, nada para Milton era comparável à magia daquele momento.

A Forma Não Importa

Da mesma maneira como mensuração afasta a atenção dos valores mais profundos da vida, a forma da contribuição é muito menos importante do que o conteúdo. Na última grande tragédia de Shakespeare, *Rei Lear*, o próprio Lear se enleia nas encenações e formalismos da corte real, a ponto de rejeitar Cordélia, a filha sincera, achando suas expressões de amor muito simples e esparsas. Induzido pelos paparicos e fingimentos, entrega o reino às duas outras filhas. Quando, finalmente, cai na realidade, pergunta: "Onde estive? Onde estou?" Mas, então, é tarde demais: Já perdeu o reino e Cordélia.[8]

Como não incorrer no mesmo erro de Lear, para finalmente descobrir, tarde demais, a diferença entre forma e substância?

Logo no começo de sua carreira, Ron trabalhou no Life Extension Institute, organização de assistência médica da cidade de Nova York, que realiza exames físicos em executivos de alto nível. Nessa condição, tinha longas conversas com muitos presidentes e vice-presidentes de empresas, que faziam o retrospecto de sua vida pregressa, já no fim da casa dos cinquenta, depois de se dedicarem de corpo e alma a "vencer no mercado". Geralmente, haviam alcançado êxitos marcantes, mas muitos tinham dificuldade em ver o sentido da vida à luz das coisas a que haviam renunciado na luta pelo sucesso. Sentiam-se confusos e alguns já pensavam na possibilidade de promover em seus negócios um senso de missão mais intenso. Alguns desses gerentes de alto nível descreviam, com um certo grau de *insight*, os riscos de questionar os objetivos organizacionais. Tinham visto predecessores e colegas que, ao expressarem o desejo de moldar a organização a objetivos sociais mais amplos ou até de criar valor para os clientes, foram "chutados para cima", passando a ocupar posições no Conselho de Administração — ou seja, mandados para o pasto, onde poderiam ser "visionários nas horas vagas". Enquanto isso, a empresa recrutava ou promovia a próxima estrela de grande magnitude, na casa dos quarenta e com um foco obstinado nos resultados financeiros. E, assim, o ciclo prosseguia, de geração em geração.

Essas pessoas sentiam-se "ludibriadas". Ficaram de olho no prêmio, sem dúvida, e atingiram o objetivo, apenas para descobrir que não valeu a pena. As realizações pelas quais haviam feito tanto sacrifício pareciam vazias. Viviam no desconforto do abismo crescente entre os objetivos que os impulsionaram durante tanto tempo e as aspirações que, de fato, teriam tornado suas vidas compensadoras. Enfim, começavam a distinguir entre forma e substância, e muitos agora estavam à procura desta última.

Mais recentemente, temos conhecido jovens bilionários de empresas de alta tecnologia, que estão fazendo a si mesmos as mesmas perguntas, embora muito mais cedo em sua carreira. Para quê? Esses indivíduos são felizes, não só porque ganharam dinheiro mais cedo, mas também porque descobriram a questão essencial ainda em tempo de ajustar o rumo.

Quando os jovens começam a pensar sobre a vida profissional, o mundo parece cheio de opções. No início, acreditam que os anúncios de jornal oferecerão muitas oportunidades interessantes e significativas. À medida que envelhecem, as chances, certos eventos aparentemente aleatórios, os amigos e a família, um professor inspirador, oportunidades de emprego inesperadas, são fatores que determinam em boa parte suas escolhas. Não demora muito, estão amarrados a determinada escolha e presos a certo papel profissional.

Em geral, tais opções funcionam bem durante algum tempo, talvez até por muito tempo. Então, de repente, passa-se por uma crise. A impressão é a de quem foi arrancado do cavalo. Em certos casos, chegou-se ao fim da linha numa carreira bem-sucedida, ou se é um médico e a estrutura e os valores do ambiente de assistência médica já não são os mesmos. Ou quem sabe a empresa foi adquirida por um enorme conglomerado e se é chutado para escanteio. Também é possível que simplesmente se esteja cansado do trabalho, ou que, apesar de seguro no emprego, alguma coisa fique remexendo por dentro, sugerindo que esse tipo de atividade já não corresponde aos seus anseios, embora tenha posto comida na mesa da família nos últimos vinte anos. Ou se ficou em casa para cuidar dos filhos e agora o ninho ficou vazio. Talvez se tenha perdido a reeleição, ou o chefe foi embora, e se está sem emprego.

Em muitas dessas situações, fica-se desorientado porque se confunde forma e substância. Passa-se a acreditar que a forma do trabalho é o que o torna importante e a criar uma falsa identidade com os próprios papéis: eu sou o prefeito, eu sou uma mãe que fica em casa, eu sou um executivo de empresas. Confunde-se a forma de sua participação na vida com a substância de seu significado e propósito.

Se o ingrediente essencial do sentido da vida for a experiência dos relacionamentos e das contribuições, então, parte da mágica da vida em nossas organizações e comunidades situar-se-á na capacidade humana de gerar muitas formas de expressão dessa vivência. O significado deriva da descoberta de maneiras, em vez da adesão a uma maneira específica de amar, de contribuir para a aventura humana e de melhorar a qualidade de vida das pessoas ao seu redor.

Em seu best-seller de memórias, *A Última Grande Lição* (*Tuesdays With Morrie*), o autor Mitch Albom narra suas visitas a seu mentor, Morris Schwartz, durante o último ano de vida deste. A certa altura, Schwartz indaga, retoricamente:

— Sabe o que lhe dá satisfação?

— O quê? — pergunta, por sua vez, Albom.

— Oferecer aos outros o que você tem para dar.

— Você parece um escoteiro — observa Albom.

— Não me refiro a dinheiro, Mitch — retruca Morrie.

— Estou falando de dedicar o seu tempo, de demonstrar interesse, de contar histórias. Não é tão difícil... É assim que se começa a inspirar respeito, ao oferecer algo seu. Há muitos lugares onde fazer isso. Não precisa ter muito talento.[9]

Qualquer veículo que se use é menos importante do que descobrir as numerosas possibilidades de prestar serviços que sempre surgem a seu redor, até o último de seus dias. Morrie Schwartz continuava a contribuir, embora sua vida se aproximasse do fim, ensinando Albom a morrer, ao mesmo tempo em que o ensinava a viver.

Basicamente, a forma não importa. Qualquer forma de serviço aos outros é, sobretudo, uma expressão de amor. E como as oportunidades para servir estão sempre presentes, poucas são as razões, se é que existe alguma, para que alguém careça de experiências ricas e profundas em significado. A falha mais comum, talvez, seja a de Lear: apegamo-nos à forma e perdemos de vista o essencial e o verdadeiro.

Quando Jimmy Carter deixou a Casa Branca, derrotado e deprimido, sua renovação como ser humano assumiu a forma de prestação de serviços, que jamais alguém imaginaria para um ex-presidente dos Estados Unidos.

Começou de maneira tangível e direta: construindo casas para os pobres, por meio da organização Habitat for Humanity. Em seguida, partiu de seu sucesso em Camp David, quando negociara o acordo de paz entre Egito e Israel, em 1978, para explorar maneiras de ajudar comunidades e sociedades a resolver os seus conflitos. Seus esforços converteram-se numa ampla variedade de iniciativas de serviços a democracias emergentes. Hoje, mais de vinte anos depois de deixar a Casa Branca, as contribuições de Carter são inegáveis. A tentativa de compará-las com seus antecedentes na Casa Branca seria perder de vista o ponto da questão. Profundamente arraigada em sua filosofia pessoal de demonstrar amor por meio de serviços, sua capacidade de criar novas formas de significado é fonte de inspiração para qualquer pessoa em meio à mudança.

Poucos papéis são mais hipnotizadores do que ocupar a Casa Branca. Mas até outras formas menos glamorosas podem ser igualmente sedutoras. Quando as pessoas procuravam Marty no gabinete do governador de Massachusetts para analisar oportunidades de trabalho no governo do Estado, geralmente tinham grande dificuldade em imaginar novas formas de contribuição profissional, senão aquelas a que estavam acostumados. Viam-se na chefia de um órgão estadual, mas não se imaginavam como voluntários de um hospital estadual. A descoberta de formas de trabalho significativas facilmente se confundia com todos os penduricalhos do cargo — acesso ao governador, título, salário, status, o tamanho da sala.

Obviamente, esses aspectos de qualquer cargo são importantes, não só por serem fontes de prazer, mas também pelo poder que conferem ao titular na mobilização da ação. Mas, em geral, o importante para as pessoas não é tanto o aspecto instrumental desses ornamentos, quanto o lado simbólico. A forma converte-se em sucedâneo enganoso do valor e da essência do que fazemos. Em consequência, não só se perde de vista a oportunidade essencial, mas também se permite que a experiência de auto estima e significado decorra do papel de embrulho, não do presente em si.

Quando Jerry Rice afastou-se temporariamente da National Football League como um dos maiores *wide receivers* de todos os tempos, ele constituiu uma fundação para crianças. Para levantar dinheiro, reuniu um grupo de companheiros da NFL e formou uma equipe de basquete que participa de jogos de exibição em todo o país. Ron assistiu a um desses jogos quando em férias com a família e ficou maravilhado com a alegria desses homens ao jogar um basquete muito bom contra equipes de estrelas dos Estados, iluminando os olhos de numerosas crianças, ao mesmo tempo em que levantavam dinheiro. Jerry, sem dúvida, parecia cansado — tinham jogado três partidas, em três cidades, em dois dias, e nitidamente não se percebia nele a vibração que era sua marca como jogador profissional, tanto que em breve voltou para a NFL. Mas também dava a impressão de estar muito orgulhoso daquela mudança e de sua contribuição para uma causa nobre, em contraste com muitos de seus colegas, que aparentemente ficaram perdidos durante décadas, depois de abandonar os refletores.

Estar imbuído de senso de propósito é diferente de ter determinado propósito. Confere-se significado à vida por meio dos objetivos a que se adere. Mas depois de trabalhar em determinada profissão, setor de atividade ou empresa durante vinte, trinta ou quarenta anos, começa-se a ficar preso àquele propósito específico, àquela forma determinada.

Quando se perde aquele propósito específico, aquela forma determinada, imagina-se que não há outras opções. Conhecemos um homem de setenta e sete anos, Bennie, em condições de aposentar-se com seu salário integral e assistência médica. Contudo, por trabalhar no mesmo cargo há quarenta anos, embora já não tenha forças para executar a contento todas as suas atribuições, reluta em afastar-se, pois, como diz, não sabe o que fará com seus dias.

Bennie receia a aposentadoria porque não consegue redefinir os propósitos de sua vida. Muito mais do que a forma, ele acha que perderá sua fonte de significado. Mas o que Bennie realmente perdeu é algo que provavelmente tinha no passado, quando criança: o senso de propósito. As crianças têm poder criativo. Elas constroem significado, ao se relacionarem intensamente com tudo que ocorre a seu redor. Mas os adultos muitas vezes perdem essa capacidade. Tendem a esquecer aquela criatividade imaginosa e aventurosa, que as levava sempre a perguntar-se: o que vou fazer hoje?

Os veículos a que recorremos em busca de significado obviamente tomam algumas formas tangíveis, e decerto esse aspecto externo é importante sob várias perspectivas significativas. Alguns trabalhos são compatíveis com seus interesses, personalidade, habilidades e temperamento; outros não. O ponto aqui é não diminuir a importância de encontrar formas e assumir papéis pessoalmente gratificantes, mas simplesmente reacender aquela capacidade jovial de imaginar um conjunto de possibilidades. Então, quando se é forçado a fazer concessões ou quando se sofrem reveses, pode-se recorrer à capacidade natural de gerar novas formas de expressão.

• • •

O exercício da liderança é um meio de dar significado à própria vida, contribuindo para a vida de outras pessoas. Na melhor das hipóteses, a liderança é um trabalho de amor. Oportunidades para atividades desse tipo cruzam o seu caminho todos os dias, embora saibamos, com base nas próprias cicatrizes de nossa experiência, que o aproveitamento dessas chances envolve riscos.

11

Sagrado Coração

O exercício da liderança é manifestação de estar vivo. Mas a seiva da vida — a criatividade e a ousadia, a curiosidade e a ânsia por questionar, a compaixão e o amor pelas pessoas — por vezes se esvaem aos poucos, à medida que se é vencido, abatido e silenciado.

Em nosso trabalho com homens e mulheres de todo o mundo, em todos os trechos da vida, sempre vimos pessoas bem-intencionadas vestir o manto da autoproteção para se isolarem dos perigos de sair da concha. A autoproteção faz sentido; os perigos são reais.

Mas ao se resguardar, corre-se o risco de também perder algo. Na luta para defender-se, às vezes deixa-se de lado muitas das qualidades que são a essência de estar vivo, como inocência, curiosidade e compaixão. Para evitar ser ferido com muita gravidade, é fácil converter a inocência em cinismo, a curiosidade em arrogância e a compaixão em indiferença. Já vimos isso. E, provavelmente, também você.

Ninguém se olha ao espelho e depara com uma auto imagem cínica, arrogante e indiferente. Envergamos a armadura, damos às suas peças nomes cheios de princípios e virtudes. O cinismo se transforma em realismo; a arrogância é mascarada como autoridade do conhecimento, e a indiferença é encarada como endurecimento resultante da sabedoria e da experiência. O quadro seguinte resume a dinâmica comum que ocorre quando se perde o coração.

Perda do Coração

Qualidade do coração		Deturpa-se em		Travestido de
Inocência	→	Cinismo	→	Realismo
Curiosidade	→	Arrogância	→	Autoridade do conhecimento
Compaixão	→	Indiferença	→	Endurecimento oriundo da experiência

Travestir o cinismo, a arrogância e a indiferença em termos mais aceitáveis não oculta as consequências da deturpação. Cinismo, arrogância e indiferença talvez sejam as maneiras mais seguras de viver, mas também sufocam a própria vida, à medida que se luta pela autoproteção.

Com efeito, o realismo deve captar tanto o feio *quanto* o admirável em nossas vidas, sem disfarces. O enfrentamento resoluto da realidade exige coragem. A versão cínica do realismo, sempre a presumir que o pior é inevitável, reflete uma forma de autoproteção, mediante o rebaixamento dos níveis de aspiração, de modo a evitar decepções. É como uma apólice de seguro. Se tudo correr bem, cara, ótimo. Mas nunca espere que as coisas deem certo, você jamais se surpreenderá e, mais exatamente, nunca experimentará frustração.

Na mesma linha, a autoridade do conhecimento depende de curiosidade constante, que ensina quando e onde adotar ações corretivas. Preservar a dúvida metódica, quando as pessoas a seu redor anseiam por certeza, pode distendê-lo até o limite da própria integridade. Mas, como é possível aprender quando não se cultiva uma dose saudável de curiosidade? E como é possível manter a autoridade do conhecimento a não ser que se desenvolva o aprendizado contínuo?

Quanto ao endurecimento oriundo da experiência, é natural que se forme alguma cobertura protetora, à medida que se cresce no papel e se suporta algumas das vicissitudes da vida. Do contrário, as ferroadas talvez sejam intoleráveis. Porém, é muito fácil aceitar o mito difuso de que, sem uma epiderme calejada, é impossível sobreviver no difícil papel de profissional, como se fosse preciso despir a compaixão à porta do escritório. Contudo, a calosidade também mata a sensibilidade. Perde-se acuidade auditiva, até que não mais se ouvem as mensagens de fato significativas das pessoas em derredor, não mais se percebem as canções por trás das palavras. Adquire-

-se o vício da audição tática, identificando-se apenas recursos ou obstáculos para a consecução dos próprios objetivos. No esforço de proteger-se, corre-se o risco de ficar embotado para o mundo.

Ademais, a sabedoria mais percuciente e a expressão mais profunda da experiência baseiam-se na compaixão. Como orientar e desafiar os circunstantes sem a capacidade de colocar-se no lugar do próximo e imaginar os sentimentos alheios? De que maneira identificar as fontes de significado capazes de sustentar os indivíduos contra as perdas decorrentes do processo de mudança?

A verdade nua e crua é que não há como experimentar as recompensas e as alegrias da liderança sem também passar pelos percalços e pelas dores do ofício. O lado doloroso dessa realidade é o fator que retrai tantas pessoas. Conforme já descrevemos, os perigos da liderança advirão de muitas pessoas e lugares, assumirão muitas formas e serão impostos não só pelos adversários, mas também pela traição de associados próximos e pela ambivalência das autoridades.

O cinismo, a arrogância e o endurecimento às vezes são muito oportunos. Não raro tem-se a impressão de que, sem essa carapaça, nada se interpõe entre o indivíduo e as intempéries. É a camada protetora que permite a vivência do cotidiano. Na verdade, contudo, essa mesma calosidade compromete a capacidade de exercer a liderança amanhã. Talvez, ainda mais grave, impossibilita uma experiência de vida mais sensível.

Reflexões sobre o Sagrado Coração

A tarefa mais difícil da liderança é aprender a enfrentar as aflições sem perder a sensibilidade. A virtude de um coração aberto é a coragem de cultivar a inocência e a admiração, a dúvida e a curiosidade, a compaixão e o amor, mesmo nos momentos mais obscuros e difíceis. Liderar com o coração aberto significa ser capaz de, nas depressões mais profundas, ao sentir-se abandonado e impotente, manter-se receptivo à vasta gama de emoções humanas, sem ficar indiferente, sem contra-atacar ou sem tornar-se defensivo. A certa altura, o sentimento talvez seja de total desesperança, mas, no seguinte, de compaixão e perdão. É até possível que os dois extremos ocorram ao mesmo tempo e que o choque de emoções antagônicas seja mais um fator de tensão. O coração aberto permite que se sinta, ouça e diagnostique a realidade, mesmo ao longo da missão, de modo a avaliar com exatidão diferentes situações e reagir de maneira adequada. Do contrário, não é possível estimar o impacto das perdas que se exigem dos circunstantes nem compreender a razão por trás de sua raiva. Sem manter o coração aberto, torna-se difícil, talvez impossível, desenvolver a resposta certa e alcançar o sucesso ou sair inteiro da empreitada.

Poucos anos atrás, Ron foi convidado a proferir uma palestra sobre liderança em Oxford, Inglaterra, num fim de semana que coincidia com o Ano Novo judaico, Rosh Hashanah. Na manhã seguinte à palestra, ele e Sousan embarcaram numa breve viagem pela área rural inglesa, a caminho de Londres, onde esperavam assistir aos serviços religiosos. No início da viagem, chegaram a um vilarejo encantador, chamado Castle Combe, onde foi rodada a versão original do filme *Dr. Doolittle*. Uma velha mansão, de aparência deslumbrante, com centenas de anos, erguia-se nas cercanias, com amplos jardins e pequenos bosques de velhas árvores. A mansão agora funcionava como pousada, e Ron e Sousan decidiram passar a noite lá. Era a tarde anterior ao Rosh Hashanah e, enquanto caía a noite, ficaram pensando em como celebrariam o dia santo, tão longe da comunidade judaica.

Pouco antes do poente, que marcava o início do Ano Novo, descobriram uma adorável igreja anglicana antiga, nas imediações da mansão. Com mais de 600 anos, a pequena construção de pedra, com aparência de solidez, não tinha mais que vinte fileiras de bancos. Entraram sem rumo certo e Ron sentou-se num dos bancos da frente, um judeu numa igreja anglicana, olhando para Jesus na cruz. Apenas semanas antes, Ron e Sousan participaram de uma atividade paroquial judaica, sobre ecumenismo profundo. O Sagrado Coração foi explicado como reflexo da promessa de Deus, não de livrar os seres humanos do fogo e da água, mas de estar ao lado de seus filhos no fogo e na água.[1]

Ron ergueu o olhar e deparou com um homem que fora torturado por suas crenças — uma imagem assustadora para qualquer espectador não acostumado àquela visão, mas sobretudo para um judeu, imbuído da consciência de uma história de perseguição. Após décadas de um reprimido sentimento de indignação pelos abusos do Cristianismo, a experiência de sentar-se naquele templo cristão foi para Ron um salto muito difícil, como que a travessia de um abismo profundo. Ao refletir sobre aqueles sentimentos complexos, começou a indagar-se sobre qual teria sido o significado daquela festa para o próprio Jesus, em sua época. E pensou, um tanto melancólico e desejoso: "Você foi um de nossos mestres. Por que não nos fazermos companhia no Ano Novo? Não temos ninguém mais para comemorar conosco."

Naquele momento, fitou fixamente Jesus e meditou. "Reb Jesus",* brincou Ron, "será que o senhor me narraria sua experiência na cruz? Hoje é Rosh Hashanah, quando meditamos sobre a disposição de Abraão para sacrificar seu filho, Isaac. Por favor, transmita-me uma mensagem." (*Reb* é uma abreviação carinhosa do termo rabino, que significa professor). Depois de mais ou menos dez minutos, Ron manifestou muita excitação. Pediu à esposa que o acompanhasse; tomando-a pela mão, levou-a para fora, onde o sol do entardecer brilhava límpido como cristal, e convidou-a para sentar-se ao lado dele, perto do tronco de um enorme pinheiro antigo.

— Sousan, preciso dividir isso com você, mas não quero fazê-lo com palavras, preciso mostrar-lhe. Você poderia deitar-se debaixo dessa árvore, abrir os braços e apenas sentir?

Juntos, ficaram lá deitados, com os braços estendidos, ambos olhando para cima, para os galhos mais altos da árvore. Momentos depois, ele se vira para ela.

— Como você está se sentido? — perguntou ele.

— Muito vulnerável — respondeu Sousan.

— Eu também.

— E é isso aí! Essa é a mensagem. É o que aprendemos sobre o Sagrado Coração — a disposição de sentir tudo, todas as coisas, e de preservar esse sentimento sem abrir mão do trabalho. Sentir, como *Reb* Jesus, a mais profunda dúvida, abandono e traição, perto do momento da morte. Gritar como o Rei Davi, na imensidão do deserto, bem no momento em que se quer acreditar, no mais extremo desespero, que se está fazendo o certo, que seu sacrifício significa algo. "Deus, Deus, por que me abandonastes?" Mas, quase no mesmo instante, sentir compaixão, "Perdoai-os, Pai, pois eles não sabem o que fazem". Jesus manteve-se vulnerável.

Manter o coração aberto significa a capacidade de sentir-se torturado e traído, impotente e desesperado, e ainda assim cultivar a sensibilidade. É o dom de percorrer todo o espectro da experiência humana sem ficar empedernido ou calejado. Significa que, mesmo em meio às decepções e derrotas, preservam-se os relacionamentos com as demais pessoas e com as fontes de seus propósitos mais profundos.

Nossa premissa básica neste livro é a possibilidade de liderar e sobreviver. A liderança não implica a necessidade de sacrificar-se a fim de praticar o bem no mundo. Mas, decerto, o líder enfrentará perigos e dificuldades, como você já deve saber, com base em suas próprias experiências, nas quais é provável que seu sentimento tenha sido o de estar sendo sacrificado. Será que você consegue imaginar a sensação de abandono que deve ter acometido Maggie Brooke, ao ver, semana após semana, aquele círculo de cadeiras vazias, numa comunidade em luta com o alcoolismo? Ou a angústia de Jamil Mahuad, que trabalhou exaustivamente para servir a seu país, apenas para terminar expulso de seu gabinete por uma escolta militar? Ou a dor de Itzhak Rabin, durante sua agonia, depois de ser atingido por uma bala assassina?

Conservar o coração aberto é o antídoto contra uma das "soluções" mais comuns e destrutivas para os desafios da vida moderna: o amortecimento de si próprio. O exercício da liderança com o coração aberto ajuda a manter a alma viva. Cria condições para que se cultive a lealdade a tudo que é verdadeiro, possibilitando que se enfrentem as dúvidas, sem fugir; que se atue com energia, sem buscar remendos. Além disso, o poder do coração aberto ajuda a mobilizar outras pessoas para que ajam da mesma maneira — enfrentar desafios que demandem coragem e resistir às dores da mudança, sem iludir-se ou bater em retirada.

Inocência, Curiosidade e Compaixão: Virtudes do Coração Aberto

Opta-se pelo exercício da liderança, cheio de paixão, sob o impulso de um conjunto de temas, ou seja, questões que talvez o tenham influenciado durante muito tempo. É possível que as raízes desses temas tenham sido lançadas em sua família ou em sua cultura antes de seu nascimento; elas talvez reflitam questões que constituem seu próprio âmago e às quais você dedicou parte de sua vida, quem sabe até toda a sua vida. Cultivar o coração aberto tem a ver com preservar a inocência, a curiosidade e a compaixão, enquanto se perseguem metas significativas.

Inocência

O vocábulo inocente deriva de um radical latino cujo significado é "que não deve sofrer danos ou prejuízos", como quando o réu é declarado "inocente". Não estamos usando a definição legal. Ao contrário, aplicamos o termo no sentido de candura infantil, de singeleza — a capacidade de entreter ideias tolas, de desenvolver pensamentos inusitados e talvez engenhosos, de manter-se jovial na vida e no trabalho, de ser imprevisível para a própria organização e comunidade.

Os desafios adaptativos exigem que a cultura passe por algumas mudanças em seus usos e costumes, algo que requer um mínimo de desvio da normalidade. Isso não significa a transformação de todas as normas, mas de pelo menos algumas. Assim, para que ocorra a mudança, é necessário que se importem algumas ideias de outros ambientes, ou pelo menos que sejam exploradas internamente por uma voz divergente no próprio ambiente. Essa voz divergente pode estar errada 80% das vezes, mas isso significa que, nos restantes 20% das situações, a ideia estranha, ingênua, mas engenhosa, talvez seja exatamente a solução.

Quando se exerce a liderança, o ponto de partida geralmente é o desejo de contribuir para uma organização ou comunidade, de ajudar as pessoas a resolver questões importantes, de melhorar a qualidade de vida dos circunstantes. Seu coração não é inteiramente inocente, mas você começa com esperança e interesse em relação às pessoas. Ao longo do percurso, contudo, nem sempre é fácil sustentar esses sentimentos, quando muita gente rejeita suas aspirações como demasiado irrealistas, desafiadoras ou destrutivas. Os resultados são lentos. Você fica insensível à realidade desanimadora. O coração se fecha.

Como órgão, o coração abre e fecha a cada segundo, numa sucessão de diástoles e sístoles. Assim, de que maneira preservar os movimentos de abertura de nosso coração metafórico, em vez de induzi-lo a um estado de fechamento constante, em meio aos grandes desafios? Como cultivar a inocência, ao lado da avaliação realista dos perigos inerentes à liderança? Como realizar o desejo de amar e cuidar do próximo, mesmo quando se está consciente da realidade circundante, que por vezes é danosa?

Cultivar a inocência não significa assumir angústias desnecessárias. Como disse um de nossos ex-alunos: "Nesses últimos vinte e cinco anos, sempre que tenho de demitir algum empregado, por motivos econômicos ou por mau desempenho, minha dor é enorme, algo que me faz sofrer. Não acho que, com o tempo, a coisa ficará mais fácil, mas também não acho que deva ser burro e deixar de despedir alguém que esteja prejudicando a organização. Assim, isso não significa que fico parado, mas talvez que não esteja bastante calejado. Como evitar que a dor se torne destrutiva e, ao mesmo tempo, preservar a sensibilidade? Sob certo aspecto, sempre que demito alguém perco um pouco de minha inocência; preciso dispor de mecanismos internos e de colegas ao redor para reconstruir a inocência perdida ou de alguma forma restabelecer a ligação com ela."

Todos atingimos nossos limites. Às vezes, até Jesus sentia-se sobrecarregado. Mostrava-se cansado. Recuava. Algumas vezes, tentou restringir a quantidade de pessoas que o procuravam em busca de curas milagrosas. Mas, ao atingir nossos limites, dispomos de opções. Podemos dizer respeitosamente a nós mesmos: "Sabe, hoje não posso aceitar mais nada. É hora de ir a um cinema, de rever algumas fotos da família, de tirar uma folga, de voltar a aproveitar as coisas boas da vida, porque essas coisas boas estão sempre presentes." Ou podemos deixar nosso coração se fechar: embotando-se, tornando-se calejado, perdendo totalmente a inocência.

Curiosidade

Quase todas as recompensas da vida profissional vão para as pessoas que sabem, em vez de para as que não sabem. Todos os dias, mesmo numa grande universidade dedicada ao aprendizado, vemos alguns colegas mais interessados em mostrar o que sabem do que em revelar o que não sabem. Em negócios, a autoconfiança vai longe. As pessoas exageram a própria segurança quanto à qualidade de seus produtos. Em política, os candidatos manifestam certezas que vão bem além de sua capacidade de previsão. No curto prazo, é possível que o pessoal confie menos no chefe que compartilha as dúvidas, por não terem certeza quanto às suas qualidades; mas, no longo prazo, é provável que confiem mais no líder que diz a verdade.

A dinâmica começa cedo. Quando as crianças chegam à adolescência, já desenvolveram profundo comprometimento com fazer "certo". Começam a perder aquela curiosidade maravilhosa, oriunda do reconhecimento da própria ignorância, quando presumem que pessoas com pontos de vista diferentes estão lá como fonte de aprendizado, não como pomos de discórdia. Mas o senso de mistério e de admiração, tão valioso nos primeiros anos, desaparece rapidamente, à medida que a rotina dos debates adquire uma estrutura característica:

— Estou certo.

— Não! Eu estou certo!

— Não! Eu estou certo!

Os infelizes continuam vencendo e se transformam nos "melhores e mais brilhantes". São infelizes porque o despertar para a verdade, como o do Rei Lear, geralmente ocorre tarde demais, depois de todos os erros e desperdícios. Nesses casos, o esvaziamento da grandiosidade e da auto estima é profundamente doloroso e cheio de arrependimento. Uns poucos, como Robert McNamara, que exerceu papel decisivo na guerra do Vietnã, demonstram a coragem extraordinária de rever seus próprios erros e manifestar suas dúvidas. O fato de ter escrito memórias profundamente ponderadas, analisando seus erros de julgamento, deve constituir-se em fonte de inspiração para quem quer que assuma os riscos da liderança.[2] Quantas pessoas de destaque são capazes de agir da mesma maneira em suas memórias. Em vez disso, sucessivas camadas de justificativas reforçam-se umas às outras para proteger algumas noções errôneas de orgulho.

Se Jesus, ao fim de seu apostolado, pôde questionar o Pai, não há dúvida de que também nós podemos fazê-lo em relação a nós mesmos. Mas será que lograremos reter essa virtude infantil da curiosidade, mesmo quando cultivamos a capacidade de só adotar premissas que passem pelo teste da realidade? Será que há maneiras de preservar o senso de mistério em tudo isso?

Para ser bem-sucedido na liderança da mudança adaptativa, é necessário fomentar a capacidade de ouvir com os ouvidos abertos e de perfilhar ideias novas e perturbadoras. Isso é difícil, pois as pressões são todas no sentido de conhecer as respostas. E em seus momentos de inspiração você se convencerá de que de fato tem as soluções! E, então, é bem possível que você se refira a seus detratores, dizendo: "Como é que eles podem duvidar do valor de minhas propostas? Dessa nova tecnologia? Desse novo programa?" Quando Bill George tornou-se CEO da Medtronic, em 1989, a empresa tinha a tradição de classificar os médicos em duas categorias: "nossos clientes" e os "médicos dos concorrentes", os que eram leais às outras empresas do setor e aos seus produtos. Também descobriu que muitos dos seus engenheiros não gostavam de lidar com os "médicos dos concorrentes", por serem muito críticos e questionadores. "Evidentemente", pondera George, "eles eram exatamente os médicos com quem mais tínhamos a aprender". Contra todas as resistências, George dispôs-se a rapidamente combater o termo "médicos da concorrência", atraindo esses profissionais e suas ideias para a organização.

Na maioria das vezes, se for honesto consigo mesmo, você reconhecerá que sua visão do futuro nada mais é que sua melhor estimativa naquele momento. Como dissemos, os planos não passam do melhor palpite do dia. Se você não tiver ânimo para incorporar as ideias dos "concorrentes", de que maneira sua organização conseguirá empreender o trabalho adaptativo necessário para prosperar no ambiente competitivo?

A prática da liderança exige a capacidade de sempre formular perguntas básicas a si mesmo e às demais pessoas na organização ou na comunidade. Nosso colega Robert Kegan ensina a diferença entre pressupostos norteadores e pressupostos constrangedores. Os pressupostos constrangedores o impedem de perceber qualquer outro ponto de vista. Mas temos outro nome especial e virtuoso para estes últimos: verdades. Verdades são pressupostos em relação aos quais a dúvida é uma intrusa indesejável. E não raro as verdades continuam verdadeiras por falta de ânimo para reformular as lealdades.

Compaixão

Aristóteles definiu Deus como o movente não movido. Em contraste, Joshua Heschel, filósofo do século XX, descreveu Deus como "o movente mais movido".[3] Se até Deus é movido, será que também nós não devemos nos deixar mover, pelos triunfos, pelos fracassos e pelas lutas?

No fundo, compaixão significa *estar junto com a dor de alguém*. O prefixo *com* significa "junto com", e a raiz etimológica de paixão significa *dor*, como na frase "a paixão de Jesus". Ao longo de todo este livro, descrevemos razões práticas e transcendentais para manter o respeito pela dor da mudança. A recomendação "mantenha-se perto da oposição", por exemplo, baseia-se em muitos argumentos estratégicos e táticos, mas também se inspira na ideia de que as pessoas que mais resistem são as que mais têm a perder e, por conseguinte, são as que merecem mais tempo, atenção, solicitude e habilidade.

Quando se lidera, não se pode deixar de assumir as aspirações e os anseios alheios. Obviamente, se o coração estiver fechado, não há como perscrutar esses interesses ou avaliar as perdas em que os liderados incorrerão para conservar o que é mais importante e para prosperar no novo ambiente.

Como a inocência e a dúvida, a compaixão é necessária para o sucesso e para a sobrevivência, mas também para viver a vida em sua plenitude. A compaixão permite que se atente para as dores e perdas alheias, mesmo quando parece que não mais se dispõe de recursos.

Enquanto jazia na cama do hospital naqueles dias que ele e todos os parentes e amigos sabiam que era sua última semana de vida, o pai de Marty soube usar como nunca o tempo que lhe sobrava para cuidar do impacto de sua morte sobre a família. Teve uma conversa particular com cada um dos netos, analisando-os quanto a seus valores e concedendo-lhes os benefícios de seus quase oitenta anos de experiência. Bateu um papo animador com a neta, às vésperas do exame de motorista. (Ela passou.) Reuniu-se sozinho com a ex-nora, que se afastara dele depois que se divorciara de seu filho. Disse-lhe que a amava e que achava que ela era uma ótima mãe. Finalmente, uma hora antes de expirar, pediu a Marty uma cerveja.

— De que tipo — perguntou Marty.

— Bud.

— *Light* ou comum?

— *Light* está ótimo.

Com lágrimas escorrendo pelo rosto, Marty desceu as escadas do hospital e atravessou a rua em direção à loja de bebidas. Comprou uma embalagem com seis latas e voltou ao quarto do hospital, para que o pai satisfizesse seu último desejo. O filho serviu a cerveja para os dois. Pai e filho bateram os copos mais uma vez para brindar a vida e o amor.

Na linguagem formal deste livro, diríamos que o pai de Marty liderou a família, e talvez a si próprio, no enfrentamento do desafio adaptativo de sua morte. Provavelmente, uma melhor maneira de dizer a mesma coisa seria afirmar que o pai de Marty, apesar da própria dor e da perda iminente, ensinou a todos com quem mantivera contato naquela semana algo sobre como viver, como morrer e como aproveitar qualquer oportunidade para amar e para fazer diferença às pessoas próximas.

•   •   •

Oportunidades para exercer a liderança surgem a toda hora e em todos os lugares. Mas arriscar-se a exercer a liderança é uma tarefa difícil, pois os perigos são reais. Contudo, o trabalho é nobre e gera benefícios imensuráveis, para si próprio e para as pessoas em volta. Escrevemos este livro em homenagem a você e como demonstração de respeito por você e por sua paixão. Esperamos que as palavras destas páginas tenham sido fonte de inspiração e de orientação e que você agora disponha de melhores meios para liderar, para proteger-se e para manter vivo seu espírito. Que você saboreie com todo o coração os frutos de seu trabalho. O mundo precisa de você.

Notas

Capítulo 1

1. Essa história foi adaptada de Sousan Abadian, "From Wasteland to Homeland: Trauma and The Renewal of Indigenous Communities in North America" (Dissertação de doutorado, Harvard University, 1999). Os nomes foram mudados e a história foi alterada, para manter a confidencialidade.

2. Este caso baseia-se nas observações e entrevistas de Ronald Heifetz com as principais partes envolvidas, inclusive numerosas conversas com o presidente Jamil Mahuad, durante este período, em Quito.

3. Gary Hamel, "Waking Up IBM: How a Gang of Unlikely Rebels Transformed Big Blue", *Harvard Business Review* 78, nº 4 (julho-agosto de 2000): 138. Para a história completa em que se baseia o caso, ver Gary Hamel, *Leading the Revolution* (Boston: Harvard Business School Press, 2000), 154-166.

4. Hamel, *Leading the Revolution*, 155.

5. Hamel, "Waking Up IBM", 138.

6. Ira Sager, "Inside IBM: Internet Business Machines", *Business Week*, 13 de dezembro de 1999. P. EB38.

7. Ira Sager, "Gerstner on IBM and the Internet" (entrevista com o *chairman* da IBM Louis V. Gerstner, Jr.), *Business Week*, 13 de dezembro de 1999. EB40.

8. Hamel, "Waking Up IBM", 143.

9. Mark Moore, comunicação pessoal com o autor, 16 de outubro de 2000.

238 • Notas

Capítulo 2

1. Versão mais abrangente dessa história pode ser encontrada em "Diversity Programs at The New England Aquarium", Case C116-96-1340.0 (Cambridge, MA: Kennedy School of Government Case Program, Harvard University, 1996).

2. Ver Ronald A. Heifetz, *Leadership Without Easy Answers* (Cambridge, MA: The Belknap Press of Harvard University Press, 1994), capítulo 7.

3. Warren Bennis, *The Unconscious Conspiracy* (San Francisco: Jossey-Bass Publishers, 1989).

4. Lani Guinier, "The Triumph of Tokenism: The Voting Rights Act and the Theory of Black Electoral Success", *Michigan Law Review* 89, nº 5 (março de 1991): 1077-1154.

Capítulo 3

1. Sobre a habilidade de refletir enquanto em atuação, ver Donald A. Schön, *The Reflective Practitioner: How Professionals Think in Action* (Nova York: Basic Books, 1983); e M. Weber, *Politics as a Vocation*, H. H. Gerth e C. Wright Mills, trad. (Filadélfia: Fortress Press, 1965).

2. Lee Kuan Yew, *From Third World to First: The Singapore Story* 1965-2000 (Nova York: HarperCollins Publishers, 2000).

3. A metáfora é cortesia de Jack Bridenstein, oficial da Marinha dos Estados Unidos, comunicação pessoal com o autor, 11 de agosto de 1982.

4. Lee Kuan Yew, comunicação pessoal com o autor, 17 de outubro de 2000.

Capítulo 4

1. John Greenwald, "Springing A Leak", *Time*, 20 de dezembro de 1999, 80. Para outros relatos sobre o mandato e a queda de Ivester, de onde foi extraída boa parte desse material, ver também: Betsy McKay, Nikhil Deogun e Joanne Lublin, "Tone Deaf: Ivester Had All Skills of a CEO but One: Ear for Political Nuance", *Wall Street Journal,* 17 de dezembro de 1999, A1; e Matt Murray, "Deputy Dilemma: Investors Like Backup, But does Every CEO Really Need a Sidekick?", *Wall Street Journal*, 24 de fevereiro de 2000, A1.

2. Este caso baseia-se em palestra de Leslie Wexner, na John F. Kennedy School of Government, Harvard University, Cambridge, Massachusetts, 13 de setembro de 2000.

3. Para um relato integral sobre Nelson Poynter e a maneira como conduzia o *St. Petersburg Times, ver* Robert N. Pierce, *A Sacred Trust: Nelson Poynter and The St. Petersburg Times* (Gaineville, FL: University Press of Florida, 1993).

4. Robert Haiman, entrevista por telefone com o autor, 24 de abril de 2001.

Capítulo 5

1. Ver Donald Winnicott, *The Maturational Process* (Nova York: International Universities Press, 1965); Arnold H. Modell, "The 'Holding Environment' and the Therapeutic Action of Psychoanalysis", *Journal of the American Psychological Association* 24 (1976): 285-307; Edward R. Shapiro, "The Holding Environment and Family Therapy with Acting Out Adolescents", *International Journal of Psychoanalytic Psychotherapy* 9 (1982): 209-226; Robert Kegan, *The Evolving Self* (Cambridge, MA: Harvard University Press, 1982); e Edward R. Shapiro e A. Wesley Carr, *Lost in Familiar Places* (New Haven: Yale University Press, 1991).

2. Ver Ronald A. Heifetz e Donald L. Laurie, "The Work of Leadership", *Harvard Business Review* 75, nº 1 (janeiro-fevereiro de 1997): 124-134.

3. Arthur Schlesinger, Jr., *The Coming of the New Deal* (Boston: Houghton Mifflin, 1958), 538.

4. Discurso proferido nos degraus do Memorial Lincoln, em 28 de agosto de 1963.

5. Para uma abordagem mais abrangente desta história, ver "Ricardo de la Morena and the Macael Marble Industry (A)", case 16-90-971.0 (Cambridge, MA: Kennedy School of Government Case Program, Harvard University, 1990).

Capítulo 6

1. Há muitas versões desta história. Baseamo-nos em duas delas: uma encontrada no perfil de Phil Jackson, "The Good Father", *New York Times Magazine*, 23 de abril de 2000, de David Shield; e outra em Phil Jackson e Hugh Delehanty, *Sacred Hoops: Spiritual Lessons of a Hardwood Warrior* (Nova York: Hyperion, 1995), 189-1933. Em ambas, os fatos básicos são coincidentes.

Capítulo 7

1. Para uma versão mais abrangente da história de Selecky, ver "Principle and Politics: Washington State Health Secretary Mary Selecky and HIV Surveillance", Case 1556 (Cambridge, MA: Kennedy School of Government Case Program, Harvard University, 2000).

2. Heifetz, *Leadership Without Easy Answers*, capítulos 6 e 9.

3. A história completa da reorganização dos Correios dos Estados Unidos pode ser encontrada em "Selling the Reorganization of the Post Office", case C14-84-610 (Cambridge, MA: Kennedy School of Government Case Program, Harvard University, 1984).

4. Este relato das relações entre Lehman e a General Dynamics foi extraído basicamente de "John Lehman and the Press", Case C16-89-917.0 (Cambridge, MA: Kennedy School of Government Case Program, Harvard University, 1989). Narrativas mais abrangentes podem ser encontradas em Jacob Goodwin, *Brotherhood of Arms* (Nova York: Times Books, 1985); e Patrick Tyler, *Running Critical* (Nova York: Harper & Row, 1986).

240 • Notas

Capítulo 8

1. David Gergen, *Eyewitness to Power: The Essence of Leadership, Nixon to Clinton* (Nova York: Simon & Schuster, 2000), 261.

2. "The Real Story of Flight 93: Special Report: 'Let's Roll'", *The Observer*, 2 de dezembro de 2001, 15.

3. Ver relato de David Gergen sobre Hillary Clinton e seu impacto sobre a estratégia de Bill Clinton em relação à reforma da assistência médica em *Eyewitness to Power*, 296-309.

4. William Shakespeare, *Julius Caesar*, Ato 1, Cena 2.

5. "Workshop on Leadership, Religion and Community", Plymouth Congregational Church, Seattle, WA, 4 de março de 2000.

Capítulo 9

1. Elizabeth Cady Stanton, *Eighty Years and More* (Nova York: Source Book Press, 1970), 148.

2. Ibid., 149.

3. Ibid., 149.

4. Gergen, *Eyewitness to Power*, 298-299.

5. Ibid.

6. Nurit Elstein Mor, Chefe do Departamento de Contencioso Trabalhista, Gabinete do Procurador, Israel, comunicação pessoal com o autor, setembro de 2000.

7. Obviamente, ninguém pode saber o que se passava pela mente e pelo coração de Rabin durante aqueles momentos de decisão. Nossas interpretações baseiam-se em comunicações pessoais com pessoas de seu círculo político, mas continuam sendo interpretações, voltadas principalmente para ilustrar a distinção entre ego e papel, sem o intuito de contribuir para a biografia de Rabin.

8. Ver Jack Welch, *Straight from the Gut* (Nova York: Warner Books, 2001).

9. Discurso no Valley College, Van Nuys, Califórnia, novembro de 1984, em Geraldine Ferraro, *Ferraro: My Story* (Nova York: Bantam, 1985), 292 (itálicos no original).

Capítulo 10

1. *American Heritage Dictionary,* quarta edição (Nova York: Houghton Mifflin Company, 2000).

2. *S. L. A. Marshall, Man Against fire: The Problem of Battle Command in Future War* (Nova York: William Morrow,1947), capítulos 9 e 10; e Edmund Shils e Morris Janowitz, "Cohesion and Disintegration in the Wehrmacht in World War II", *Public Opinion Quarterly* 12, nº 2 (Verão de 1948): 280-315.

3. William W. George, "A Mission for Life", manuscrito não publicado, 2001; e comunicação pessoal com o autor, novembro de 2001.

4. Talmude, Corão e outros ensinamentos sagrados. *Mishnah, Tractate Sanhedrin,* capítulo 4, *Mishnah 5;* e *Surat al-Ma'idah* (tradução: The Table Spread) (Sura5), verso número 32, no *Qur'na.*

5. William Shakespeare, *Romeo and Juliet,* Ato II, Cena 2.

6. Hank Greenberg com Ira Berkow, *Hank Greenberg, The Story of My Life* (Chicago: Triumph Books, 2001), 181. As relações entre Greenberg e Robinson estão descritas nas páginas 181-183 e também são objeto de observações em "The Life and Times of Hank Greenberg", documentário premiado, escrito, produzido e dirigido por Aviva Kempner, 1998.

7. Milton D. Heifetz e Will Tirion, *A Walk Through the Heavens: A Guide to Stars and Constellations and Their Legends* (Nova York: Cambridge University Press, 1998).

8. William Shakespeare, *King Lear,* ato IV, cena 7.

9. Mitch Alborn, *Tuesdays with Morrie* (Nova York: Doubleday, 1997).

Capítulo 11

1. "Deep Ecumenism", seminário em Elat Chayyim, Concord, NY, em julho de 1998, com o Rabino Zalman Schachter-Shalomi.

2. Robert S. McNamara com Brian VanDeMark, *In Retrospect: The Tragedy and Lessons of Vietnam* (Nova York: Vintage Books, 1996); e Robert S. McNamara and James G. Blight, *Wilson's Ghost: Reducing the Risk of Conflict, Killling, and Catastrophe in the 21st Century* (Public Affairs, LLC, junho de 2001).

3. Heschel, Abraham Joshua, *God in Search of Man: A Philosophy of Judaism* (Northvale, NJ: Jason Aronson, Inc., 1987), xxxiii.

Índice

A

Aceite as baixas, 98–100

Acesso, 75

Ações
Agüente o calor, 141–145
Como intervenções, 137–139

Acordo de paz da Sexta-Feira Santa, na Irlanda, 46–47

Afirmação, 169–177

Agüentando o calor, 141–146.
Consulte também linha de fogo

Albom, Mitch, 220

Aliados/alianças, 199. *Consulte também* parceiros/parcerias
Confundir confidentes com, 199–204
Relacionamentos com, 89–90
Versus a estratégia do guerreiro solitário, 99–100

Amadurecimento, 56, 57, 146, 147, 149, 150, 151

Ambientes de sustentação, criação de, 102, 207

Amor, 210–212

Âncoras, 179, 180, 186, 204, 206

Anseios (apetites)
Gerenciamento dos, 163–165
Por auto-afirmação e vaidade, 169–171

Por intimidade e prazer, 176–184
Por poder e controle, 166–169

Aposentadoria, 217

Aprendizado, contínuo, 226

Aristóteles, 234

Arrogância, 171, 225–226

Assassinatos, 11, 42, 154

Assistindo de camarote, 51–53, 64–65, 160

Ataque ao Pentágono.
Consulte ataques de 11 de setembro de 2001

Ataques ao caráter, 43

Ataques ao World Trade Center.
Consulte ataques de 11 de setembro de 2001; Terrorismo.

Ataques de 11 de setembro de 2001, 146. *Consulte também* terrorismo

Ataques físicos, 41–42, 193

Ataques pessoais, 42–43, 44, 192, 194, 198

Ataques verbais, 42

Atenção, 154–159. *Consulte também* foco

A Última Grande Lição (Tuesdays With Morris), livro, 220

Autoconhecimento, 164

Auto-identidade, 27

Autoproteção, 225–227

244 • Índice

Auto-reflexão, 51

Autoridade
  Falta de, 157
  Ganhando, 154
  Indo além da própria, 20–26
  Marginalização da, 34
  Restauração da ordem com base na, 113
Autoridade moral, 145, 159

B

Baixas, aceitação de, 98–100
Bennis, Warren, 40
Bork, Robert, 43
Both, Henni, 105–107
Bratton, William, 24
Bush, George, 61, 62
Bush, George W., 42, 113, 169

C

Cadenciamento do trabalho, 119–120
Calor.. *Consulte* Agüentando o calor.
Capacidade de reflexão, 51
Carter, Jimmy, 135, 220–221
Caso Irã-Contra, 25–26
Chandler, Otis, 134
Cheney, Dick, 42
Cinismo, 225–227
Clinton, Bill
  Apetites de, 179
  Aventuras sexuais de, 195
  Caráter, 42–45, 192

Condições físicas de, 164
Credibilidade, 170–171
Reforma da assistência social por, 43
Clinton, Hillary, 43, 178
Clymer, Adams, 42
Compaixão, 179, 225–226
Comportamento, 95–98, 142, 157, 176, 196
Compostura, mantendo a, 44
Confiança, perda de, 16, 95, 185
Confidentes versus aliados, 199–204
Conflitos
  Colocação no lugar certo, 127–128
  Controlando a temperatura dos, 107–116
  Criando um ambiente de sustentação para, 102–107
  Mostrando o futuro, 120–122
  Personalidade, 124
Conluio
  Com os atacantes, 45
  Com os constituintes, 88
  Com os segregadores (que tentam marginalizar), 35
  Inconsciente, 172
Conspiração Inconsciente, 40
controlando a temperatura, 107–116
controle, anseio por, 167, 168
Credibilidade, 123
  Conquistando, 145

Perdendo, 153

Criando um ambiente de sustentação, 102–107

Crises
  Como indicador de questões adaptativas, 61

Culpando outros, 90

Cultura organizacional
  Estudo da, 103–104
  Mudança da, na IBM, 23

Curiosidade, 232–234

D

Departamento de Saúde, Educação e Bem-Estar (HEW) dos Estados Unidos, 32–38

Dependência, fomento da, 166

Desafios
  Adaptativos, 13–20, 173–174
  Da liderança, 102
  Identificação dos adaptativos, 14

Desculpas, 77, 126

Deslealdade, 42, 89, 191

Desorientação, 111, 173

Desviando a atenção, 166

Diallo, Amadou, 25

Disfunção, 105

Distinção entre o papel e o eu, 195–197. *Consulte também* âncoras

Doze homens e uma sentença (Twelve angry men), filme, 114, 142

E

Eisenhower, Dwight D., 73, 118

Eleição presidencial de 2000 nos Estados Unidos, 113

Eleições presidenciais nos Estados Unidos, 113

Equilíbrio, tentativas de restabelecer, 31–32

Erros
  Assumindo responsabilidade por, 90–92
  Baixando a guarda, 45, 202

Estratégia do guerreiro solitário, 99–100, 171, 199

Estruturas hierárquicas, 4

"Eu Tive um Sonho", discurso, 159. *Consulte também* movimento dos direitos civis; King, Martin Luther Jr.

Exaustão, 163, 177

Expectativas, 14, 169, 187

F

Fanáticos, 138, 170, 172

Fazendo concessões, 24, 29, 45, 175, 223

Ferraro, Geraldine, 197

Figuras de autoridade, 68, 71, 74, 82, 104–111, 117

Foco. *Consulte também* atenção.
  As figuras de autoridade, 68, 71, 74, 82, 104

246 • Índice

Desviando o seu, 166

Fontes de significado, 208–209, 211, 227

Forças armadas, controle nas, 168

Fronteiras, 127, 181, 182

G

Gates, Bill, 174

George, Bill, 211, 233–234

Gerstner, Lou, 23

Gingrich, Newt, 117–119, 178, 191

Giuliani, Rudolph, 24–25, 94

Gore, Al, 113

Grandiosidade, 170–171, 233

Greensberg, Hank, 215, 216

Greve dos Correios dos Estados Unidos, 150

Grossman, David, 21–23, 151, 157, 209

Guerra do Vietnã, 37, 38, 137, 233

Guinier, Lani, 43

H

Hábitos, mudando os, 10, 26

Haiman, Bob, 97

Hart, Gary, 194

Heifetz, Milton, xxii

Heroísmo no Vôo 168, 208. *Consulte também* ataques de 11 de setembro de 2001

Heschel, Abraham Joshua, 234

Honestidade consigo mesmo, 234

Hoover, Herbert, 213

Hostilidade, 16, 88, 133

Hussein, Saddam, 61–62, 137

I

Iacocca, Lee, 98

IBM, 20–24, 151, 157, 174, 209

Imagem falsa, 44, 45

Ímpeto, sustentação do, 120

Indiferença, 225–227

Informação, retenção de, 119

Iniciativa, 45

Inocência, 225–226

Insubordinação, 125–126

Interpretações, 134, 136–137

Intervenções, 134–139

Intimidade, 176–183

Invulnerabilidade, 87, 126, 171

Ivester, M. Douglas, 76–78

J

Jackson, Phil, 125–128, 209

Johnson, Lyndon, 37, 138, 147, 149, 152–153

Jordan, Michael, 125

Júlio César (Shakespeare), 171

K

Kegan, Robert, 234

Kerasiotes, James, 167–168

King, Martin Luther Jr.. *Consulte também* movimento dos direitos civis.

Agenda de, 159

"Eu Tenho um Sonho", discurso, 121

Koedijk, Ruud, 103–104, 106

Kohnstamm, Abby, 24–25

L

Landrey, Wilbur, 97

Laurie, Donald, 103

Leadership without Easy Answers (Heifetz), xii

Lealdade, 29, 45, 48, 84, 146, 186, 203, 209, 230

Lehman, John, 155–156

Lewinsky, Monica, 179–180, 183, 192, 198

Lewis, David, 155–156

Liderança

E mito da mensuração, 212–217

Exercício da, sem autoridade, 37, 109, 153

Oportunidades de exercer a, 1–6, 211–212, 236

Perigos da, 3, 31, 212, 227

Lieberman, Joseph, 198

Linha de fogo, 132, 136. *Consulte também* agüentando o calor

Louima, Abner, 25

M

Mahoney, Miles, 66–67

Mahuad, Jamil, 15–18, 63, 230

Mantendo a inocência, 230

Marcos, Ferdinand, 173

Marginalização, 31, 32–37, 48

McNamara, Robert, 37, 233

Mecanismos de defesa, 45

Mensuração, mito da, 212–217

Metáforas

Camarote, 51–55, 57, 59, 64, 65, 160, 165

Futebol, 92

Musical, 164–165

Modelagem do comportamento, 95–98

Moses, Robert, 81–83

Mostrando o futuro, 102, 120–122

Movimento dos direitos civis, 26, 28, 38, 93, 147, 152, 159. *Consulte também* King, Martin Luther Jr.

Mudança

Em grande escala, 90

Mobilização, 90

Mulheres

Direitos das, 47, 189, 192

E fronteiras, 177, 182, 183

Marginalização das, 52

Muskie, Edmund, ataques à esposa de, 45

N

Nagel, Ernst, 213

Necessidades. *Consulte também* anseios

Necessidades psicológicas.. *Consulte* anseios.

Negação, 154

Nehru, Jawaharlal, 54

Neutralização, 40–41

New England Aquarium, 33

Nixon, Richard, 43, 138, 149–150, 152

North, Oliver, 25–26

O

Observações, 135–136

O'Doherty, Hugh, xxii, 208

Olsen, Ken, 174

O'Neill, Tip, 45

Oportunidades para o exercício da liderança, 1–6, 211–212

Oposição, 85–90

Orgulho, 123, 186

Ouvir, 62, 64–67

P

Paciência, 107, 115, 145, 146, 201

Papéis
  Defesa/proteção do, 193
  De pai, 205
  Desempenhando o seu, 195, 196
  "Pessoa especial", 36

Parceiros/parcerias,. *Consulte também* aliados/alianças.

Parks, Rosa, 26

Patrick, John, 22–23, 209

Patterson, Gene, 96

Pensando politicamente, 75

Perda
  Como essência do perigo, 31–36

Perder o coração, 227

Perguntas, 134, 136

Perseverança, 10, 21, 142

Pertchuk, Michael, 87–89

Pinochet, Augusto, 112–113

Pippen, Scottie, 125–127

Pistas, interpretação das figuras de autoridade em busca de, 67–74

Poder, 166–169

Powel, Pete, 173

Poynter, Nelson, 96–97

Prazer, 176–183
  Demagogos, conluio com a grandiosidade dos, 111

Preconceito, 56–57

Pressupostos, questionamento, 70–71

Problemas
  Aceitação de responsabilidade pelos, 62
  "Problema dos constituintes", 47
  Soluções técnicas para – adaptativos, 60

Procurando santuários, 204–206

Prontidão psicológica, 146

Propósito, ter, 222

Q

Questões (temas, assuntos)
  Amadurecimento, 56
  Éticas, 194
  Evasão/negação das, 120, 154
  Foco em, 151
  Gênero, 32–33
  Políticas, 144–145, 168

R

Rabin, Yitzhak, 11, 12–13, 42, 193, 209, 230

Raiva, 14, 111, 145

Realidades emocionais, 111. *Consulte também* anseios.

Realismo, 225–226

Reavivando as fagulhas, 185–186

Reflexão, capacidade de, 51

Rei Lear (Shakespeare), 218, 233

Relacionamentos.. *Consulte também* parceiros/parcerias
  Com aliados e adversários, 89–90
  Limites, 103
  Pessoal, 207

Renovação, 204

Repressão, 113–114

Reputação, 77, 96, 99, 168

Resistência, 177, 189
  À mudança, 11, 36, 48, 104
  Ao trabalho adaptativo, 31

Respeito pela dor da mudança, 234–235

Responsabilidade
  Aceitação da, 62
  Agüentando o calor, 141–146

Rice, Jerry, 221–222

Richardson, Elliot, 131

Riscos
  Da liderança, 2, 4, 233
  De perder a autoridade, 181–182

Rituais transicionais, 184–185

Robinson, Jackie, 215–216

Robinson, Tony, 173

Roosevelt, Franklin D., 110–112, 120, 135, 180–181

S

Sacrifícios, 110, 141–142

Sadat, Anwar, 42

Sanches, Ricardo, 121, 128

Santuários, buscando, 204–206

Schlesinger, Arthur, 112

Schlesinger, Len, 91–92

Sedução, 45–48
  A Vida Íntima de um Político (The Seduction of Joe Tynan), filme, 188

Selecky, Mary, 142–145

Significado, 209, 219, 220, 221

Soluções, 230
  Destrutivas, 230

Stanton, Elizabeth Cady, 145–146, 189–191

Stemple, Rick, 217

Subordinado, vendo-se como, 29

Sun Microsystems, 22–23

T

Temperatura, controle da, 107–116

Terrorismo, 19, 151, 169, 210. *Consulte também* assassinatos; Ataques de 11 de setembro de 2001

Thomas, Clarence, 43

Three Mile Island, 150, 151

Tirando o trabalho de seus ombros, 124–127

Tolerância, 71, 80, 93, 103, 108, 109, 113, 120, 142, 144, 145, 169, 194

Trabalho
Cadenciando o, 119

Trabalho adaptativo, 14, 15, 19, 20, 101, 102, 104, 110, 112, 117, 118, 123, 128, 141, 157, 173, 186, 191, 200, 234. *Consulte também* Ver também trabalho técnico
Aceitação de baixas durante, 98–99
Distinção em relação ao trabalho técnico, 14
Em nível individual, 186
Versus técnico, 55–62

Trabalho técnico
Diferenciando do adaptativo, 55–62
Tirando o – de seus ombros, 124–127
Versus adaptativo, 59, 60

Traição, 31

U

Ulisses (personagem da Odisséia), 179

V

vaidade, necessidade do senso de, 169–176

Valores
Escolha, 92
Fontes de nossos, 27

Vulnerabilidades.. *Consulte também* anseios
A ataques, 198
Pessoais, 2, 6

W

Welch, Jack, 83, 195

Weld, William, 47, 124

Wexner, Leslie, 83, 91–92, 98

Willes, Mark, 132–134

Williams, Glenn, 34–35

Y

Yew, Lee Kuan, 54, 64

Z

Zona de Instabilidade, 176

Os Autores

RONALD A. HEIFETZ, diretor fundador do Centro de Liderança Pública da John F. Kennedy School of Government, da Harvard University, é conhecido no mundo inteiro por seu trabalho pioneiro na prática e no ensino da liderança. O foco de suas pesquisas em Harvard é como desenvolver capacidade adaptativa em sociedades e organizações. Seus cursos sobre liderança e autoridade estão entre os mais populares da Universidade, e seu livro *Leadership Without Easy Answers* foi traduzido para vários idiomas e já se encontra na décima segunda impressão. Heifetz realiza amplo trabalho de consultoria nos Estados Unidos e no exterior, com líderes de negócios, governos e entidades sem fins lucrativos.

Formado pela Columbia University, pela Harvard Medical School e pela John F. Kennedy School of Government, Heifetz é médico e violoncelista (estudou com Gregor Piatigorsky).

MARTY LINSKY faz parte do corpo docente da John F. Kennedy School of Government desde 1982, do qual esteve afastado apenas no período de 1992-1995, quando foi secretário-chefe e advogado de William Weld, governador de Massachusetts. Formado pelo William College Harvard Law School, Linsky iniciou sua carreira trabalhando como político e depois como jornalista. Foi assistente do líder da minoria da Câmara dos Deputados de Massachusetts, repórter e redator do The Boston Globe e editor do The Real Paper. É autor de Impact: How the Press Affects Federal Policy Making e co autor, com Ed Grefe, de The New Corporate Activism. Corre quase todos os dias, gosta de uma boa cerveja e de comida mexicana (como recompensa pelas corridas), e coleciona cartões de beisebol (mais de 25.000).

CONHEÇA OUTROS LIVROS DA ALTA BOOKS!

Negócios - Nacionais - Comunicação - Guias de Viagem - Interesse Geral - Informática - Idiomas

  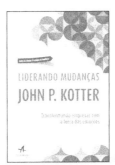 

Todas as imagens são meramente ilustrativas.

SEJA AUTOR DA ALTA BOOKS!

Envie a sua proposta para: autoria@altabooks.com.br

Visite também nosso site e nossas redes sociais para conhecer lançamentos e futuras publicações!
www.altabooks.com.br

/altabooks ▪ /altabooks ▪ /alta_books

ALTA BOOKS
EDITORA